■ 湖北省教育科学规划重点课题"新时代高校毕业生高质量充分就业对策研究"成果
（课题编号：2023GA104）

U075627.4

新时代高校毕业生
高质量充分就业对策研究

洪恩华 ◎ 著

华中科技大学出版社
http://press.hust.edu.cn
中国·武汉

内 容 简 介

本书聚焦高校毕业生就业质量，基于对湖北省数百名专科及以上学历毕业生的问卷调查与访谈数据（2023—2024 年），系统探讨就业影响因素与对策，构建了高质量充分就业评价体系，内容涵盖微观就业质量与宏观社会效益，从多维度提出了对策。研究旨在为破解高校毕业生就业结构性矛盾、促进人才与产业适配提供理论与实践参考。

图书在版编目（CIP）数据

新时代高校毕业生高质量充分就业对策研究 / 洪恩华著. -- 武汉：华中科技大学出版社，2025. 7. -- ISBN 978-7-5772-2042-0

Ⅰ. G647.38

中国国家版本馆 CIP 数据核字第 2025P3V576 号

新时代高校毕业生高质量充分就业对策研究　　　　　　　　　　　　　　　　洪恩华　著
Xinshidai Gaoxiao Biyesheng Gaozhiliang Chongfen Jiuye Duice Yanjiu

策划编辑：宋　焱
责任编辑：周　天
封面设计：廖亚萍
责任监印：曾　婷
出版发行：华中科技大学出版社（中国·武汉）　　　电话：（027）81321913
　　　　　武汉市东湖新技术开发区华工科技园　　　邮编：430223
录　　排：华中科技大学出版社美编室
印　　刷：武汉市洪林印务有限公司
开　　本：710mm×1000mm　1/16
印　　张：17
字　　数：324 千字
版　　次：2025 年 7 月第 1 版第 1 次印刷
定　　价：98.00 元

前言

　　高校毕业生的就业问题不仅与个人发展息息相关，更关系到国家经济发展和社会稳定。随着高等教育的普及，高校毕业生数量逐年增加，就业市场的竞争也愈发激烈。据教育部、人力资源和社会保障部于 2024 年 11 月召开的 2025 届全国普通高校毕业生就业创业工作会议消息，2025 届全国普通高校毕业生规模预计达 1222 万人，而同期就业岗位的增长速度明显滞后，导致就业市场的供需矛盾日益突出。在此背景下，深入研究高校毕业生的就业质量及其影响因素，具有重要的理论和现实意义。

　　基于以上背景，本书重点关注以下几个方面的问题：一是就业预期与专岗匹配程度；二是新时代就业形势与高校毕业生就业观念；三是个人能力对高校毕业生就业的影响；四是高校教育对毕业生就业的影响；五是高校创新创业教育对就业的影响；六是人工智能对高校毕业生就业的影响。

　　本书以"高校毕业生就业质量"为主题，基于对湖北省内 418 名专科及以上学历的毕业生的调查结果展开研究。研究采用问卷调查和深度访谈相结合的方法，于 2023 年 10 月至 2024 年 10 月进行。访谈对象涵盖专科及以上学历层次的毕业生，具有一定的代表性。

　　调查结果显示，高校毕业生的就业预期与市场需求存在一定的偏差，专业与岗位的匹配程度有待提高。随着经济结构的调整和新兴产业的崛起，新时代的就业形势发生了深刻变化，但部分毕业生的就业观念仍较为传统，存在"求稳"心态，导致"慢就业""缓就业"现象增多。毕业生的专业技能、软技能、学习能力等个人能力对其就业结果具有重要影响。创新创业教育课程、教学方法和科研类型的完善对毕业生创新创业能力的提升作用显著，能够进一步提高其就业质量。高校教育质量直接影响毕业生的就业能力，课程设置与市场需求、教学质量与师资力量、就业指导与服务等方面的优化都能提升高校毕业生就业水平。人工智能更是不断融入企业运作流程和岗位工作内容，产生了就业替代效应和就业创造效应。高质量充分就业是新时代就业工作的目标，本书从微观和宏观两个层面探讨了其内涵，并构建了一套评价指标体系，为衡量高校毕业生就业质量提供了理论依据。在深入分析问题的基础上，本书提出了促进高质量充分就业的对策，包括完善就业指导体系、优化学科专业结构、引导就业观念转型升级、制订专业技能提升计划等，并注重对策的系统性和可操作性。

洪恩年

2025 年 3 月

目 录

第一章 绪论

第一节 研究背景

在过去几十年中，我国高校毕业生的就业形势发生了显著的变化。从 2003 年到 2024 年，高校毕业生人数持续增长，就业结构和就业质量也发生了深刻的变化。华东师范大学学报发表的《中国高校毕业生就业趋势研究报告：来自 2003—2021 年调查数据》显示，高校毕业生正规就业（已确定就业单位）比例逐渐下降，升学比例持续上升，而待就业率有所回升。与此同时，就业市场的重心逐渐从传统的制造业和服务业向新兴技术领域转移，但高校人才培养与市场需求之间的脱节现象日益突出。过去，高校毕业生的就业偏好主要集中在国有企业和事业单位，随着经济结构的调整，民营企业和新兴行业的吸引力逐渐增强。然而，就业匹配度差的问题依然突出，专业不对口的比例长期维持在较高水平，这反映了高校专业设置与市场需求之间的不协调。

当前，我国高校毕业生的就业形势面临着挑战与机遇。根据教育部等相关部门公布的数据，2023 年高校毕业生人数为 1158 万，2024 年增至 1179 万，2025 年进一步攀升至 1222 万，增速分别为 1.81% 和 3.65%[①]。如此庞大的毕业生群体为就业市场带来了巨大的动力。就业率作为评估国家宏观经济状况的重要指标，充分就业与经济增长率、物价指数及国际收支平衡一起，构成了四

---

① 教育部：2025 届高校毕业生预计规模 1222 万人［EB/OL］.（2024-11-14）［2025-2-13］. https://www.news.cn/politics/20241114/96c6a93efd8546288e41f37fe8ae9c24/c.html.

大关键宏观经济指标。这些指标不仅反映了经济的健康状况，也对社会的稳定有着深远影响。当前，经济增长放缓、消费降级等使得新增就业岗位的供给难以满足毕业生的需求。与此同时，毕业生的就业观念也在发生变化，越来越多的毕业生选择"慢就业"、自由职业或继续深造。从就业偏好来看，2024 年仍有相当大比例的毕业生希望进入国有企业或事业单位，这一比例连续五年上升，反映出毕业生的"求稳"心态。此外，新兴产业如数字经济、人工智能、新能源等领域对专业技术人才的需求急剧增加，但高校人才培养模式尚未完全适应这些变化。同时，新就业形态如零工经济、数字化岗位等为毕业生提供了新的就业机会，但也对高校的就业指导和人才培养提出了更高要求。

当前高校毕业生就业市场呈现以下几大特征：一是毕业生总量持续增长，导致就业市场竞争愈发激烈；二是就业重心逐渐向中小城市和农村地区转移，符合国家均衡区域发展的政策导向；三是就业类型趋于多元，新经济形态为毕业生提供了大量新型就业岗位和职业选择；四是毕业生对经济收益的重视程度增加，促使用人单位更加注重薪酬体系的完善和员工发展计划的设计。然而，毕业生数量虽然在不断增加，但其就业质量并不高，这主要表现为就业岗位与所学专业匹配度不高、薪资待遇不理想等，对毕业生个人发展和社会资源的有效配置产生了一定的负面影响。

第二节　研究框架

本研究将从以下 3 个方面展开深入探讨。

一、现状分析

本研究将全面梳理当前高校毕业生就业的总体特征，涵盖就业总量、就业重心、就业类型等关键要素。具体而言，包括以下几个方面。

（一）高校毕业生就业状况分析

基于样本数据，深入剖析高校毕业生的就业现状、求职状况以及就业质量的影响因素。

（二）就业质量的影响因素研究

多维度探讨影响高校毕业生就业质量的内外因素，为后续研究奠定基础。

二、问题剖析

本研究将聚焦高校毕业生在就业过程中面临的主要挑战，深入分析以下问题。

(一) 就业预期与岗位匹配程度

研究影响高校毕业生的就业预期及其与岗位匹配程度的因素，揭示两者之间的关联。

(二) 新时代就业形势与高校毕业生就业观念

探讨就业形势的变迁及其对高校毕业生就业观念的影响，分析观念转变的内在逻辑。

(三) 个人能力对高校毕业生就业的影响

研究大学生个人素质、职业目标、专业能力以及就业能力结构等对就业的作用机制。

(四) 高校教育对毕业生就业的影响

研究高校教育结构对高校毕业生就业的影响，以及就业能力需求与评价体系之间的关系。

(五) 高校创新创业教育对就业的影响

分析高校创新创业教育体系的现状、特点与问题，并探讨其对高校毕业生就业的影响。

(六) 人工智能对高校毕业生就业的影响

聚焦于人工智能对高校毕业生就业岗位及就业能力要求的双重影响，深入剖析技术变革下的就业趋势与能力重塑需求。

三、对策研究

本研究从人才的需求侧、供给侧和制度保障三个维度出发，系统地提出促进高校毕业生高质量充分就业的策略。

（一）需求侧

扩大就业市场需求，推动新兴产业集群发展，优化产业结构，创造更多适合高校毕业生的就业岗位；为中小微企业提供税收优惠与财政补贴，简化创业审批流程，激发市场主体活力；拓展新兴就业领域（如数字经济与远程办公），扩大公共部门与基层就业规模；加强区域就业市场协同，实现就业机会的均衡分布。

（二）供给侧

高校要根据市场需求动态调整专业设置，增加热门领域专业数量，缩减就业前景不佳的专业招生规模；构建"产教融合、校企合作"的人才培养模式，增加实习实训课程比重；完善创新创业教育体系，依托 AI 技术优化专业设置和课程体系；建立多元化的职业技能培训体系，提升毕业生的就业竞争力；建立学分银行和在线学习平台，鼓励毕业生继续学习新知识、新技能；建立职业发展指导中心，为毕业生提供个性化的职业规划指导。

（三）制度保障

完善就业促进机制，制定促进高校毕业生就业的法律法规，明确各方责任和义务，保障毕业生的就业权益；建立针对家庭困难毕业生的就业援助机制，提供一对一帮扶和专项补贴；建立高校毕业生就业质量监测指标体系，定期发布就业质量报告；加强对就业促进政策的实施效果评估，确保政策的有效性和针对性；建立多元协同的就业促进机制，明确各方职责，推动就业市场健康发展。

本研究还从政府、高校、企业、个人四个层面出发，提出针对性的对策建议。通过深入分析各方主体在就业过程中的角色与责任，为其提供明确的行动指南，以实现促进高校毕业生高质量充分就业的目标。这些对策不仅聚焦于解决短期的就业问题，更着眼于长期的就业生态优化，为高校毕业生的就业发展提供全方位的支持。同时，本研究基于多元协同理论，探讨理论与实践相结合的路径，构建协同机制，打造完善的就业生态系统。通过整合政府、高校、企业、社会组织等多方力量，打破传统就业模式的局限，形成资源共享、优势互补的协同效应。这种多元协同的就业生态系统，不仅能够提升高校毕业生的就业质量，还能为经济社会的可持续发展提供有力支撑。本研究通过理论与实践相结合的方式，从内涵阐释、对策建议到生态构建，为促进高校毕业生高质量充分就业提供了全面而系统的解决方案，旨在推动各方主体形成合力，共同营造一个更加健康、高效、可持续的就业环境。

第三节 研究目的与意义

一、研究目的

在新的时代背景下，高校毕业生就业问题不仅是社会经济发展的关键环节，也是教育改革和人才培养的重要着力点。本研究通过对高校毕业生就业现状进行深入剖析，揭示其在就业过程中面临的结构性矛盾、就业能力不足、市场需求变化等问题，并从需求侧、供给侧和制度保障等多维度提出具有针对性的对策建议，旨在为解决当前就业难题提供理论支持和实践指导。本研究旨在全面分析新时代高校毕业生就业现状，探索有效的对策，推动高校毕业生实现更高质量和更充分的就业。

二、研究意义

(一) 理论意义

本研究致力于丰富高校毕业生就业研究的理论体系，为相关领域的学术研究提供新的视角和方法。随着时代的发展，高校毕业生就业问题日益复杂，传统的就业理论已难以完全适应当前的就业形势。本研究引入了多元协同理论、人力资本理论以及就业生态系统理论，结合新时代的就业特征，构建了系统化的研究框架。通过对高质量充分就业内涵的重新定义，以及就业质量评价指标体系的构建，本研究不仅填补了现有研究领域的空白，还为后续的学术探讨提供了更为科学和全面的理论基础。此外，本研究通过对高校毕业生就业现状的深度分析，揭示了就业市场中供需失衡、就业能力与市场需求不匹配等问题的内在逻辑，进一步拓展了就业研究的理论边界，为相关领域的学术研究提供了新的思路和方法。

(二) 实践意义

本研究的实践意义主要体现在以下几个方面。一是为高校优化人才培养模式提供参考。高校作为人才培养的重要基地，在高校毕业生就业过程中扮演着关键角色。本研究通过对高校毕业生就业现状的深入分析，为高校优化专业设置、强化实践教学、完善创新创业教育体系提供了实证依据。同时，本研究提出的对策建议能够帮助高校更好地调整人才培养方案，提升毕业生的就业能力，使其更好地适应市场需求，从而推动高校教育改革与发展。二是为政府制定就业政策提供依据。政府对促进高校毕业生就业具有重要的引导和支持作用。本研究从需求侧、供给侧和制度保障三个维度提出的对策建议，为政府制定更加精准、有效的就业政策提供了科学依据。通过完善就业法律法规、加强就业援助与帮扶机制、优化公共就业服务等措施，政府能够更好地发挥其在就业市场中的调控作用，帮助高校毕业生实现高质量充分就业。三是为企业招聘和用人提供参考。企业在高校毕业生就业中既是需求方，也是重要的参与者。本研究通过对高校毕业生就业能力、就业预期以及市场需求的分析，为企业招聘和用人提供了有益的指导。企业可以根据研究结果，优化招聘流程，调整用人标准，更好地吸纳和培养适合自身发展的高校毕业生。四是为社会经济发展提供支持。高校毕业生是社会经济发展的生力军，其就业质量直接关系到社会经济的可持续发展。本研究通过构建完善的就业生态系统，推动高校、政府、企业和社会的协同合作，不仅能够提升高校毕业生的就业质量，还能为社会经济发展注入新的活力。通过促进高校毕业生与社会需求的有效对接，本研究为缓解就业压力、推动产业升级、实现社会经济高质量发展提供了有力支持。

第四节　研究内容与研究方法

一、研究内容

本研究围绕新时代高校毕业生高质量充分就业展开论述，涵盖以下三个核心部分：现状分析、影响因素分析以及对策研究。首先，通过现状分析，系统梳理当前高校毕业生就业的整体特征和面临的挑战。其次，深入探讨影响高校毕业生就业质量的关键因素，包括个人能力、市场需求、家庭背景等。最后，基于前两部分的研究成果，提出具有针对性和可操作性的对策建议，以期为解决高校毕业生就业问题提供系统的理论支持和实践指导。

二、研究方法

为确保研究的科学性、系统性和全面性，本研究采用多种研究方法，相互补充、协同推进。

（一）文献研究法

通过系统梳理国内外相关研究成果，总结既有研究的经验与不足，为本研究奠定坚实的理论基础。文献研究不仅有助于把握研究内容的前沿动态，还能为后续实证研究提供理论框架和研究思路。

（二）问卷调查法

设计科学合理的问卷，针对高校毕业生的就业情况、就业观念和就业能力等进行广泛调查，收集一手数据。问卷调查覆盖就业预期、就业观念、家庭因素、个人能力、创新创业教育、高校教育等，调查对象为专科及以上学历的在校生和毕业生，调查时间为 2023 年 10 月至 2024 年 10 月。问卷调查能够覆盖大量样本，确保研究结果的广泛性和代表性，为后续数据分析提供丰富的数据资源。

（三）访谈法

对高校就业指导教师、企业人力资源负责人以及高校毕业生进行深度访谈，获取一手资料。访谈法能够深入了解各方主体的真实想法和实际需求，弥补问卷调查的不足，为研究提供更丰富的背景信息和更有深度的见解。

（四）数据分析法

数据分析法即运用统计分析方法对调查获得的数据进行处理，揭示高校毕业生就业问题的内在规律。数据分析法能够确保研究结果的科学性和客观性，为对策建议的提出提供有力支持。

第五节　高质量充分就业的内涵

在社会经济格局深刻变革与社会结构加速演进的当下，就业作为民生之本、发展之基，重要性愈发凸显。高质量充分就业不仅是新时代经济社会发展的必然要求，更是实现人民美好生活愿望的关键支撑。近年来，随着我国经济结构调整、产业升级以及新经济形态的蓬勃发展，就业领域呈现诸多新特征，面临一些新挑战。

高质量充分就业的内涵可以从宏观和微观两个层面进行理解。从宏观层面来看，高质量充分就业包括就业机会充分、就业环境公平、就业结构优化、人岗匹配高效、劳动关系和谐等。从微观层面来看，高质量充分就业主要表现为劳动者不仅有活干，而且工作稳定、收入合理、保障可靠、职业安全，广大劳动者的获得感、幸福感和安全感不断增强。

一、宏观层面分析

从宏观层面来看，高质量充分就业的内涵极为丰富且深刻，它并非单一维度的概念，而是涵盖多个关键领域的综合体现。具体而言，第一，高质量充分就业强调就业机会的充分性，即劳动力市场能够提供足够多的就业岗位，满足不同技能水平和背景劳动者的就业需求，从而确保就业市场的活力与包容性。第二，高质量充分就业要求就业环境公平，消除各种不合理的限制和歧视，保障劳动者享有平等的就业机会，这是实现社会公平正义的重要基础。第三，就业结构的优化也是高质量充分就业的重要内容，它涉及就业机会在不同行业、地区和群体间的合理分布，以适应经济结构调整和产业升级的需求。第四，人岗匹配的高效性是提升就业质量的关键环节，它要求劳动者的技能和兴趣与工作岗位要求高度契合，从而提高工作效率和职业满意度。第五，劳动关系的和谐性是高质量充分就业的重要体现，它直接影响劳动者的就业稳定性和职业幸福感，是构建稳定就业环境的重要保障。第六，解决就业结构性矛盾。第七，适应多元化的就业需求。这些维度相互关联、相互促进，共同构成了高质量充分就业的宏观内涵，为实现经济社会的可持续发展提供了坚实基础。

1. 通过拓宽就业空间保证就业机会的充分性

就业机会的充分性是高质量充分就业的基础，其核心在于劳动力市场能够提供足够多的就业岗位，满足不同技能水平和背景劳动者的就业需求。近年来，随着数字经济、绿色经济、银发经济等新兴产业的快速发展，大量新职业和新岗位应运而生，如人工智能训练师、碳排放管理员等。这些新兴行业的出现不仅为就业市场注入了新的活力，还拓宽了就业空间，为劳动者提供了更多选择。与此同时，传统行业的稳定就业需求依然存在，这要求我们既要注重新兴行业的就业扩容，又要巩固传统行业的就业基础，从而实现就业机会的多元化与多层次化。

2. 通过保障平等就业保证就业环境的公平性

就业环境的公平性是高质量充分就业的重要保障，它要求消除各种不合理限制和就业歧视，保障劳动者平等就业的权利。在政策层面，须破除影响劳动力流动的体制机制障碍，消除地域、身份、性别、年龄等方面的限制。通过完善劳动法律法规，健全劳动关系协商协调机制，推动企业依法保障劳动者合法权益，营造一个公平、透明的就业环境。公平的就业环境不仅是劳动者的基本权益，也是激发劳动力市场活力、促进社会和谐的重要前提。

3. 通过协调区域间的发展促进就业结构优化

就业结构优化是高质量充分就业的关键，涉及就业机会在不同行业、地区

和群体间的合理分布。随着经济结构调整和产业升级,劳动力的需求从传统制造业向服务业、新兴产业转移,就业结构也在不断优化。例如,服务业对劳动力的吸纳能力更强,尤其是新业态领域,是吸纳就业者的重要"蓄水池"。此外,优化就业结构还需要通过政策引导,促进区域协调发展,推动劳动力资源在城乡、区域间的合理流动,从而实现就业机会的均衡分布。

4. 提升就业质量以促进人岗匹配的高效性

人岗匹配的高效性是提升就业质量的重要因素,它要求劳动者的能力、技能和兴趣与工作岗位的要求高度契合。人岗匹配不仅能提高工作效率和生产力,还能提升劳动者的工作满意度和职业稳定性。为实现高效匹配,政府和企业需要加强职业技能培训,提升劳动者的技能水平,使其更好地适应市场需求。同时,政府要通过创新雇佣关系和优化就业市场运行机制,促进供需双方的精准对接。高效的人岗匹配是实现高质量充分就业的关键抓手,也是提升劳动者职业获得感的重要保障。

5. 通过增强就业稳定性保障劳动关系和谐

和谐的劳动关系是高质量充分就业的重要体现,直接影响劳动者的就业稳定性和职业幸福感。构建和谐的劳动关系需要完善劳动法律法规,健全劳动关系协商协调机制,依法保障劳动者权益。此外,提高劳动合同签订率、中长期劳动合同比例,增强劳动关系的稳定性,可以为劳动者提供更可靠的职业保障。和谐的劳动关系不仅是劳动者权益的体现,也是企业可持续发展的基础,更是社会稳定的基石。

6. 通过优化供需匹配解决就业结构性矛盾

当前,我国就业领域面临的主要矛盾已从总量矛盾转向结构性矛盾,表现为劳动力供给与岗位需求的不匹配。解决这一矛盾需要从多方面入手:一是通过产业升级和技术创新,创造更多高技能岗位;二是加强职业技能培训,提升劳动者的技能水平和适应性;三是优化产业结构,促进劳动力在不同产业间的合理流动。通过这些措施,可以有效缓解就业结构性矛盾,提升劳动力市场的整体效率。

7. 拓展就业领域与增加就业机会以适应多元化的就业需求

高质量充分就业强调就业领域的广泛性和就业机会的多样化,以及传统行业与新兴行业的结合,以满足不同技能和背景劳动者的就业需求。例如,新就业形态通过创新雇佣关系和灵活的就业模式，为劳动者提供了更多选择，同时促进了传统产业的转型升级。这种多样化的就业机会不仅包括全职工作，还涵盖兼职、自由职业、网络平台就业等多种形式，满足了劳动者对工作灵活性和平衡生活的需求。广泛性和多样化的就业机会是实现高质量充分就业的重要支撑，也是满足劳动者多元需求的必然要求。

总之，宏观层面的高质量充分就业内涵涵盖就业机会的充分性、就业环境的公平性、就业结构的优化、人岗匹配的高效性、劳动关系的和谐性、解决就业结构性矛盾、适应多元化的就业需求。通过解决就业结构性矛盾，拓展就业领域、增加就业机会，能够为实现高质量充分就业提供坚实基础。在新时代背景下，我们需要从政策、市场、社会等多方面协同发力，推动就业领域的高质量发展，为经济社会的可持续发展提供有力支撑。

二、微观层面分析

除了从宏观层面探讨高质量充分就业的内涵之外，从微观层面分析高质量充分就业的内涵同样至关重要。微观层面的高质量充分就业聚焦于劳动者个体的就业质量，强调劳动者不仅要有"活干"，更要实现工作稳定、收入合理、保障可靠、职业安全等多维度目标。以下从薪资水平、职业稳定性、工作环境、职业发展机会、劳动者权益保障、社会公平与包容性以及创新与创业支持等方面展开分析，探讨如何在微观层面实现高质量充分就业。

1. 薪资水平能合理匹配，保障劳动者的生活质量

薪资待遇是衡量就业质量的核心指标之一。高质量充分就业要求就业岗位的薪资水平与劳动者的付出相匹配，不仅满足劳动者的基本生活需求，还保障其合理的生活水平。合理的薪资待遇不仅是对劳动者劳动价值的认可，也是提升劳动者工作积极性和满意度的关键因素。从政策层面来看，政府应通过采取完善最低工资标准、建立工资集体协商机制等措施，确保劳动者能够获得公平的报酬。此外，企业应根据市场供求关系和劳动者的技能水平，合理调整薪资结构，避免因薪资不合理导致人才流失和劳动纠纷。

2. 提高职业稳定性，给予劳动者长期就业的职业安全感

职业稳定性是高质量充分就业的重要体现，其核心要求是劳动者能够享有稳定的长期就业机会。稳定的就业不仅有助于劳动者规划职业生涯，还能增强其对企业的归属感和忠诚度。从企业角度来看，应减少对临时工和短期合同工的依赖，增加中长期劳动合同工的比例，通过完善员工培训体系和职业发展规

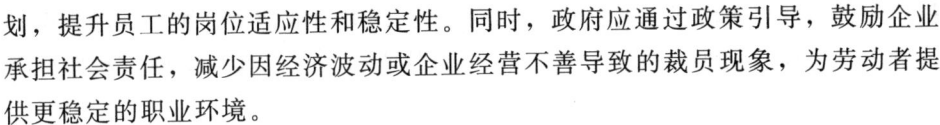

划，提升员工的岗位适应性和稳定性。同时，政府应通过政策引导，鼓励企业承担社会责任，减少因经济波动或企业经营不善导致的裁员现象，为劳动者提供更稳定的职业环境。

3. 营造安全、健康的工作环境和良好的职业氛围

安全、健康的工作环境是高质量充分就业的基本要求。劳动者在工作中不仅需要免受物理和化学危害，还应享有良好的职业氛围。企业应严格遵守安全生产法规，定期开展安全培训和演练，确保工作场所的安全性。同时，企业要关注员工的心理健康，通过建立员工关怀机制、提供心理健康咨询等方式，缓解员工工作压力，预防职业倦怠。此外，良好的职业氛围能够激发员工的工作热情和创造力，企业应通过团队建设、企业文化塑造等方式，营造积极向上的工作氛围。

4. 拓展职业发展机会，促进技能提升与畅通晋升通道

高质量充分就业强调为劳动者提供职业培训和发展机会，使员工能够不断提升技能，适应市场变化，获得晋升和发展。职业发展机会不仅是劳动者个人成长的需求，也是企业提升竞争力的重要途径。企业应建立完善的职业培训体系，根据员工的岗位需求和个人发展规划，提供多样化的培训课程和学习资源。同时，企业应通过建立公平透明的晋升机制，激励员工不断提升自身能力，实现个人价值与企业发展的双赢。

5. 保障劳动者合法权益，赋予其职业安全感

劳动者权益保障是高质量充分就业的重要支撑，它要求保障劳动者享有合法的劳动权益，包括工资、休假、社会保险等，是增强劳动者安全感和归属感的关键。从法律层面来看，政府应进一步完善劳动法律法规，加强对劳动者权益的保护力度，严厉打击拖欠工资、超时加班等违法行为。企业应依法为员工缴纳社会保险，落实带薪休假制度，保障劳动者的休息权和健康权。同时，政府要建立健全劳动争议调解机制，及时化解劳动纠纷，维护劳动者的合法权益。

6. 促进社会公平与包容性，实现劳动者平等就业

社会公平与包容性是高质量充分就业的重要体现，它要求消除性别、年龄、地域、种族等方面的歧视，确保所有群体，包括弱势群体，都能获得平等的就业机会。在就业市场中，政府应通过政策引导和法律约束，消除各种形式的就业歧视，为劳动者提供公平的竞争环境。政府应加大对弱势群体的就业支

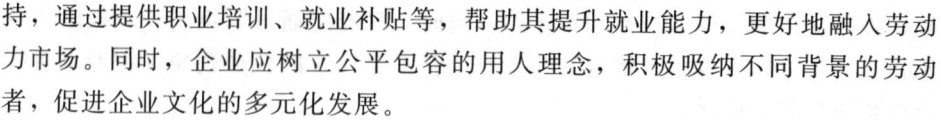

持，通过提供职业培训、就业补贴等，帮助其提升就业能力，更好地融入劳动力市场。同时，企业应树立公平包容的用人理念，积极吸纳不同背景的劳动者，促进企业文化的多元化发展。

7. 提供创新与创业支持，激发活力并创造就业机会

创新与创业是高质量充分就业的重要动力源泉。政府应支持新兴产业和创业活动，为劳动者提供创业平台和资源，创造更多的就业机会。政府还应完善创业政策，提供创业补贴、税收优惠、金融支持等，降低创业门槛，鼓励劳动者自主创业。同时，政府要加强创新创业教育，培养劳动者的创新意识和创业能力，为劳动者提供技术指导、市场对接等全方位服务。此外，企业应积极参与创新活动，通过内部创业、项目孵化等方式，为员工提供创新实践机会，推动企业转型升级。

总之，在微观层面，高质量充分就业的内涵涵盖薪资水平、职业稳定性、工作环境、职业发展机会、劳动者权益保障、社会公平与包容性以及创新与创业支持等多个方面。它们相互关联、相互促进，共同构成了高质量充分就业的微观基础。优化这些微观层面的就业质量指标，不仅能够提升劳动者的获得感和幸福感，还能为经济社会的可持续发展提供强大的动力。在新时代背景下，我们需要从政策、企业和社会等多方面协同发力，推动就业领域的高质量发展，实现劳动者与企业的双赢，促进社会的全面进步。

第二章 理论基础与文献综述

第一节 理论基础

高质量就业是一个多维度概念，涉及经济回报、个人发展、工作满意度和社会福利等多个方面的平衡与优化。这种综合性的就业理念体现了现代社会对就业质量的更高要求，也反映了劳动者在职业生活中对物质和精神层面双重满足的追求。高质量就业的理论基础是多学科交叉研究的结果，涵盖经济学、社会学、人力资源管理等多个领域。这些学科的理论为人们理解和推动高质量就业提供了丰富的视角和方法。以下是一些关键的理论。

一、人力资本理论

人力资本理论由美国经济学家加里·贝克尔提出，强调高质量就业与高水平的教育、技能培训密切相关。加里·贝克尔认为，教育程度与收入水平呈正相关，受过更高教育的人通常能够胜任更复杂的工作，从而获得更高的薪酬。教育、培训和经验被视为对未来收益的一种投资，这种投资能够提升个人的生产力，进而增加其在劳动力市场中的价值。因此，高水平的教育和技能培训是提升员工生产力和市场价值的关键因素，与高质量就业紧密相连。

在劳动力市场上，企业会根据求职者的人力资本水平来决定雇佣与否和薪酬高低。具备高人力资本水平的求职者更容易找到高质量的工作，因为他们能够为企业创造价值。企业也会通过组织在职培训和制订职业发展计划投资于员工的发展，以提升员工的人力资本水平，从而提高企业的整体生产力和竞争力。此外，人力资本理论还强调技能的可转移性，其认为拥有广泛技能的人在面对经济变化或行业变动时更具适应性，能够在不同职业之间流动，保持就业的连续性和高质量。随着时间的推移，个体的人力资本不断累积，这不仅能提升其专业能力，还可能增强其管理能力和领导力，使其在职场中获得更高的职位和报酬。人力资本理论为理解就业市场发展提供了一个有力的框架，它强调了技能和教育的重要性，并为个人职业选择、企业招聘决策以及公共政策制定提供了指导。通过投资人力资本，个人和社会可以获得更高的经济回报，实现更好的就业质量。

二、劳动力市场理论

劳动力市场理论深入探讨了供需关系如何塑造就业机会和工作质量。在这一理论框架下，市场被视作一个动态系统，其中劳动力的供给和需求相互作用，共同决定着就业的规模和性质。在高质量就业的理想状态下，劳动力市场呈现供需平衡状态。这种平衡不仅意味着工作岗位的数量与求职者的数量相匹配，更重要的是，这些工作能够提供合理的薪酬，确保员工的基本经济需求得到满足。此外，高质量的就业还涉及工作条件、工作环境和职业发展机会等多个维度。

具体来说，高质量的工作岗位不仅提供有竞争力的薪资，还提供良好的福利待遇、安全健康的工作环境以及对员工个人成长和职业发展的支持。这些因素共同作用，使员工在物质和精神层面都感到满足，有利于提高员工的工作积极性和生产效率。在供需平衡的劳动力市场中，企业为了吸引和留住人才，往往会提供更多的培训和发展机会，满足员工的职业发展需求。这种投资不仅有助于员工个人的成长，也为企业带来了长期的竞争优势，因为员工的技能和知识是企业创新和适应市场变化的关键。

同时，劳动力市场的供需关系还受到宏观经济、技术进步、教育水平和人口结构等多种因素的影响。例如，技术的发展可能会创造新的就业机会，也可能使某些传统岗位变得过时；教育水平的提高可以增加劳动力的供给，提高整体的就业质量；而人口结构的变化，如老龄化，也会影响劳动力市场的供需平衡。劳动力市场理论揭示了供需关系对就业机会和工作质量的深远影响。为了实现高质量的就业，政策制定者、企业和教育机构需要共同努力，通过创造有利的市场环境、提供持续的教育和培训机会，以及适应技术变革，促进劳动力市场的健康发展。

三、职业生涯发展理论

职业生涯发展理论是一个多维度、跨学科的研究领域。其中，唐纳德·舒伯的职业发展理论具有重要影响，其强调个人在工作生涯中需要不断地发展技能和调整目标，以实现职业成长、获得满足感。这一理论不仅关注个体在职业生涯中的纵向发展，也考虑到了生涯发展的广度和深度，即个人在不同生命阶段所扮演的多重角色以及在每个角色中的投入程度。

唐纳德·舒伯提出了生涯发展的五个阶段：成长阶段、探索阶段、建立阶段、维持阶段和衰退阶段。每个阶段都有其特定的发展任务和挑战，个体需要通过自我认知、职业探索和角色适应来完成这些任务。例如，在成长阶段，儿童开始辨认周围的事物，并逐渐意识到自己的兴趣之所在以及与职业相关的基本技能；而在探索阶段，青少年开始通过尝试一些自己感兴趣的职业活动，对自我能力及角色、职业进行探索。

高质量就业在这一理论框架下显得尤为重要。高质量就业支持员工的职业发展，通过提供职业晋升和培训机会来实现个人职业目标。这种支持不仅有助于员工提升专业技能和职业竞争力，也有助于员工实现自我价值，产生职业满足感，从而提高工作积极性和效率。此外，高质量就业还涉及为员工提供持续的职业发展计划和学习机会，包括管理技能培训、领导力培训和行业知识培训等。这可以帮助员工提升自身能力和素质，实现职业发展。同时，企业还应提供内部晋升机会，鼓励高管自我发展，并建立职业发展交流平台，让员工之间进行交流和分享，互相学习和借鉴。

职业生涯发展理论强调个人在职业生涯中的动态发展过程，而高质量就业是支持这一过程的关键因素。通过提供职业晋升和培训机会，高质量就业不仅能够满足员工的经济需求，还能够促进员工的个人成长，进而实现企业和员工的共同发展。

四、工作满意度理论

工作满意度理论是组织行为学中的重要内容，其中弗雷德里克·赫茨伯格的双因素理论尤为突出。该理论提出，工作满意度并非单一维度，而是由两种截然不同的因素决定的，即激励因素和保健因素。

激励因素，也称动机因素，包括成就感、认可、工作本身的性质以及成长机会等。这些因素与工作内容紧密相关，能够直接提升员工的工作满意度和积极性。当员工在这些方面得到满足时，他们不仅会感到满意，还会在工作中表现出更高的热情和创造力。例如，完成一项挑战性任务所带来的成就

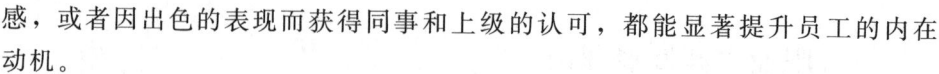

感，或者因出色的表现而获得同事和上级的认可，都能显著提升员工的内在动机。

保健因素，又称卫生因素，包括公司政策、管理方式、工资福利、人际关系以及工作条件等。这些因素与工作环境和外部条件相关，它们的满足能够预防员工的不满，但并不能直接提升员工的满意度。换句话说，保健因素的缺失会导致员工的不满，但即便这些因素得到满足，也不一定能激发员工的工作热情。高质量就业在提升工作满意度方面扮演着关键角色。它不仅提供能够满足员工基本生活需求的薪酬和福利，更重要的是，它能够提供一个支持员工职业发展、拥有晋升机会和持续培训机会的环境。在这样的工作环境中，员工能够不断学习新技能、接受新挑战，在职业道路上不断成长，从而获得更深层次的满足感和成就感。这种环境不仅有助于留住人才，还能激发员工的潜力，推动组织的整体发展。

赫茨伯格的双因素理论强调了工作满意度的复杂性，并指出了高质量就业在满足员工心理需求方面的重要性。通过识别和优化这两种因素，企业可以更有效地提升员工的工作满意度，进而提高企业绩效和竞争力。

五、心理契约理论

心理契约理论是组织行为学中一个深刻且极具影响力的概念，它探讨了员工与雇主之间那些未明确表述但双方都心照不宣的隐性期望和承诺。与正式的劳动合同不同，心理契约超越了纸面上的条款，触及双方对于工作关系中权利、义务和职责的内在理解和信念。这种契约的履行对于建立和维持一个健康、高效的工作环境至关重要，因为它直接关系到员工的工作态度、忠诚度和整体绩效。

在心理契约的框架下，高质量就业不仅涉及一系列具体的福利和薪酬待遇，更涉及一种深层次关系的构建。这种关系的核心在于企业与员工之间的相互信任、尊重和承诺，建立在透明沟通和诚信的基础之上，促使双方履行各自的责任。心理契约对高质量就业的重要性体现在以下几个方面。

第一，信任与尊重。企业通过提供公平的待遇、公正的评价体系以及尊重员工个人价值的方式，培养员工的信任感。这种信任感是员工愿意为企业投入更多努力和忠诚度的基础。第二，承诺。高质量就业意味着企业需要给予员工长期承诺，包括职业发展、培训机会和职业安全。这种承诺让员工感到自己的未来与公司紧密相连，从而增强了他们的归属感和忠诚度。第三，工作积极性。当员工感到自己的期望被理解和满足时，他们更有可能展现出工作积极性。这种积极性不仅体现在完成任务上，还表现为主动寻求提升和创新的机会。第四，员工忠诚度。心理契约的履行能够显著提高员工的忠诚度。忠诚的员工更可能在企业面临挑战时坚守岗位，为企业的长期成功做出贡献。第五，绩效与留存。高质量的就业环境能够提高员工的工作满意度和绩效，减少员工流失率。员工留存对于保持企业的稳定性和连续性至关重要。

心理契约理论强调了员工的隐性期望与雇主承诺的重要性。高质量就业通过建立相互信任、尊重和承诺的关系，有效地提高了员工的忠诚度和工作积极性，这对于企业的长期发展和成功至关重要。通过维护和强化这种心理契约，企业能够创造一个更加稳定、高效和充满活力的工作环境，从而在竞争激烈的市场中脱颖而出。

六、社会网络理论

社会网络理论揭示了个体在社会结构中的位置，以及这些位置如何深刻地影响个体的行为。这一理论强调，社会网络不仅是个体社会生活的重要组成部分，更是个体获取资源、信息和机会的关键渠道。在职业发展领域，社会网络的作用尤为突出，它能够为个体提供职业发展的平台，极大地影响其职业轨迹和职业满意度。

高质量就业与强大的专业网络和社会资本紧密相关。专业网络是指个人在专业领域建立的联系和关系网。社会资本指的是个体通过社会关系网络获得的资源和支持，这些资源和支持对于个体的职业发展至关重要。在高质量的就业环境中，员工不仅能够获得必要的技能和知识，还能通过与同行和行业领袖的互动，建立宝贵的社会联系。专业网络和社会资本对高校毕业生高质量就业的作用体现在以下几个方面。

第一，信息获取。强大的专业网络能够提供行业动态、职位空缺和职业发展机会的一手信息。这些信息对于员工来说是非常宝贵的，可以帮助他们做出更明智的职业决策。第二，机会识别。专业网络中的信息可以帮助员工发现新的职业机会，包括内部晋升、跨部门调动或行业合作项目。这些机会往往不是公开发布的，而是通过内部推荐和口碑传播。第三，提高职业流动性。社会资本可以提高员工的职业流动性，使他们能够更容易地在不同职位和行业之间转换。这种流动性对于适应快速变化的劳动市场和实现个体职业成长至关重要。第四，技能和知识共享。在专业网络中，员工可以与同行分享最佳实践、创新想法和专业知识。这种共享不仅能够提升个体的能力，还能够促进整个行业的知识和技能水平。第五，职业支持和指导。高质量就业环境的构建往往涉及导师制度和职业发展计划。这些计划通过邀请经验丰富的导师进行指导，帮助员工规划职业道路、克服职业发展中的障碍。第六，信任和合作。构建强大的专业网络能够促进信任和合作，这对于团队合作和项目成功至关重要。在信任的基础上，员工更愿意分享信息、协作解决问题，并共同推动组织目标的实现。

社会网络理论强调了社会网络在高校毕业生高质量就业中的重要性。通过建立和维护强大的专业网络和社会资本，个体能够获得更多的信息和机会，提高职业流动性，从而实现自身职业发展，增强满足感。对于企业而言，投资于员工的社会网络建设，不仅是提升企业竞争力和适应力的有效途径，更是实现企业长期发展的关键策略。

七、福利经济学

福利经济学不仅关注经济资源的合理配置，还关注国民收入的公平分配，旨在通过经济手段实现社会福利最大化。高质量就业作为福利经济学中的一个重要议题，不仅强调个体的经济收益，更涵盖工作条件、社会保险和职业保障等多个方面的福利。这种全面的视角使得高质量就业成为提升劳动者生活质量和促进社会公平的重要手段。

高质量就业的核心在于为劳动者提供一个稳定、安全、健康的工作环境，同时确保他们获得公平的劳动报酬和必要的社会保障。这不仅包括合理的工资水平，还涉及职业安全、职业能力的提升、劳动关系的和谐以及权益的保护。这些因素共同作用，能够显著提高劳动者的工作满意度和生活质量，从而对社会整体福利的提高产生积极影响。

在工作条件方面，高质量就业强调改善劳动环境，减少职业风险，提升工作场所的安全标准，确保劳动者的健康和福祉。这对于预防职业病和工伤事故、提高工作效率和生产力具有重要意义。此外，社会保险和职业保障也是高质量就业的重要组成部分。社会保险包括为劳动者提供养老保险、医疗保险、失业保险等，以减轻他们因意外、疾病或失业而面临的经济压力。职业保障则涉及为劳动者提供稳定的就业机会和职业发展路径，帮助他们在职业生涯中不断进步和成长。

高质量就业通过提升工作条件，提供社会保险和职业保障等方面的福利，增强个体的经济安全感和工作满意度，并促进社会资源的有效分配和社会福利的整体提升。这种就业模式有助于实现福利经济学所追求的效率与公平的双重目标，为构建和谐社会和促进经济发展提供坚实的基础。通过推动高质量就业，我们不仅能够提升劳动者的个人福祉，还能为社会的可持续发展奠定坚实的基础。

第二节 文献综述

高质量充分就业涉及资源分配效率、社会福利、个体经济收益以及工作条件等多个方面，是衡量一个国家经济发展和社会进步的重要指标。近年来，随着社会经济环境的变化和高等教育的普及，针对高质量就业的研究日益增多，取得了诸多重要成果，同时也暴露了一些不足和局限性。

一、高校毕业生就业现状研究

（一）供需关系分析

一些学者指出，随着高等教育逐渐普及，大学生数量急剧增加，但就业市场需求未能同步增长，导致供需失衡（周文霞等，2022；胡鑫等，2022）。当前高校毕业生就业市场呈现供需关系的复杂性。一方面，毕业生数量逐年增加，就业市场的竞争压力不断增大。据统计，2024届全国普通高校毕业生规模达1179万人，比2023年增加21万人，再创新高。另一方面，市场需求与毕业生能力之间存在错配现象。崔秀艳等（2025）指出，新质生产力的发展拓宽了高职学生的就业领域，同时也对高职学生提出了更高的技能要求，人才培养供给与产业行业需求脱节问题仍然存在。此外，部分行业和企业对毕业生的综合素质、实践能力要求较高，而高校教育在培养学生适应性方面存在不足，导致供需双方难以有效匹配。

（二）结构性矛盾分析

结构性矛盾是当前大学生就业问题的另一个重要方面。陈勇（2012）指出，大学生就业的结构性矛盾主要表现在专业与市场需求的不匹配、地域分布不均衡以及不同类型高校毕业生就业率差异显著。不同专业和不同类型高校毕业生的就业率差异明显，理工科专业毕业生的就业率通常高于文科专业（何仕，2014）。周文霞等（2022）进一步分析指出，毕业生扎堆一二线城市、国企和大企业，而基层和中小城市的就业岗位相对较少。此外，赖德胜（2024）指出，我国高校毕业生就业压力较大，既有总量上的原因，更有结构上的问题，包括学科专业结构、培养单位结构、性别结构、人力资本结构和就业意愿结构等。例如，部分专业的毕业生供过于求，而一些新兴产业和战略性产业则面临人才短缺的问题。同时，区域经济发展不平衡也导致毕业生就业区域集中化，即东部地区和发达城市对毕业生吸引力更强，而中西部地区和基层岗位则面临人才匮乏的困境。

二、高校毕业生就业的影响因素研究

（一）宏观经济环境的影响

宏观经济环境是影响大学生就业的重要因素之一。沈国兵（2020）指出，经济增速放缓和产业结构调整等因素导致大学生就业市场萎缩。此外，国际经济环境的变化，如国际贸易摩擦，也对国内就业市场产生了负面影响。杨燕（2024）分析了宏观经济政策对劳动力市场结构调整的作用，指出货币政策、财政政策等宏观调控手段通过总需求管理、产业结构优化等渠道影响劳动力市场的供需关系和结构性特征。

（二）高等教育体制的影响

高等教育体制对大学生就业具有重要影响。陈勇（2012）分析了高校课程设置、教学方法及实习实训等方面的不足，指出这些问题会直接影响学生的就业能力。何仕（2014）进一步指出，高等教育的结构性问题，如专业设置与市场需求脱节、人才培养模式单一等，导致大学生就业面临结构性矛盾。周文霞等（2022）则从高校就业指导和服务的角度，指出了高校在就业服务方面的不足，如就业信息不对称、就业指导不到位等。

（三）高校毕业生就业的心理与行为特征

1. 高校毕业生就业的心理压力

高校毕业生在就业过程中普遍存在心理压力。刘春雷（2010）发现，大学生在求职过程中面临多种心理压力，如就业焦虑和挫折感。潘涛等（2024）通过可视化计量分析，发现就业焦虑心理与毕业生的心理状态、就业能力、就业压力和心理健康等密切相关。崔霞等（2024）的实证研究也表明，心理弹性与就业焦虑呈负相关，女生、农村学生及文科学生的心理弹性对就业焦虑影响更大。这表明，高校需要加强对毕业生的心理健康教育，帮助他们缓解就业焦虑，增强心理弹性。

2. 高校毕业生的就业选择与行为特征

高校毕业生的就业选择与行为特征呈现多样化和复杂化的趋势。一方面，

"慢就业"现象日益突出，部分毕业生选择暂缓就业，继续深造或探索其他职业路径。曹斌等（2025）的研究表明，生涯适应力对"慢就业"具有正"U"形影响，学生的就业态度在其中起中介作用。另一方面，毕业生的就业选择受到个人兴趣、职业规划、家庭期望和社会环境等多方面因素的影响。周文霞等（2022）进一步分析指出，许多学生在就业过程中存在"被就业"现象，即为了追求高就业率而选择不适合自己的岗位。部分毕业生倾向于选择稳定的工作岗位，如公务员、事业单位等，而另一些毕业生则更愿意尝试创新创业或灵活就业。

（四）高校毕业生就业服务与指导

1. 高校毕业生就业服务体系建设

高校毕业生就业服务体系建设是解决大学生就业问题的重要途径。周文霞等（2022）指出，高校需要建立完善的就业服务体系，包括就业指导、职业规划和就业信息平台等，以帮助学生更好地适应就业市场。陈勇（2012）进一步分析了高校就业服务的具体内容，如就业讲座、招聘会和实习基地建设等，强调了这些服务在提高学生就业能力方面的重要性。宋丹（2024）提出，高校需要构建全域、全员、全过程"就业育人"大格局，扩大就业服务覆盖面。具体措施包括稳定市场主体、扩岗增量、优化就业服务流程、加强就业信息平台建设等。

2. 高校毕业生就业指导的有效性

高校毕业生就业指导的有效性是当前研究的一个重要议题。刘春雷（2010）发现，高校的就业指导在一定程度上缓解了学生的就业压力，但仍存在许多不足，如指导内容单一、指导方式陈旧等。李春玲（2020）进一步指出，高校的就业指导需要更加专业化和个性化，以满足不同学生的需求。石玉峰（2025）指出，大学生职业发展与就业指导课程模块化设计与实施是提高毕业生就业质量的重要途径。

（五）高校毕业生就业与社会经济发展

1. 高校毕业生就业对社会经济的影响

高校毕业生就业不仅关系到个人发展，也对社会经济发展有重要影响。何仕（2014）指出，大学生是社会经济发展的生力军，其就业状况直接影响国家的人力资源储备和社会稳定。沈国兵（2020）进一步分析了大学生就业对宏观经济的影响，指出大学生就业的稳定性和高质量对经济复苏和持续发展具有重要意义。胡鑫等（2022）从乡村振兴的角度强调，大学生返乡就业对农村经济发展具有重要的推动作用。李月等（2024）指出，大学生是企业经济发展的重要储备力量。

2. 社会经济环境对高校毕业生就业的影响

社会经济环境对大学生就业有深远影响。陈勇（2012）指出，经济发展水平、产业结构和区域差异等因素直接影响大学生的就业机会和质量。周文霞等（2022）进一步分析了不同地区的就业市场特点，指出东部沿海地区的就业机会相对较多，而中西部地区的就业压力较大。一方面，经济结构调整和产业升级为毕业生提供了新的就业机会和职业发展空间。另一方面，经济下行压力和市场竞争的加剧也使得毕业生就业难度增加，就业市场的不确定性增强。因此，高校和社会需要共同努力，为毕业生创造良好的就业环境，促进其高质量充分就业。

（六）高校创新创业教育

创新创业教育是高校教育的重要组成部分，对于促进毕业生高质量充分就业具有重要意义。靳晓琪（2024）指出，创新创业教育通过一系列教育活动培养学生的创新思维、实践创业能力，使学生具备独立思考以及不断探索和尝试的能力。高校应注重将创新创业教育的理论与实践相结合，通过课程设置、实践项目、创业竞赛等多种形式，培养学生的创新创业能力。同时，高校还应加强与企业的合作，为学生提供创新创业的实践平台和资源支持。

（七）高校毕业生就业政策与法规

1. 政府就业政策的作用

政府就业政策在促进高校毕业生就业方面发挥着重要作用。沈国兵（2020）指出，政府通过一系列政策措施，如扶持中小企业、拓宽升学渠道和推动基层就业等，有效缓解了大学生就业压力。胡鑫等（2022）从乡村振兴的角度探讨了政府在促进大学生返乡就业方面的政策，并提出了一些政策优化建议。周文霞等（2022）进一步分析了政府就业政策的具体内容，如就业补贴、税收优惠和创业贷款等，肯定了这些政策在支持大学生就业方面的作用。鲁昆洪（2025）基于就业政策工具和就业政策内容构建二维分析框架，对2012年至 2022 年十年间教育部工作要点内容进行计量和挖掘。其发现，就业政策工具和政策内容之间"任务—手段—效果"的耦合推动了十年间高校毕业生就业工作的有序开展。

2. 法律法规对高校毕业生就业的保障

法律法规对高校毕业生就业提供了重要保障。陈勇（2012）分析了现行法律法规的不足，如就业信息透明度不高和就业合同不规范等，并提出了完善法律法规的建议。戴先任（2024）指出，就业歧视侵犯了就业者的平等就业权，不利于就业公平的实现。李春玲（2020）指出，法律法规在保护大学生就业权益、规范就业市场和打击就业歧视等方面发挥了重要作用。周文霞等（2022）从法律层面探讨了如何通过立法手段保障大学生的就业权益，提出了具体的立法建议。

(八) 高校毕业生就业与职业生涯发展

1. 大学生职业生涯规划

大学生职业生涯规划的制定是促进其就业的重要手段。刘志（2013）的研究指出，大学生需要在大学期间进行科学的职业生涯规划，以提高就业竞争力。陈勇（2012）进一步分析了职业生涯规划的具体内容，如职业兴趣测评、职业目标设定、职业路径规划等，强调了职业生涯规划在帮助学生明确职业方向方面的作用。李春玲（2020）则从心理调适的角度，探讨了如何帮助学生树立正确的职业价值观，提出了具体的指导建议。

2. 大学生职业生涯发展的路径

大学生职业生涯发展的路径是当前学界研究的一个重要议题。刘春雷（2010）指出，大学生在职业生涯发展中面临多种选择，如就业、考研、出国等，需要根据自身情况做出合理选择。陈勇（2012）进一步分析了不同路径的特点和优势，如就业路径可以帮助学生快速积累工作经验，考研路径可以提高学生的学术水平，出国路径可以拓宽学生的国际视野。周文霞等（2022）则从职业发展的角度，探讨了如何帮助学生实现职业生涯的可持续发展，提出了具体的指导建议。

三、关于高校毕业生就业方面的学术研究发展脉络

高校毕业生就业作为一个重要的研究领域，其学术研究的发展脉络可以划

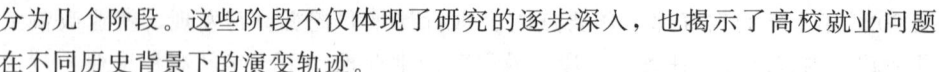

分为几个阶段。这些阶段不仅体现了研究的逐步深入，也揭示了高校就业问题在不同历史背景下的演变轨迹。

（一）第一阶段：对高校毕业生就业问题的初步关注（2000—2006 年）

在这一阶段，学者初步关注大学生就业问题，相关研究缓慢发展，发表的文献数量相对较少，研究热点主要集中于就业指导、就业难以及解决对策等方面。学者们主要关注高校就业问题的基本现象和初步成因。例如，岳昌君等（2004）通过分析 2003 年全国高校毕业生抽样调查的数据，发现内因是决定高校毕业生就业竞争力的关键因素。曾湘泉（2004）在《经济研究》发表的文章《变革中的就业环境与中国大学生就业》中，探讨了中国大学生就业环境的变化及其对大学生就业的影响。闵维方等（2006）同样利用全国高校毕业生抽样调查的数据，得出了与岳昌君相似的结论，强调内因对高校毕业生就业竞争力的重要影响。张立波（2006）则从政策、经济和教育三个层面分析了高校毕业生面向基层就业率低的原因，指出政策落实、基层财力和编制限制以及高校专业设置与毕业生能力不足等是重要影响因素。

（二）第二阶段：对高校毕业生就业问题的全方位深入研究（2007—2020 年）

1. 高校毕业生就业影响因素的深入探讨

随着研究的深入，学者们开始关注高校毕业生就业的多方面影响因素。杜桂英等（2010）研究发现，高校毕业生在高等教育阶段所积累的人力资本能够对其就业机会产生较大的、显著的正向影响，但对就业起薪的影响程度不及家庭背景。刘春雷（2010）的研究发现，宏观经济环境、高等教育体制、社会文化等因素对大学生就业有重要影响。钟云华（2011）对湖南省长沙市 11 所大学 600 名应届毕业生进行的问卷调查结果显示，人力资本对大学生就业有显著影响。

这一阶段学术研究的突出贡献表现为，学者们关注到了大学生就业难的问题，并开始探讨大学生就业的影响因素，特别是人力资本在大学生就业中的作用。这些研究为理解大学生就业问题提供了初步的框架，为后续大学生就业问题研究奠定了基础，并指出了内因和人力资本在就业过程中的重要性。学者们不仅研究了就业难的问题，还探讨了就业质量、就业诚信等方面的问题，为大学生就业问题的研究提供了全面的视角。此外，这些研究也开始关注家庭背景对大学生就业起薪的影响，为理解大学生就业的复杂性提供了新的视角。随着高校扩招政策的推进，高校毕业生人数逐年增长，我国高校毕业生的就业率有所下降，研究者们从不同视角探讨了高校扩招对毕业生就业的影响。王友航等（2012）认为，基层就业体现了明显向东部流动的倾向，人力资本、家庭背景、学校背景和求职岗位情况是影响高校毕业生基层就业的重要因素。这项研究揭示了影响高校毕业生基层就业的多维度因素，为理解高校毕业生就业选择提供了新的视角。宋国恺等（2017）基于地位获得理论，得出社会结构相对封闭导致北京地区大学生基层就业意愿不够强烈的结论。这项研究从社会结构的角度分析了大学生基层就业意愿，为理解地区差异对就业意愿的影响提供了理论支持。蒋承等（2018）通过对 2003 年至 2017 年北京大学教育学院／教育经济研究所开展的 8 次全国高校毕业生就业调查数据的分析，探讨了高校毕业生基层就业的趋势和特征。他们分析了高校毕业生家庭所在地、性别、学历层次与就业地之间的分布情况，以及学生受教育情况对选择基层就业的影响，并对高校毕业生在基层就业后的工作满意程度、所学专业与职业的相关程度、收入情况以及任职时间等指标进行了分析。这项研究为理解高校毕业生基层就业的情况和趋势提供了实证数据支持，为国家制定相关政策提供了参考。这些学者的研究有助于人们更好地理解大学生就业的复杂性，并为解决就业问题提供多维度的解决方案。

2. 高校毕业生就业心理与行为特征的系统研究

在这一阶段，学者们开始系统研究大学生就业的心理与行为特征。贺平（2011）从哲学层面分析了大学生就业问题，认为就业问题本质上是生产力的分配问题，需要从心理和行为层面给予更多关注。陈勇（2012）在研究中指出，随着高等教育的逐渐普及，大学生就业难的问题开始显现，主要表现为供需失衡和结构性矛盾。李春玲（2020）的研究指出，大学生在就业过程中普遍存在心理压力，需要通过心理调适和就业指导来缓解。这一时期的研究深入探讨了大学生就业的心理机制和行为模式，为解决就业问题提供了新的视角。

2007—2016 年，相关学术领域的年发文数量快速增长，并于 2009 年达到顶峰，单年发文量超过 300 篇。研究热点涉及职业规划、就业影响因素、就业质量、创新创业、基层就业等。这一时期，受到金融危机、高校扩招政策的双重影响，就业岗位供需矛盾进一步凸显。高校及社会普遍把提升就业率作为高校就业工作的主要目标，而忽视了就业质量。如何提升就业质量是这一阶段学者们重点研究的问题。

3. 高校毕业生就业服务与指导的实践探索

2016—2020 年，尽管相关学术领域的发文量有所下降，但年发文量仍保持在两位数水平，表明大学生就业问题仍受到学界的密切关注，只是研究重点从影响因素分析转向问题解决的实践探索。这一阶段的研究重点包括保障大学生就业质量，提供良好的就业环境，构建丰富的职业培训和职业认证规划，提升就业稳定性，保障大学生的切身利益。

（三）第三阶段：高校毕业生就业与社会经济发展的互动关系（2021 年至今）

在这一阶段，研究重点聚焦于高校毕业生就业与社会经济发展的互动关系。一方面，学者们关注如何借助数字经济推动高质量就业，提升人力资本欠缺的劳动者的就业质量，以实现更充分、更高质量的就业目标。另一方面，学者们开始重点研究就业的供给端——大学生自身，并呼吁高校结合社会需求制定更加完善的培养计划，从而提高就业质量。2023 年的研究结果显示，全国高校毕业生离校时的落实率为 68.9%，较 2021 年下降了 7.6 个百分点[1]，"慢就业"现象愈发突出。选择在单位就业的毕业生的就业地点逐渐下沉，越来越多的毕业生选择到地级城市及以下地区就业；而灵活就业毕业生的地点选择则更为分散。此外，工学毕业生的落实率最高，而法学、教育学、医学毕业生的落实率相对较低。2023 年，北京高校大学生就业创业课题研究指出，高校职业生涯教育体系在高质量充分就业目标下存在诸多不足，并提出了优化教育环节、提升育人能力的策略。根据智联招聘 2024 年发布的《大学生就业力调研报告》，自由职业和"慢就业"的比例有所上升，分别从 2023 年的 13.2% 和 18.9% 增长到 13.7% 和 19.1%。同时，高校毕业生的求职行为更加积极，60.3% 的毕业生在大四上学期甚至更早就开始找工作。中智发布的《2024 届高校毕业生就业蓝皮书》指出，毕业生的国企就业偏好连续五年上升，超六成毕业生向央国企投递了简历。与此同时，制造业成为吸纳青年就业的新增长点，尤其是汽车制造、医药制剂和化学制品等中高端制造业。清华大学 2024 年的统计数据显示，赴制造业、能源业就业的毕业生人数同比增长 11%，连续五年持续增长。中国劳动和社会保障科学研究院组织编写的《中国就业发展报告（2024）》分析了 2023 年就业总体形势与未来发展趋势，强调在制造业高质量

---

[1] 2023 年全国高校毕业生就业状况实证研究——基于单位就业与灵活就业的对比分析 [M]. 北京大学教育评论，2024（2）：88-111.

发展、生态文明建设、服务业发展等领域扩大就业机会；还指出以数字化转型赋能公共就业服务高质量发展，为高校毕业生等重点群体提供了新的就业思路。这些研究成果反映了当前高校毕业生就业的新趋势和面临的新挑战，为未来的学术研究和政策制定提供了重要参考。这一时期的研究进一步揭示了高校就业与社会经济发展的互动关系，强调了高校在人才培养和社会需求对接中的重要作用。特别是数字经济和制造业的崛起，为高校毕业生提供了新的就业增长点，同时也对高校教育体系提出了更高的要求。

四、研究存在的不足与改进措施

（一）不足之处

通过梳理以上文献，可以发现关于高校就业的研究并不充分，具有一定的局限性，具体表现为以下几点。

1. 研究视角较为单一

既有研究主要集中于描述和解释高校就业问题的表面现象，对深层次的机制和影响因素的探讨相对不足。例如，许多研究主要关注供需关系和结构性矛盾，对文化和心理因素的影响探讨较少。

2. 研究方法较为传统

既有研究多采用定性研究方法，如文献分析、案例研究等，而定量研究方法的应用相对较少。例如，对大学生就业心理压力的测量和分析多采用问卷调查方式，缺乏更深入的数据分析和模型构建。

3. 政策建议的可操作性不强

许多研究提出了大量的政策建议，但这些建议的可操作性相对较弱。例如，许多研究建议政府加大对高校就业指导的投入，但缺乏对具体如何投入、如何评估效果等方面的考量。

4. 研究对象覆盖范围有限

既有研究多集中于某个地区或某类高校，对不同类型高校和不同地区的研究较为分散，缺乏系统性和全面性。例如，对东部沿海地区和中西部地区的研究多为个案分析，缺乏全国范围内的系统性比较。

（二）改进措施

1. 拓展研究视角

在继续关注供需关系和结构性矛盾的基础上，加强对文化和心理因素的研究，探讨这些因素对大学生就业的影响。

2. 创新研究方法

引入更多的定量研究方法，如数据分析、模型构建等，以提高研究的科学性和可靠性。同时，采用跨学科的研究方法，借鉴心理学、社会学等领域的研究成果，丰富研究内容。

3. 增强政策建议的操作性

在提出政策建议时，注重具体操作指南的制定，确保建议的可行性和有效性。例如，可以结合具体案例，探讨政策实施的具体路径和评估标准。

4. 扩大研究对象的覆盖范围

加强对不同类型高校和不同地区的系统研究，通过比较分析，揭示高校就业问题的共性和特性，为政策制定提供科学参考。

第三章　高校毕业生就业状况的实证分析与影响因素研究

第一节　研究样本与数据来源的统计描述

在深入分析高校毕业生的就业状况之前，有必要对本次问卷调查的样本数据进行详细的说明。这些数据不仅为研究提供了基础框架，还帮助我们更好地理解样本的特征和代表性。通过对样本数据的分析，我们可以更准确地把握高校毕业生群体的整体情况，为后续的就业状况和影响因素研究奠定坚实的基础。

一、样本选择

本次研究的样本来源于多所高校，涵盖不同学科背景和毕业年份的高校毕业生。调查对象包括在校学生、应届毕业生以及毕业后的人员，旨在全面反映高校毕业生在不同阶段的就业情况。

二、数据收集方法

数据收集采用问卷调查的方式，在线上平台进行公开，确保样本广泛覆盖。问卷设计包括毕业生的基本信息、就业状态、求职经历、职业规划等，以获取全面且具体的数据。此外，为深入了解毕业生的实际需求和问题，我们还对部分毕业生进行了访谈，以补充问卷调查的不足。同时，我们根据高校就业

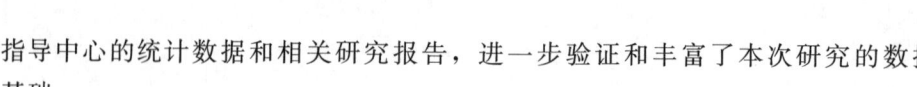

指导中心的统计数据和相关研究报告，进一步验证和丰富了本次研究的数据基础。

三、样本规模

本研究通过问卷调查的方法共收集有效样本 418 份，能够满足研究需求。样本覆盖不同性别、年龄、学历和职业背景的受访者，确保了数据的多样性和广泛性。通过科学的抽样方法和严格的数据清洗流程，本研究确保了样本数据的可靠性和有效性，为后续的就业分析提供了数据支持。尽管样本量较小，但通过合理的分析方法和统计技术，仍能够得出具有参考价值的结论，为相关领域的进一步研究提供数据支持和理论依据。

四、数据特征

本次调查的毕业生群体人口变量分布情况如表 3-1 所示。

表 3-1　人口变量分布情况

人口选项变量	选项	频率	百分比
性别	男	143	34.21％
	女	275	65.79％
年龄	18～25 岁	318	76.08％
	26～30 岁	35	8.37％
	31～35 岁	37	8.85％
	36～45 岁	25	5.98％
	46～55 岁	3	0.72％
学历层次	博士研究生	5	1.20％
	硕士研究生	25	5.98％
	本科	89	21.29％
	专科	299	71.53％
就业状态	已就业	107	25.60％
	国内升学或国外留学	6	1.44％
	自主创业	2	0.48％
	在校生	260	62.20％

续表

人口选项变量	选项	频率	百分比
就业状态	自由职业	3	0.72%
	灵活就业	5	1.20%
	待就业	6	1.44%
	暂不就业	29	6.94%

首先，在性别分布方面，女性占比 65.79%，男性占比 34.21%。值得注意的是，女性的比例明显高于男性。这种性别比例的不平衡可能与某些专业女性报考人数较多有关，如教育、医务护理、财经商贸类、工商管理类等传统的以女性为主的专业。此外，样本选取的院校专业设置也可能对这一结果产生影响。例如，部分院校可能以文科或艺术类专业为主，这些专业通常女性报考人数较多。

其次，从年龄段分布来看，样本主要集中在 18～25 岁，占比高达 76.08%。这一年龄段的毕业生大多是应届毕业生或毕业不久的人员。他们刚刚步入职场，职业发展处于起步阶段。相比之下，26 岁及以上年龄段的毕业生占比较小。这部分毕业生可能已经在职场中积累了一定的经验，他们的就业情况和职业发展可能面临不同的挑战和机遇，如职业晋升、行业转型等。

最后，在学历层次分布上，样本以专科生为主，占 71.53%；本科生占比 21.29%；硕士研究生和博士研究生的占比较小，分别为 5.98% 和 1.20%。这一分布情况表明，样本中专科院校的毕业生数量较多。不同学历层次的毕业生在就业市场上的表现和需求可能存在显著差异。例如，专科生可能更注重实践技能和就业机会，而本科生和研究生则可能更关注职业发展和薪资待遇。因此，在分析就业情况时，需要充分考虑学历层次的差异及其对就业的影响。此外，不同学历层次的毕业生在就业市场上的竞争力和适应能力也可能有所不同，这需要进一步研究和分析。

总之，本次问卷调查的样本数据在性别、年龄段和学历层次等方面呈现出一定的分布特征。这些特征不仅反映了高校毕业生群体的基本情况，也为后续的就业状况和影响因素研究提供了重要的参考依据。通过对这些样本数据进行深入分析，我们可以更全面地了解高校毕业生的就业现状，为相关政策和措施的制定提供科学依据。

第二节　高校毕业生就业结构的特征分析

通过对本次调查数据进行深入分析，我们可以从就业率、行业分布、地区分布和薪资水平四个方面更清晰地了解当前高校毕业生的就业形势以及他们在就业市场中的分布情况。

一、就业率

近年来，我国高校毕业生的就业形势呈现出一定的复杂性。麦可思研究院发布的《2024 年中国本科生就业报告》和《2024 年中国高职生就业报告》（以下简称就业报告）显示，2023 年本科毕业生就业观念趋向多元化，自由职业和自主创业比例上升，而考研意愿减弱，准备考研的比例下降。本科毕业生毕业半年后的去向落实率为 86.4％，高职生毕业半年后去向落实率为 88.9％。

本次问卷调查得到的数据显示，当前高校毕业生的就业情况呈现出一定的阶段性特征。其中，62.2％的毕业生仍处于在校状态，这与调查时间密切相关，因为调查开展时正值学期内，许多学生尚未完成学业，尚未进入就业市场。尽管如此，仍有 25.6％的毕业生已成功就业。这一比例表明，尽管面临诸多挑战，仍有部分毕业生能够顺利找到工作。然而，值得注意的是，仍有部分毕业生处于待就业（1.44％）或暂不就业（6.94％）的状态，这表明就业压力依然存在。与往年数据对比，这一就业率水平说明当前就业市场的竞争态势并未显著缓解，仍需各方共同努力以增加毕业生的就业机会。针对就业现状，有学者提到从心理学的角度理解高校毕业生的就业心态和求职行为，构建全面的大学生职业生涯规划教育体系，以促进高校毕业生就业。

二、行业分布

在就业行业分布方面，本次调查发现，毕业生的就业岗位较为分散。其中，制造业和工程行业就业人数最多，占比 10.29％，这可能与制造业的经济支柱产业地位有关，其对劳动力的需求一直较为稳定。紧随其后的是信息技术（IT）和互联网行业，占比 7.89％；商业和管理行业占比 4.31％。这些行业的就业人数相对较多，反映了当前数字经济和商业服务领域的快速发展对人才的吸引。相比之下，金融、医疗、教育等传统热门行业的就业人数相对较少，占比分别为 2.15％、0.96％和 0.48％。这一现象表明，不同行业的就业吸引力存在显著差异，这可能与行业发展趋势、薪资待遇、职业前景以及社会需求等多种因素相关。此外，随着新兴产业的崛起，部分毕业生也开始涉足这些领域，但目前其比例偏低，这表明新兴行业在吸纳高校毕业生方面有较大的潜力。

三、地区分布

在地域选择方面，高校毕业生的就业地点呈现一定的集中趋势。部分毕业生倾向于选择在经济发达地区或一线城市就业，这些地区通常能够提供更多的就业机会、更高的薪资待遇以及更广阔的职业发展空间。例如，一线城市（如北京、上海、广州、深圳）的就业人数占比相对较高，而二、三、四线城市的就业人数则相对较少。这种集中趋势可能与大城市在经济、文化和资源方面的优势有关，但这也可能导致部分地区的就业竞争加剧。与此同时，仍有部分毕业生选择在家乡所在地或二线城市就业，这一选择可能与家庭因素、生活成本以及个人职业规划有关。总体来看，毕业生的就业地域选择在一定程度上反映了就业市场的区域不平衡性，同时也提示政策制定者引导毕业生向不同地区合理流动，以促进区域经济的协调发展。

四、薪资水平

在薪资水平方面，本次调查提供了高校毕业生的平均薪资数据，并与相关行业或地区的薪资水平进行了比较。结果显示，已就业毕业生的平均薪资水平相对较低，这与他们的工作经验和职业发展阶段相符。具体而言，月薪在3000以下的毕业生占比3.59％；月薪为5000～8000元的毕业生占比40.19％；月薪为3000～5000元的毕业生占比19.62％；月薪为8000～15000元的毕业生占比25.60％；月薪超过15000元的毕业生仅占11.00％。这一薪资分布与毕业生的工作年限较短（没有工作年限的占70.33％，少于1年的占3.35％，1～3年的占3.83％，3～5年的占7.89％）以及多处于初级岗位（占比9.81％）的现状密切相关。与相关行业或地区的平均薪资水平相比，高校毕业生的薪资待遇仍处于较低水平。例如，在信息技术和互联网行业，尽管该行业整体薪资水平较高，但毕业生的起薪相对较低，这体现了工作经验对薪资的影响。此外，不同地区的薪资水平也存在差异，一线城市和经济发达地区的毕业生薪资普遍高于二、三、四线城市。这种差异不仅反映了地区经济发展的不平衡性，也提示高校和政策制定者关注毕业生的薪资待遇问题，以提升其就业质量。

当前高校毕业生的就业状况呈现多样化的特点。一方面，部分毕业生已成功就业，具有一定的就业竞争力；另一方面，就业压力依然存在，不同行业和岗位的就业吸引力存在显著差异。此外，毕业生的就业选择在地域和行业分布

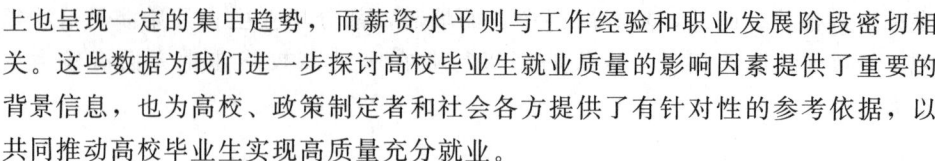
上也呈现一定的集中趋势，而薪资水平则与工作经验和职业发展阶段密切相关。这些数据为我们进一步探讨高校毕业生就业质量的影响因素提供了重要的背景信息，也为高校、政策制定者和社会各方提供了有针对性的参考依据，以共同推动高校毕业生实现高质量充分就业。

第三节　高校毕业生求职行为分析

高校毕业生的求职渠道、就业满意度、跳槽原因以及就业准备的不足等，不仅反映了毕业生在求职过程中的实际行为和心态，还指明了高校在人才培养和就业指导方面需要改进的方向。通过对本次问卷调查数据的分析，我们从求职渠道、求职时间、个人准备、面试情况、就业满意度五个方面深入探讨高校毕业生的求职情况，从而更好地了解他们在就业市场中的表现和面临的挑战。

一、求职渠道

在竞争激烈的就业市场中，高校毕业生面临多样化的求职选择。本次调查深入分析了毕业生的求职渠道，结果显示，他们主要通过网络招聘、校园招聘、实习转正以及其他渠道寻找工作。其中，网络招聘和校园招聘是高校毕业生最主要的求职途径，分别占比 17.22％和 13.4％。这一数据表明，在数字化时代，网络平台已成为毕业生获取就业信息的重要工具，而学校组织的校园招聘则凭借其针对性和便捷性，继续发挥着不可替代的作用。

网络招聘的兴起是数字化时代就业市场的一个显著特征。随着互联网技术的飞速发展，各类招聘平台如雨后春笋般涌现，为毕业生提供了海量就业信息。这些平台不仅打破了时间和空间的限制，还通过精准的算法和个性化的推荐功能，帮助毕业生快速找到与自己专业和兴趣匹配的岗位。网络招聘的便捷性和高效性使其成为毕业生求职的重要途径之一。然而，网络招聘也存在信息过载、虚假信息等问题，这就要求毕业生具备更强的信息筛选能力和辨别能力。

校园招聘一直是高校毕业生求职的重要渠道之一。学校组织的招聘会通常会邀请众多知名企业参与，为毕业生提供了一个与雇主直接接触的机会。这种面对面的交流不仅能够让毕业生更直观地了解企业文化和岗位需求，还能让企业直接评估毕业生的综合素质。校园招聘的优势在于，具有较强的针对性，能够将合适的人才与合适的企业快速匹配，同时为毕业生提供了一个相对安全可靠的求职环境。此外，学校在招聘会前往往会提供一系列就业指导服务，如简历制作、面试技巧培训等，帮助毕业生做好求职准备。

　　实习转正也是毕业生获取工作的关键途径之一。关于"学校期间哪些活动对未来就业最为重要"的多选题结果中，69.14％的毕业生认为实习经历对未来就业最为重要。实习不仅为毕业生提供了实际工作经验，帮助他们更好地将专业理论与实践相结合，还为他们提供了一个展示自己能力和潜力的平台。许多企业会通过实习项目选拔优秀人才，直接给予实习表现优异的毕业生转正机会。这种从实习到正式员工的就业路径，不仅减少了毕业生的求职压力，还为企业提供了更稳定的人才储备。

　　除了上述主要求职渠道外，人才交流市场和亲友关系也在毕业生求职过程中发挥着不可忽视的作用。调查数据显示，分别有7.66％和4.55％的毕业生通过人才交流市场和亲友关系获得工作机会。人才交流市场为毕业生提供了一个更广泛的社会化求职平台，而亲友关系则体现了社会关系网络在求职中的重要作用。这种基于人际关系的求职方式不仅能够提供更多的内部信息和推荐机会，还能为毕业生提供情感支持和求职建议。这一现象说明，高校毕业生在求职时不仅依赖正式的就业渠道，还会充分利用社会关系网络来拓展就业机会。

　　这种多元化的求职方式反映了毕业生在面对就业市场时的灵活性和主动性。在求职过程中，毕业生不再局限于单一的求职渠道，而是根据自身情况和市场需求，灵活选择多种途径来寻找工作。这种多元化策略不仅增加了他们的就业机会，还提高了求职的成功率。然而，这也对高校和相关部门提出了更高的要求。高校需要进一步优化现有的求职渠道，提升就业指导服务的质量，帮助毕业生更好地利用网络平台、校园招聘和实习机会。同时，高校还应加强与企业的合作，拓宽人才交流市场的渠道，为毕业生提供更加多元化的就业选择。

　　高校毕业生在求职过程中主要依赖校园招聘、网络招聘和实习转正等渠道。各大高校和相关部门需要进一步优化这些渠道，为毕业生提供更多的就业机会。同时，高校还应加强对毕业生的就业指导，帮助他们提升信息筛选能力、沟通能力和职业规划能力，以更好地适应多元化的就业市场。此外，高校和企业之间的合作也至关重要，紧密的校企合作关系，可以为毕业生提供更多的实习和就业机会，同时为企业输送更多符合要求的人才。只有多方面共同努力，才能帮助高校毕业生在竞争激烈的就业市场中脱颖而出，实现高质量就业。

二、求职时间

　　求职时间是衡量高校毕业生就业难易程度的重要指标，它不仅反映了毕业生在就业市场中的适应能力，也揭示了就业市场的整体状况和需求结构。当前，有部分毕业生在毕业数年后才找到工作，这表明求职对部分毕业生来说较为漫长和艰难。这可能与多种因素相关。

首先，就业市场的竞争是影响求职时间的重要外部因素。当前，全球就业市场竞争激烈，尤其是在经济形势不稳定或行业调整时期，就业岗位的供需不平衡可能导致毕业生求职时间延长。例如，某些热门专业或行业可能面临供大于求的局面，而一些冷门专业或新兴行业的岗位需求可能又难以达到毕业生的期望，这使得部分毕业生在求职过程中需要花费更多时间和精力来寻找合适的工作。

其次，个人能力也是决定求职时间的关键因素之一。在就业市场中，具备较强的专业技能、沟通能力、团队合作能力和问题解决能力的毕业生往往更具竞争力。调查结果显示，那些在毕业后较短时间内找到工作的毕业生，通常在大学期间就注重实践能力的培养，积极参与实习、项目实践和社团活动，积累了丰富的工作经验。相比之下，那些求职时间较长的毕业生可能在专业技能、实践经验或个人综合素质方面存在不足，需要更多时间来提升自己以满足企业的要求。

再次，专业背景对求职时间的影响也不容忽视。某些专业的就业前景相对较好，例如信息技术、工程、医疗等专业，这些专业的毕业生往往能够在较短时间内找到与专业对口的工作。然而，一些传统专业或市场需求较小的专业，如部分文科专业或冷门理工科专业，可能面临就业方向不明确或就业岗位有限的问题。这些专业的毕业生可能需要更长的时间来调整求职方向，或者通过进一步学习和培训来提升自己的就业竞争力。

又次，求职策略的合理性也在很大程度上影响了求职时间。有效的求职策略包括明确的职业规划、合理的求职渠道选择、精准的简历撰写和面试准备等。那些在求职前制定了清晰的职业规划的毕业生，能够更有针对性地选择求职方向，避免盲目投递简历和参加面试，从而提高求职效率；相反，缺乏明确职业规划的毕业生可能在求职过程中频繁更换求职目标，浪费时间和精力。此外，求职渠道的选择也至关重要。随着互联网的发展，网络招聘平台成为重要的求职渠道，但一些毕业生可能过于依赖单一渠道，而忽视了校园招聘、实习转正、人才交流市场以及亲友推荐等多种途径的综合运用，从而延长了求职时间。

最后，社会经济环境和行业发展趋势也会对求职时间产生影响。在经济繁荣时期，企业招聘需求旺盛，毕业生的求职时间相对较短；而在经济衰退或行业调整时期，企业招聘需求减少，甚至出现裁员现象，这无疑会增加毕业生的求职难度，延长其求职时间。

毕业生从毕业到找到工作的平均时间分布反映了就业市场的复杂性和多样性。求职时间的长短不仅受就业市场竞争、个人能力、专业背景和求职策略等因素的影响，还与社会经济环境和行业发展趋势密切相关。为了缩短求职时间，提高就业成功率，高校需要加强对毕业生的职业规划指导和就业技能培训，帮助他们明确职业方向，提升个人能力；同时，毕业生自身也需要积极主动地了解就业市场动态，制定合理的求职策略，灵活运用多种求职渠道，并不断提升自己的综合素质，以更好地适应就业市场的需求。此外，政府和社会也应通过政策支持和就业服务，为毕业生创造更加公平、透明和多元化的就业环境，助力他们顺利实现就业。

三、个人准备

在求职过程中，毕业生通常会采取多种准备措施来提升自己的竞争力。调查结果显示，个人准备不足是影响毕业生求职成功的重要因素之一。这一现象揭示了高校在人才培养过程中存在的短板。尽管高校为学生提供了丰富的理论知识教育，但在实践教学环节和职业技能培训方面有待加强。这些方面的不足可能导致毕业生在就业市场上竞争力不足，难以满足企业对实际操作能力和专业技能的需求。

在竞争激烈的就业市场中，毕业生面临的挑战不仅仅是找到一份工作，更是如何在众多求职者中脱颖而出。为了提升自身的竞争力，毕业生往往会采取多种准备措施，包括撰写精心设计的简历、参加面试技巧培训、提升专业技能以及制定清晰的职业规划。然而，调查结果显示，这些准备措施的实施效果并不理想，就业准备不足仍然是影响毕业生求职成功的重要因素之一。

在求职准备的各项内容中，简历撰写是毕业生面临的首要难题。一份出色的简历能够为求职者赢得面试的机会。调查发现，有39.71％的毕业生认为自己在简历撰写等求职技能方面存在不足。他们或者不清楚如何突出自己的优势，或者难以准确地表达自己的经历和技能。与此同时，面试技巧也是毕业生关注的重点。33.01％的毕业生表示，他们希望获得专业的面试技巧培训，以便在面试中更好地展示自己。面试不仅是对专业知识的考查，更是对沟通能力、应变能力和职业素养的综合检验。缺乏有效的面试技巧培训，可能导致毕业生在面试中表现不佳，从而错失良机。

技能培训对高校毕业生就业的重要性也日益凸显。调查显示，64.11％的毕业生认为技能培训对未来就业非常重要。随着行业的快速发展和市场需求的不断变化，毕业生需要具备扎实的专业技能和实际操作能力，这样才能在就业市场中占据一席之地。然而，许多毕业生在求职过程中发现自己缺乏必要的行

业相关技能，这使得他们在面对企业的需求时显得力不从心。

职业规划指导的缺失也是一个值得关注的问题。50.96％的毕业生认为缺乏职业规划指导是他们在求职过程中面临的主要问题之一。清晰的职业规划能够帮助毕业生明确自己的职业目标、合理安排求职方向和策略。然而，由于缺乏专业的指导，许多毕业生在求职时感到迷茫，不知道自己的优势和兴趣之所在，也不知道如何选择适合自己的职业道路。

深入剖析后发现，毕业生普遍将自身就业准备方面的最大短板归结为实际工作经验的匮乏以及行业相关技能的欠缺。数据显示，高达75.84％的毕业生认为，实际工作经验不足是他们在求职道路上遭遇的首要阻碍；同时，55.02％的毕业生指出，行业相关技能的缺失，同样是影响其顺利求职的关键因素。实际工作经验能够帮助毕业生更好地理解行业需求，提升解决问题的能力，而行业相关技能则是企业招聘时的重要考量因素。这种现象揭示了高校在人才培养过程中存在的短板。高校的课程设置往往偏重理论教学，而对实践环节的重视不足，导致学生在毕业时缺乏实际操作能力。此外，高校与企业的合作不够紧密，也使得学生难以接触行业前沿的技能和需求。

企业不仅关注毕业生的专业知识，更看重他们的实际工作能力，尤其是独立解决问题的能力。缺乏实践经验的毕业生往往需要更长的时间来适应工作环境，这也增加了企业的用人成本。因此，高校需要加强对毕业生在简历撰写、面试技巧、技能培训和职业规划指导等方面的支持。同时，高校还应进一步优化课程设置，增加实践教学比重，同时加强与企业的合作，为学生提供更多的实习和实践机会。通过这些措施，高校可以更好地培养适应市场需求的高素质人才，提高毕业生的就业竞争力，帮助他们成功求职。

四、面试情况

面试通过率是衡量毕业生求职成功的关键因素之一。本次调查中，毕业生普遍认为面试通过率与其专业背景密切相关。94.50％的毕业生认为所学专业与就业岗位相关，但仍有5.50％的人认为两者不相关。所学专业与就业岗位的相关性直接影响面试通过率，专业对口的毕业生在面试中往往更具优势，因为他们能够更好地展示自己的专业知识和技能。不同专业的毕业生在求职过程中的表现也有所不同。例如，制造业和工程行业就业人数最多，占比10.29％，而信息技术（IT）和互联网行业也吸引了较多毕业生，占比7.89％。这些行业的毕业生通常具有较高的面试通过率，因为他们的专业背景与市场需求高度匹配。

五、就业满意度

就业满意度是衡量毕业生就业质量的重要指标。调查结果显示，已就业的毕业生中，选择"一般满意"的比例最高，达 51.91%；选择"满意"的毕业生占 33.49%，而选择"非常满意"的仅占 11.00%。这一数据表明，尽管部分毕业生已成功就业，但整体满意度仍然较低，这可能与就业岗位与个人期望的匹配度、职业发展前景、薪资待遇以及工作环境等多种因素有关。这提示我们在分析就业质量时，要综合考虑这些因素对毕业生就业满意度的影响。

具体来看，就业岗位与个人期望的匹配度是影响满意度的关键因素之一。许多毕业生在求职时对理想的工作岗位有着明确的期望，包括工作内容、工作地点、工作强度等。然而，实际就业岗位可能与这些期望存在较大差距。例如，一些毕业生可能发现自己从事的工作与专业不对口，或者工作内容单一、缺乏挑战性，从而导致满意度降低。此外，职业发展前景也是影响满意度的重要因素。毕业生在就业时不仅关注当前的岗位情况，更关心未来的职业发展路径。如果企业无法提供明确的晋升机会或职业发展支持，毕业生可能会感到职业发展停滞，进而影响对工作的满意度。

薪资待遇无疑是毕业生关注的焦点之一。尽管薪资并非衡量工作满意度的唯一标准，但它在很大程度上反映了毕业生的经济价值和社会地位。调查结果显示，薪资待遇是毕业生跳槽的首要原因，占比高达 76.32%。这表明，尽管薪资并非职业发展的唯一考量因素，但它仍然是毕业生极为关注的核心要素。较低的薪资水平可能导致毕业生感到自己的付出与回报不成正比，从而降低对工作的满意度。

工作环境也是影响毕业生就业满意度的重要因素。良好的工作环境不仅包括物理环境，如办公设施、工作场所的舒适度等，还包括人际关系、企业文化、工作氛围等软环境。如果工作环境中存在过度加班、人际关系紧张或企业文化不契合等问题，毕业生可能会感到身心疲惫，进而影响对工作的满意度。

再来看跳槽原因。对于已就业的毕业生而言，跳槽是一种常见的职业行为，其主要动机是寻求更好的职业发展机会。薪资待遇是毕业生跳槽的首要原因（76.32%），紧随其后的是职业发展（54.07%）和工作满意度（40.67%）。这说明，毕业生在职业发展中不仅关注薪资水平，还希望获得更多的晋升机会和更满意的工作环境。这种对职业发展和工作体验的双重关注，反映了现代职场中年轻一代对工作意义和生活质量的更高追求。

在当今社会，毕业生的职业观念已经发生了显著变化。他们不再仅仅将工作视为谋生的手段，而是更加注重工作的意义和个人价值的实现。因此，除了

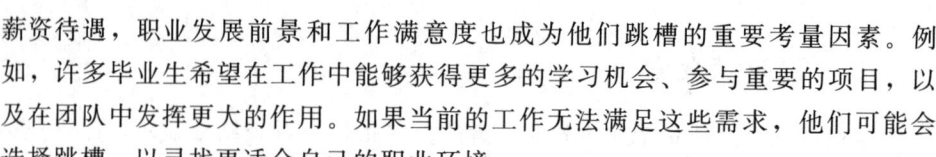

薪资待遇，职业发展前景和工作满意度也成为他们跳槽的重要考量因素。例如，许多毕业生希望在工作中能够获得更多的学习机会、参与重要的项目，以及在团队中发挥更大的作用。如果当前的工作无法满足这些需求，他们可能会选择跳槽，以寻找更适合自己的职业环境。

此外，工作与生活的平衡也是现代职场中年轻人关注的重点。过度的工作压力和个人时间的缺乏可能让毕业生感到身心俱疲，从而降低对工作的满意度。因此，许多毕业生在跳槽时会更加注重企业能否够提供灵活的工作安排、合理的工作强度，以及自己能否实现工作与生活的平衡。

毕业生的就业满意度和跳槽行为受到多种因素的综合影响。这些因素不仅包括薪资待遇、职业发展前景和工作环境，还包括个人期望与实际岗位的匹配度、工作与生活的平衡等。这提示我们在分析毕业生的就业质量时，不能仅仅关注单一因素，而应从多维度进行综合考量。同时，这也为高校、企业和政府部门提供了重要的启示：高校需要加强对毕业生的职业规划指导，帮助他们形成合理的就业期望；企业需要优化工作环境，提供更具竞争力的薪资待遇和职业发展机会；政府部门则可以通过政策引导，促进就业市场的健康发展，为毕业生创造更好的就业环境。只有这样，才能真正提高毕业生的就业满意度，减少不必要的跳槽行为，促进就业市场的稳定发展。

六、总结与建议

通过对高校毕业生求职方式、求职时间、个人准备、面试情况、就业满意度的分析，我们可以得出以下结论：当前，求职渠道多样化，高校和相关部门应进一步优化这些渠道，为毕业生提供更多就业机会；求职时间较长，部分毕业生能够在毕业后3～5年找到工作，但仍有部分毕业生求职时间超过10年，这表明求职过程对部分毕业生来说较为艰难，需要进一步加强就业指导和支持；个人准备不足，毕业生在简历撰写、面试技巧、技能培训和职业规划指导等方面存在不足，高校应加大对这些方面的支持，帮助毕业生提升求职能力；面试通过率与专业背景密切相关，专业与就业岗位的相关性直接影响面试通过率，高校应优化专业设置，加强实践教学，提高毕业生的专业匹配度和就业竞争力。综上所述，高校和相关部门需要从优化求职渠道、加强就业指导、提升个人准备能力和优化专业设置等方面入手，帮助高校毕业生更好地应对就业市场的挑战，实现高质量充分就业。高校毕业生在求职过程中表现出了求职渠道选择多样化、就业满意度较低、对职业发展的高度关注以及在就业准备方面的不足等特点。这些发现为高校在改善人才培养模式、就业指导服务以及与企业的合作等方面提供了重要的参考依据。

第四节　高校毕业生就业现状总结

高校毕业生的就业现状呈现出多维度的特点。通过对近些年就业数据的深入分析以及对毕业生群体的调查，我们总结了以下几个问题。

一、高校毕业生自身存在部分技能缺口

麦可思研究院《2024 年中国本科生就业报告》显示，2023 届"双一流"院校和地方本科院校毕业生的基本工作能力水平较高。然而，在关键能力，如谈判、判断与决策、设计思维、疑难排解、电脑编程等方面，学生掌握的情况不理想，尤其是电脑编程能力，亟待进一步提升。此外，企业对员工的信息搜索与处理以及终身学习能力方面的要求较高，但在实际工作中，这些毕业生的能力与需求之间存在明显差距，这进一步凸显了持续学习的重要性。

在素养方面，高校毕业生在理想信念、遵纪守法、诚实守信等方面的能力较好，但其"国际视野"和"数字素养"方面的提升效果相对较弱，相关能力的提升比例均未达到 60%。这一差异可能源于不同学科专业的培养侧重点不同：文科类专业往往更强调人文精神的培育，而理工科类专业则更注重科学思维的训练。

二、高校毕业生职业规划意识薄弱与求职能力不足

在回收的 418 份有关高质量充分就业的问卷中，39.71% 的毕业生认为自己在求职技能方面存在不足，33.01% 的毕业生希望获得面试技巧培训。此外，64.11% 的毕业生认为技能培训对未来就业非常重要，而 50.96% 的毕业生认为缺乏职业规划指导是他们在求职过程中面临的主要问题之一。此外，缺乏实际工作经验（占比 75.84%）和缺乏行业相关技能（占比 55.02%）被认为是毕业生就业准备不足的主要方面。这一现象揭示了高校在人才培养过程中存在的短板。

三、高校毕业生创业比例低

1. 高校创新创业教育普及率与效果

高校毕业生的性别、就业地区、家庭背景和人力资本对其自主创业行为存

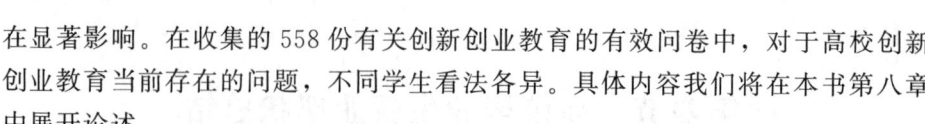

在显著影响。在收集的 558 份有关创新创业教育的有效问卷中，对于高校创新创业教育当前存在的问题，不同学生看法各异。具体内容我们将在本书第八章中展开论述。

2. 创业意愿与实际创业率的差距

尽管高校毕业生的创业意愿较高，但实际创业率相对较低。调查数据显示，高校毕业生群体的创业意愿与实际行为存在显著的差距。在 558 份问卷中（其中 1 份未填写），45.52% 的在校生及毕业 10 年内的受访者认同大学期间具备创业可行性，33.15% 则认为只要有合适项目和资源即可创业。然而，实际创业行为数据显示，63.26% 的受访者完全没有创业打算，95.16% 目前处于未创业状态。在已创业群体中，仅 1.98% 取得相对成功，反映了当前创业实践的成功率仍处于较低水平。

四、高校毕业生就业存在区域与群体差异

1. 不同地区、院校层次、学科门类的差异

高校毕业生的就业创业能力在不同地区、院校层次和学科门类之间存在显著差异。从地区来看，发达地区的高校毕业生在就业创业机会和资源获取方面具有明显优势，而欠发达地区的毕业生则面临较大的就业压力。根据《2024 年中国本科生就业报告》《2024 年中国高职生就业报告》，2023 届本科生中的工科专业毕业生毕业去向落实率（89.4%）较高，这是因为制造业高端化、智能化转型以及新型能源体系建设。"双一流"院校毕业生考研比例增至 42.3%，体现了教育政策和区域发展战略的积极效应。东部地区持续为毕业生提供丰富的就业机会，而中西部地区的发展也为毕业生就业带来了新机遇。高职毕业生毕业去向落实率（88.9%）较上届有所提升。在专业方面，生物与化工、能源动力与材料、装备制造大类毕业生的毕业去向落实率位居前三，分别为 91.3%、91.2%、90.7%。不同地区间存在一定的差异，东部和中部地区毕业生的毕业去向落实率较高，分别为 90.3% 和 89.3%。东部地区整体经济发展水平较高、产业集聚且民营经济活跃，中西部地区则伴随着现代化产业体系构建以及乡村振兴的推进，能够为毕业生提供新的就业机会。

2. 地域、性别差异导致的就业创业障碍

农村学生由于家庭经济条件和教育资源的限制，往往在就业竞争中处于劣势，其就业率低于城市学生。女性毕业生则可能在就业过程中面临性别歧视，

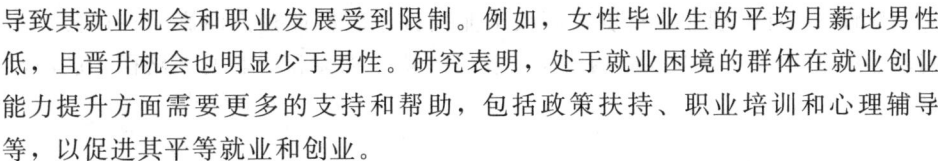

导致其就业机会和职业发展受到限制。例如，女性毕业生的平均月薪比男性低，且晋升机会也明显少于男性。研究表明，处于就业困境的群体在就业创业能力提升方面需要更多的支持和帮助，包括政策扶持、职业培训和心理辅导等，以促进其平等就业和创业。

通过对高校毕业生就业现状的全面总结，我们发现了当前就业市场中存在的一些关键问题和挑战。在此基础上，我们将进一步深入分析影响高校毕业生就业质量的多种因素，以期为高校、政策制定者以及毕业生提供更具针对性的建议。

第五节　高校毕业生就业质量的影响因素分析

高校毕业生的就业质量不仅取决于个人能力和市场需求的匹配度，还受到多方面因素的综合影响。为了全面分析这些因素，本部分将围绕个人因素、学校因素和社会因素三个维度展开探讨。通过对这些因素的深入分析，我们可以更好地理解高校毕业生在就业过程中面临的挑战和机遇，从而为高校、政策制定者以及毕业生自身提供有益参考。

一、基于调查数据对高校毕业生就业质量的影响因素定量分析

本研究基于 418 份有效量表数据，依托 SPSS 26.0 统计软件构建了多元回归分析模型，系统探究学校教育、家庭支持与社会职业认可度对高校毕业生就业质量的复合影响机制。本研究的设计遵循"理论框架—实证检验—假设推导"的技术路径：首先，通过文献梳理与理论推演确定核心解释变量，将就业质量操作化为包含薪酬水平、专业匹配度、职业发展空间等维度的综合指标；其次，运用探索性因子分析（EFA）验证量表的效度结构，采用 Cronbach's α 系数（克龙巴赫阿尔法系数，各维度 α＞0.7）确保测量工具信度；最后，构建以学校教育、家庭支持、社会职业认可度为自变量，高校毕业生就业质量为因变量的理论模型。基于此，我们提出了以下假设。

假设 1：学校教育对高校毕业生就业质量存在正向影响。通过提供专业知识、实践技能、职业指导等多方面的支持，学校教育能够有效提升毕业生的就业竞争力，进而提高其就业质量。

假设 2：家庭支持对高校毕业生就业质量存在正向影响。家庭在经济、情感、职业观念等方面的支持，能够增强毕业生的就业信心，为其职业发展提供有力的保障，从而提高其就业质量。

假设 3：社会职业认可度对高校毕业生就业质量存在正向影响。社会对不同职业的认可度，会直接影响高校毕业生的就业机会和职业发展路径，进而影响其就业质量。

1. 量表信度分析

在进行问卷调查研究时，确保量表的信度是评估数据质量的关键步骤之一。信度分析的目的是检验量表的测量结果是否具有一致性和稳定性，从而判断量表是否能够可靠地测量所关注的变量。基于此，我们对本次研究中使用的量表进行信度分析，具体的分析结果如表 3-2 所示。

表 3-2　量表信度分析结果

维度	α 系数	项数
家庭支持	0.876	7
学校教育	0.894	6
社会职业认可度	0.806	2
高校毕业生就业质量	0.817	8

从表 3-2 可以看出，所有量表维度的 α 系数均高于 0.80，这表明量表具有较高的内部一致性，能够可靠地测量各自对应的变量。具体来看，学校教育维度的 α 系数为 0.894，家庭支持维度的 α 系数为 0.876，社会职业认可度维度的 α 系数为 0.806，高校毕业生就业质量维度的 α 系数为 0.817。这些结果均在可接受的信度范围内，说明量表的测量结果是稳定且可靠的。

2. 量表结构效度分析

在问卷设计与数据分析过程中，结构效度分析是验证量表是否能够准确测量其设计意图所涵盖的潜在维度的重要环节。为了确保量表的结构效度，我们采用了探索性因子分析（EFA）方法，从量表的结构层面进行深入分析。分析结果如表 3-3 所示。

表 3-3　结构效度分析

题项	成分			
	1	2	3	4
Y1 专业与就业岗位的相关性			0.795	
Y2 岗位与专业内容匹配度			0.777	
Y3 行业发展潜力			0.798	

续表

题项	成分			
	1	2	3	4
Y4 岗位满意度			0.549	
A1 家庭经济状况与职业选择影响	0.613			
A2 家庭经济状况与职业稳定	0.615			
A3 家庭职业背景与职业选择	0.764			
A4 家庭期望与职业路径	0.804			
A5 家庭社会关系与就业机会和资源	0.687			
A6 家庭心理支持与求职自信心	0.587			
A7 家庭态度与工作地理迁移	0.739			
B1 学校就业创业指导课程与职业规划		0.721		
B2 学校就业创业资源与就业机会		0.809		
B3 学校就业要求与求职准备		0.697		
B4 学校要求和规范清晰与职业规划		0.782		
C1 社会职业认可度高与就业机会增加				0.641
C2 社会职业认可度低与就业困难				0.777
初始特征值	7.878	1.876	1.458	0.884
方差百分比	21.278%	20.321%	15.21%	10.387%
累计方差百分比	67.196%			
KMO	0.908			
巴特利特检验 p 值	<0.001			
提取方法：主成分分析法				
旋转方法：凯撒正态化最大方差法				

通过探索性因子分析（EFA）方法，我们对每个量表维度的条目进行了因子提取，以确定其潜在的因子结构。分析结果显示，KMO值大于0.5，且p值小于0.001，这表明数据适合进行因子分析。在因子提取过程中，我们根据初始特征值大于1的标准，共划分出4个维度，其累积方差百分比达到67.196%，这说明提取的4个主成分对原始变量的解释度良好。

从表3-3结构效度的数据看，成分1的方差百分比为21.278%，其题项因子载荷系数均大于0.5，表明该维度的划分合理且具有良好的内部一致性，归纳为"家庭支持"维度。成分2的方差百分比为20.321%，其题项因子载荷系数同样均大于0.5，表明该维度的划分良好，归纳为"学校教育"维度。主成分3的方差百分比为15.21%，题项因子载荷系数均大于0.5，归纳为"高校毕业生就业质量"维度。主成分4的方差百分比为10.387%，题项因子载荷系数均大于0.5，归纳为"社会职业认可度"维度。这些结果与原始调查问卷量表的维度划分基本一致，进一步验证了问卷的结构效度良好。这表明量表能够准确地反映其设计意图所涵盖的各个维度，为后续的研究分析提供了可靠的结构基础。

3. 变量相关性研究与影响度评估

（1）皮尔逊相关性分析。

通过皮尔逊相关性分析，我们对各变量之间的线性关系进行量化评估，计算出各变量之间的皮尔逊相关系数，得到了相关性矩阵（见表3-4）。

表3-4　皮尔逊相关性分析结果

	高校毕业生就业质量	家庭支持	学校教育	社会职业认可度
高校毕业生就业质量	1			
家庭支持	0.498**	1		
学校教育	0.587**	0.559**	1	
社会职业认可度	0.376**	0.539**	0.616**	1

注：** 在0.01级别（双尾）相关性显著。

从表3-4中可以清晰地看到，家庭支持与高校毕业生就业质量之间呈现显著的正相关关系，这表明家庭支持在一定程度上能够促进高校毕业生就业质量的提升；同样地，学校教育与高校毕业生就业质量也存在显著的正相关关系，说明学校教育对毕业生的就业质量有着积极的影响；此外，社会职业认可度与高校毕业生就业质量之间也有着显著的正相关关系，这反映了社会环境对职业的认可度对高校毕业生就业质量有重要影响。

（2）多重共线性检验与维度影响因素分析。

进行回归分析时，多重共线性是一个需要重点关注的问题。多重共线性是指自变量之间存在高度相关性，这可能导致回归模型的估计结果不稳定，影响模型的解释力和预测力。为了确保回归模型的有效性和可靠性，我们对模型中的自变量进行了多重共线性检验，结果如表3-5所示。

表 3-5　多重共线性检验结果

模型		未标准化系数		标准化系数	t	显著性（p）	共线性统计	
		B	标准误	β			容差	VIF
	常量	0.692	0.113		6.102	0		
自变量	家庭支持	0.273	0.05	0.264	5.439	0	0.627	1.595
	学校教育	0.466	0.051	0.476	9.17	0	0.548	1.825
	社会职业认可度	−0.055	0.047	−0.059	−1.163	0.245	0.565	1.769
调整后的 R^2		0.384						
F		87.658						
P		<0.001						
德宾-沃森（DW）		1.94						

因变量：高校毕业生就业质量

在进行回归分析时，研究通过系统性检验流程确保分析结果的有效性。首先，对模型的拟合优度与序列自相关性展开双重验证。就模型的拟合优度而言，调整后的 R^2 达 0.384，显著高于 0.1 的基准值，表明模型能够有效解释 38.4% 的因变量变异，具有良好的解释力。其次，通过德宾-沃森检验得出 DW 值为 1.94，该数值接近理论理想值 2，证实模型不存在显著的自相关性问题。最后，针对可能存在的多重共线性问题，采用方差膨胀因子（VIF）进行诊断。具体数据显示：家庭支持（VIF＝1.595）、学校教育（VIF＝1.825）、社会职业认可度（VIF＝1.769）三项指标的膨胀因子均显著低于 5 的警戒阈值。这一结果表明，自变量间不存在严重的共线性干扰，满足回归分析的前提条件。

在完成上述验证后，我们通过多元回归深入探究各维度影响机制。显著性检验显示：当 p 值小于 0.05 时，自变量对因变量具有统计学意义上的显著影响。具体而言，家庭支持（$\beta=0.264$，$p<0.01$）与学校教育（$\beta=0.476$，$p<0.01$）均呈现显著正向影响，说明：家庭资源投入每增加 1 个单位，毕业生就业质量将提升 26.4%；而学校教育质量每提升 1 个单位，毕业生就业质量将提升 47.6%。假设 1 和假设 2 成立。然而，值得注意的是，社会职业认可度（$\beta=-0.059$，$p>0.05$）的影响未通过显著性检验，其作用机制尚需进一步探讨，也就是说，假设 3 还需要进一步验证。

综合而言，通过系统的模型检验与回归分析可以确认：本研究构建的计量模型具有良好的适配性且符合前期假设，实证结果表明家庭支持与学校教育是提升高校毕业生就业质量的关键驱动因素，而社会职业认知的传导效应在本研究中尚未显现。这些发现为优化就业政策提供了重要的量化依据。

二、基于调查数据对高校毕业生就业质量的影响因素进行定性分析

（一）个人因素

1. 职业规划

职业规划是毕业生就业准备的重要环节，直接影响其就业方向和职业发展路径。调查结果显示，11.48％的毕业生制定了详细的职业规划，43.06％的毕业生有初步规划，有部分规划的占32.06％。然而，仍有13.4％的毕业生尚未进行任何职业规划。这种规划的缺失可能导致毕业生在求职时目标不明确，从而增加就业难度。明确的职业规划不仅能帮助毕业生更好地定位自己的职业方向，还能为他们在求职过程中提供清晰的路径和明确的目标。

2. 个人能力

在竞争激烈的就业市场中，个人能力是影响毕业生就业质量的关键因素之一。调查发现，大部分毕业生认为沟通能力（57.89％）、团队合作能力（51.67％）和领导能力（33.73％）是求职过程中不可或缺的重要能力。然而，部分毕业生在这些方面的能力存在不足，这将影响他们的就业竞争力。高校需要通过课程设置和实践活动，帮助学生提升这些关键能力，以增强他们在就业市场中的竞争力。

3. 就业观念

毕业生对就业市场的态度和观念也在一定程度上影响了他们的求职行为和就业质量。调查结果显示，52.39％的毕业生对毕业后的就业市场持中立态度，25.6％的人较为乐观，而13.4％的人则较为悲观。这种差异化的就业观念会影响毕业生的求职积极性和选择范围。过于悲观的态度可能导致毕业生求职信心不足，而过于乐观的态度则可能使毕业生对就业形势估计不足，从而错失机会。因此，高校和相关机构需要通过就业指导和心理辅导，帮助毕业生树立正确的就业观念。

4. 家庭因素

数据分析结果表明，家庭支持对高校毕业生就业质量存在显著的正向影响（$p < 0.01$），这验证了假设 1。因此，家庭支持是提升高校毕业生就业质量的重要因素之一。家庭背景对毕业生的职业选择和就业质量也有显著影响。调查发现，20.57％的毕业生非常认同家庭经济状况对职业选择的重要性，而16.03％的人表示家庭经济状况使他们更倾向于选择稳定的职业。此外，家庭成员的职业背景和家庭期望也会影响毕业生的职业决策。家庭因素在一定程度上限制了毕业生的职业选择范围，进而影响他们的就业质量。因此，高校和社会需要关注家庭因素对毕业生就业的影响，为他们提供更多的支持和资源。

（二）学校因素

1. 课程设置与专业相关性

学校的专业设置和课程内容是影响毕业生就业质量的重要因素之一。调查结果显示，15.07％的毕业生认为所学专业与就业岗位非常相关，45.22％认为较为相关，34.21％认为相关性一般，3.11％的人认为不相关，2.39％的人认为完全不相关。这表明学校的专业设置与市场需求之间存在一定脱节，部分专业的课程内容与实际就业岗位要求的匹配度较低。高校需要根据市场需求动态调整专业设置和课程内容，以提高毕业生的就业竞争力。

2. 就业指导与服务

学校的就业指导与服务是帮助毕业生顺利就业的重要力量。然而，调查发现，只有33.49％的毕业生认为学校的就业创业指导课程有效提升了他们的求职能力，有50％的人对此持中立态度，6.7％的人则对此表示不同意或完全不同意。这说明学校的就业指导课程不能很好地满足毕业生的需求，在内容和效果上有待提高。此外，学校提供的就业创业资源、就业要求等对毕业生求职准备的正面影响也较为有限，部分毕业生认为学校在就业指导方面的要求和规范不够清晰明确。高校需要进一步优化就业指导服务，提供更具针对性的课程和资源，以帮助毕业生更好地应对就业挑战。

3. 实践教学与实习机会

实践经验和职业技能是毕业生就业的重要竞争力。根据"高校毕业生高质量充分就业问卷"的调查数据，在"认为在学校期间，以下哪些活动对未来就

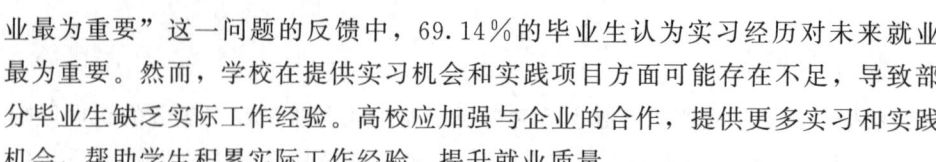

业最为重要"这一问题的反馈中，69.14%的毕业生认为实习经历对未来就业最为重要。然而，学校在提供实习机会和实践项目方面可能存在不足，导致部分毕业生缺乏实际工作经验。高校应加强与企业的合作，提供更多实习和实践机会，帮助学生积累实际工作经验，提升就业质量。

（三）社会因素

1. 经济环境与行业发展趋势

经济环境和行业发展趋势对高校毕业生的就业质量有着深远的影响。根据调查数据，在"以下哪些因素会影响您的就业观和择业观"这一问题的反馈中，75.36%的毕业生认为经济环境对他们的就业观和择业观有显著影响。经济增长或衰退会直接影响行业的招聘需求和薪资水平，而不同产业的兴衰也会改变就业机会的分布情况。因此，毕业生需要密切关注经济环境和行业发展趋势，及时调整职业规划，以适应不断变化的就业市场。

2. 社会文化与职业认可度

社会文化因素，尤其是对不同职业的认可度，在一定程度上影响着毕业生的职业选择。根据调查数据，在"在您选择职业时，社会对该职业的认可度对您的决策有多大影响"这一问题的反馈中，56.46%的毕业生认为社会对该职业的认可度对其决策影响程度"一般"，而社会对某些职业的高认可度会导致这些职业的就业机会增加，36.6%的人表示"同意"，10.53%的人表示"完全同意"。这表明社会文化因素在引导毕业生职业选择方面具有重要作用，可能导致部分职业竞争激烈，而一些低认可度的职业则选择人数较少。因此，社会需要通过宣传和教育，提升对不同职业的包容度和认可度，为毕业生提供更广阔的职业选择空间。

3. 政策法规

政策法规对就业市场的调控作用不容忽视。然而，根据调查数据，在"以下哪些因素会影响您的就业观和择业观"这一问题的反馈中，仅有8.37%的毕业生认为政策法规对其就业观和择业观有影响。这可能是因为毕业生对相关政策法规的了解程度有限，或者政策在实际执行过程中对毕业生的影响不够直接。政府需要加强就业政策的宣传和落实，确保政策真正惠及高校毕业生，为他们创造更好的就业环境。

高校毕业生的就业质量受到个人、学校和社会多方面因素的综合影响。个

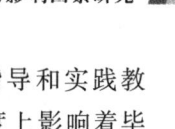

人的职业规划、能力水平和就业观念，学校的课程设置、就业指导和实践教学，以及社会的经济环境、职业认可度和政策法规，都在不同程度上影响着毕业生的就业质量。因此，高校、社会和政策制定者需要共同努力，从多方面入手，为高校毕业生创造更好的就业条件，提升他们的就业质量。

（四）总结与建议

通过对高校毕业生就业状况及其影响因素的深入分析，我们可以清晰地看到，提升毕业生的就业质量需要高校、个人和社会三方的共同努力。接下来，我们将从高校、个人和社会三个层面提出具有针对性的总结与建议，旨在为各方提供参考，共同推动高校毕业生实现高质量充分就业。

1. 高校方面

高校作为人才培养的重要基地，在提升毕业生就业质量方面肩负着重要责任。首先，高校应进一步加强实践教学环节，通过增加实习机会和实践项目，让学生积累更多的实践操作经验。这种经验不仅能帮助学生更好地理解理论知识，还能增强他们在就业市场中的竞争力。其次，高校需要优化课程设置，确保专业课程与市场需求的紧密对接，提高课程的实用性和前瞻性。最后，高校还应完善就业公共服务体系，提供更具针对性的就业创业指导课程和资源。这些课程应涵盖职业规划、简历撰写、面试技巧等方面，帮助毕业生制定清晰的职业规划，提升其求职技能。

2. 个人方面

对于毕业生而言，树立正确的就业观念是实现高质量就业的重要前提。毕业生应根据自身兴趣、能力和市场需求合理规划职业发展路径，避免盲目跟风或因短期利益而忽视长期职业发展。同时，毕业生需要注重提升自身的综合素质，尤其是沟通能力、团队合作能力等关键技能。这些技能不仅在求职过程中至关重要，也是职场成功的关键因素。此外，毕业生应积极参加各类职业技能培训和实践活动，通过实践积累经验，增强就业竞争力。在求职过程中，毕业生还要关注经济环境、行业趋势和社会文化等因素对就业的影响，并根据这些变化灵活调整职业选择，以更好地适应就业市场发展趋势。

3. 社会方面

政府作为就业市场的宏观调控者，在促进高校毕业生就业方面发挥着不可替代的作用。首先，政府应加强对就业市场的宏观调控，通过制定和落实有利于高校毕业生就业的政策法规，促进就业公平，为毕业生创造良好的就业环境。其次，政府需要加大对新兴产业和低认可度职业的宣传和引导，通过宣传提升社会对这些新兴产业和职业的认可度，解决部分新兴产业和职业竞争过度和就业困难的问题。最后，政府还应通过政策支持和资源投入，鼓励企业为毕业生提供更多的实习和就业机会，促进高校与企业的深度合作。

总之，高校毕业生的就业质量提升是一个系统工程，需要高校、个人和社会协同努力：高校应通过优化课程设置和加强实践教学，帮助学生打下更扎实的专业知识和实践经验基础；毕业生需要树立正确的就业观念，提升自身综合素质，灵活应对就业市场变化；政府则应通过政策引导和资源投入，为毕业生创造公平、多元的就业环境。只有各方共同努力，才能真正实现高校毕业生的高质量充分就业，为社会的可持续发展提供坚实的人才保障。

第四章　高校毕业生就业预期与专岗匹配程度分析

第一节　就业预期概述

一、就业预期的定义

就业预期是指个人对未来就业状态的一种主观预期和期望。它涵盖个人对就业机会、职业类型、薪资水平、工作环境、职业发展前景等多个方面的期望。就业预期是个人在职业选择过程中的一种心理预设，它受到多种因素的综合影响，并且会随着个人经历、社会环境和职业市场的变化而不断调整。

就业预期不仅仅是对具体工作岗位的期望，更是一种对未来职业生活品质和职业成就感的追求。它反映了个人对自身能力、市场需求和社会价值的认知与判断。合理的就业预期能够帮助个人更好地规划职业发展路径，而过高的或不切实际的就业预期可能导致个人在进行职业选择时感到迷茫和受挫。

二、就业预期的调查数据分析

通过对本次问卷调查数据的深入分析，我们认为，就业预期可以从以下几个维度展开探讨。

（一）薪资待遇预期

数据显示，约11％的毕业生的期望薪资在15000元以上，这部分毕业生可能具有较高的学历背景（如硕士、博士），或者对自身能力有较强的信心。与此同时，25.6％的毕业生期望薪资在 8000～15000 元之间，这一相对较高的薪资预期区间可能反映了部分毕业生对热门行业（如信息技术、金融等）的就业预期。此外，40.19％的毕业生期望薪资在 5000～8000 元之间，这一主流的薪资预期区间可能与专科和本科毕业生的就业市场定位相符。进一步来看，19.62％的毕业生期望薪资在 3000～5000 元之间，这部分毕业生可能对就业市场的竞争有较清晰的认识，或许更注重就业的稳定性而非高薪。最后，3.59％的毕业生期望薪资在 3000 元以下，这部分毕业生可能对就业市场持较为谨慎的态度，或者更倾向于选择非营利组织、公共服务等低薪但具有社会价值的岗位。

（二）职业发展预期

毕业生对未来职业发展的期望较为多元。其中，38.04％的毕业生期望晋升更高职位，这反映了部分毕业生对职业晋升的追求。此外，11.24％的毕业生希望改行或进入新领域，这一比例说明有一定数量的毕业生对当前专业或职业不满意，渴望转型。还有 12.2％的毕业生期望自主创业，这可能与当前创业环境的宽松以及高校创业教育的推动有关。同时，10.53％的毕业生计划进修深造，希望通过提升学历来增强自身的就业竞争力。还有 10.77％的毕业生表示只要有工作即可，这部分毕业生可能更注重就业的稳定性，对职业发展的期望相对较低。另外，有 17.22％的毕业生表示对未来职业发展期望不明确。

（三）就业稳定性预期

毕业生对就业稳定性的关注度较高。在"在选择工作时，您会将工作稳定性作为一个重要考量因素吗？"这一题中，19.86％的毕业生认为就业稳定性"极其重要"，63.4％的毕业生认为"重要"，这说明大多数毕业生在选择工作时非常看重就业稳定性。相比之下，16.75％的毕业生认为就业稳定性"一般""不重要"或"完全不重要"，这部分毕业生可能更注重职业发展的机会或个人兴趣的匹配度。

通过对上述数据的分析，我们可以看到高校毕业生的就业预期呈现多样化的特点。就业预期不仅受到个人能力和市场需求的影响，还与职业价值观和社会环境密切相关。

三、影响就业预期的因素

（一）教育背景

教育背景是影响就业预期的重要因素之一。个人的教育水平、专业领域和学习经历，会直接影响其对就业机会和职业发展的期望。

一是学历。一般来说，学历越高，个人对就业机会和薪资待遇的期望就越高。研究表明，硕士研究生可能会期望进入更具挑战性和更高薪酬的行业，而本科生可能更注重职业的稳定性和发展空间。

二是专业技能。专业技能的掌握程度也会影响高校毕业生的就业预期。热门专业的毕业生，如计算机科学、金融工程等，由于市场需求旺盛，可能会期望获得更高的薪资和更好的职业起点。而一些传统专业或就业前景相对较窄的专业，其毕业生可能会更注重职业的稳定性和与个人兴趣的契合度。

三是学习经历。除了学历和专业技能，学习经历中的实践经验也会对就业预期产生影响。具有实习、项目实践或社团活动相关经验的学生，往往对职场环境和职业要求有更直观的了解，其就业预期会更加贴近现实。

（二）行业发展趋势

行业发展趋势是影响就业预期的重要外部因素。不同行业的就业前景和发展潜力，会影响个人对职业选择和职业发展的期望。

一是新兴行业的吸引力。新兴行业如人工智能、新能源、生物医药等，具有广阔的发展前景和较强的创新性，吸引了大量求职者的关注。这些行业的快速发展带来了大量的就业机会，也能够提供较高的薪资待遇，使得求职者对其就业预期相对较高。

二是传统行业的稳定性。传统行业如制造业、金融、教育等，虽然发展速度相对较慢，但具有较强的稳定性和成熟的职业发展路径。求职者对传统行业的就业预期可能更偏向职业的稳定性和长期发展，而不是短期的高薪。

三是行业竞争态势。行业的竞争程度也会影响就业预期。在竞争激烈的行业，如互联网行业，求职者可能需要具备更高的能力和素质才能获得理想的岗位，因此其就业预期可能会更高。

（三）个人兴趣和职业目标

个人兴趣和职业目标是影响就业预期的内在因素。求职者的个人兴趣爱好和职业目标决定了其职业选择的倾向和期望。

一是兴趣导向。对某一领域的兴趣是影响求职者就业预期的重要因素。如果一个人对某个行业或职业充满兴趣，他可能会更愿意接受较低的薪资待遇，以换取能够从事自己热爱的工作的机会。

二是职业目标。个人的职业目标也会影响就业预期。如果一个人的职业目标是成为一名行业专家或高级管理者，他可能会期望进入具有广阔发展空间和晋升机会的企业或岗位。

四、就业预期在职业规划中的作用

（一）引导职业选择

就业预期是职业规划的起点，它能够引导个人选择与自身期望相符的职业方向。合理的就业预期可以帮助求职者明确适合自己的职业领域和发展路径，从而避免盲目跟风或选择不适合自己的职业。

（二）影响职业发展策略

就业预期还会影响个人的职业发展策略。拥有不同就业预期的人会采取不同的职业发展路径和策略。那些期望快速晋升和获得高薪的人会更加注重提升自己的专业技能和综合素质，积极参加培训和进修，争取更多的晋升机会。而那些注重职业稳定性和个人兴趣满足的人会更注重积累工作经验和人际关系，以实现长期的职业发展。

（三）调整职业心态

就业预期在职业规划中还具有调整职业心态的作用。当个人的就业预期与实际就业情况出现偏差时，合理的就业预期可以帮助个人及时调整心态，重新审视自己的职业规划。如果一个人因就业预期过高而在求职过程中屡屡受挫，就可以通过调整就业预期，降低对薪资和职位的要求，找到更适合自己的职业起点；相反，如果一个人的就业预期过低，导致其在职业发展过程中缺乏动力和进取心，就可以尝试通过适当提高就业预期激励自己不断提升、追求更高的职业目标。

（四）提高职业适应性

合理的就业预期能够提高个人的职业适应性。当个人的就业预期与职业环境相匹配时，就能够更快地适应工作环境，理解职业文化，从而提高工作效率和职业满意度。对工作环境和团队协作有较高期望的人，如果进入了一个注重团队合作和企业文化的企业，就能够很快适应工作，发挥自己的优势，实现职业发展；反之，如果个人的就业预期与职业环境不匹配，可能会导致职业倦怠和工作压力过大，影响职业发展和个人心理健康。

总之，就业预期在职业规划中具有重要的作用。它不仅能够引导求职者做出正确的职业选择，制定合适的发展策略，还能够帮助个人调整职业心态，提高职业适应性。因此，个人应该根据自身的教育背景、行业趋势和个人兴趣与

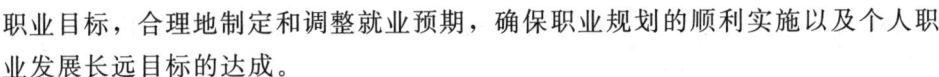

职业目标，合理地制定和调整就业预期，确保职业规划的顺利实施以及个人职业发展长远目标的达成。

第二节　专岗匹配程度

一、专岗匹配程度的定义

专岗匹配程度是指个人的专业背景、知识技能、工作经验以及职业兴趣与特定工作岗位要求之间的契合度。它反映了求职者与岗位之间的适配性，是衡量就业质量和职业满意度的重要指标。专岗匹配不仅涉及专业知识和技能的匹配，还涉及个人价值观、职业目标与企业文化之间的协调。理想的专岗匹配能够让个人提高工作效率、增强职业满意度，实现个人与组织的长期发展。

二、专岗匹配程度调查数据分析

在当前就业市场环境下，高校毕业生的就业质量不仅取决于个人能力与市场需求的契合度，还受到专岗匹配程度的显著影响。专岗匹配作为衡量毕业生就业满意度和职业发展可持续性的重要指标，其重要性日益凸显。通过对本次问卷调查相关数据的分析，我们深入了解了毕业生在专岗匹配方面的现状，进而探讨了其背后的原因及潜在的改进方向。以下将从专业与就业岗位的匹配度、课程设置与就业岗位的匹配度以及职业发展机会与岗位的匹配度三个方面展开分析。

（一）专业与就业岗位的匹配度

本研究调查结果显示，60.29%的毕业生认为所学专业与就业岗位有一定的关联性，即他们选择的岗位与自身专业"非常相关"或"较为相关"。这表明大多数毕业生在就业时能够找到与专业背景契合的岗位。然而，仍有39.71%的毕业生表示专业与就业岗位的匹配度"相关性一般""不相关"或"完全不相关"。这部分毕业生可能面临专业与就业市场需求不匹配的问题，或者他们选择了跨专业就业，从而导致专业技能未能充分发挥。

（二）课程设置与就业岗位的匹配度

本研究调查结果显示，55.75%的毕业生认为课程设置与就业岗位的需求"非常匹配"或"比较匹配"，这表明高校的部分课程能够为学生提供必要的知识和技能，使其在毕业后顺利进入职场。然而，44.25%的毕业生认为课程设置与就业岗位的匹配度"一般""不匹配"或"完全不匹配"。这反映了高校课程设置与市场需求之间可能存在一定的差距，部分课程未能充分对接实际工作需求，导致学生在就业时需要额外补充相关技能或知识。

（三）职业发展机会与岗位的匹配度

本研究调查结果显示，63.39%的毕业生对于"所在单位或拟就业单位提供了较好的职业发展机会"表示"非常同意"或"同意"。这说明部分毕业生对所在岗位的职业发展前景持积极态度，认为单位能够为他们提供晋升空间和成长机会。然而，仍有36.61%的毕业生对所在单位的职业发展机会持"不同意"或"非常不同意"的态度。这部分毕业生可能对所在单位的职业发展机会不满意，或者认为岗位与个人职业目标不匹配，影响了他们对职业发展的预期和满意度。

尽管部分毕业生在专业、课程设置以及职业发展机会方面与就业岗位有一定的匹配度，但仍面临专业与市场需求不匹配、课程设置与实际工作需求脱节以及职业发展机会不足等问题。这些问题不仅影响了毕业生的就业质量和职业满意度，也对高校的教育改革和企业的人才招聘提出了新的挑战。

三、专岗匹配程度评估的内容和方法建议

专岗匹配程度是衡量劳动力市场效率和个体职业满意度的重要指标。为科学评估专岗匹配程度，我们可以基于专岗匹配理论和能力-需求匹配模型，构建评估体系。

（一）专岗匹配程度评估的内容建议

1. 知识技能的匹配

知识技能的匹配是专岗匹配的基础。评估这一维度时，通常需要考虑求职者所掌握的专业知识、技术技能与岗位要求的匹配度。通过分析求职者的学历背景、专业课程设置、相关证书以及技能测试结果，判断其是否具备岗位所需的核心技能。在实际操作中，企业可以通过面试、技能考核、案例分析等方式，深入了解求职者的技术能力是否与岗位需求相匹配。

2. 工作经验的匹配

工作经验的匹配是衡量专岗匹配程度的重要因素之一。工作经验不仅包括求职者在相关领域的实际工作经历，还涵盖其实习、兼职以及项目经验等。评

估工作经验与岗位需求的匹配度时，需要关注求职者的工作年限、工作内容、项目成果以及过往的工作表现。此外，工作经验的匹配还体现在求职者对行业的熟悉程度和对岗位工作的理解程度上。企业可以通过查看求职者的简历、询问其过往工作经历以及参考推荐信等方式，评估其工作经验与岗位需求的契合度。

3. 企业文化的适应性匹配

企业文化的适应性是专岗匹配中较为隐性但非常重要的维度。企业文化包括企业的价值观、管理风格、工作氛围以及团队合作方式等。评估求职者是否能适应企业文化，可以从多个方面入手：通过在面试中设置相关问题，了解求职者的职业价值观是否与企业一致；通过与企业员工的交流，判断求职者是否能够融入团队；通过观察求职者在面试过程中的行为举止，评估其是否符合企业的管理风格。此外，企业还可以通过组织文化测试或团队活动，进一步了解求职者与企业文化的契合度。例如，一家注重创新和灵活性的企业可能更倾向于招聘具有开放思维和主动创新精神的求职者，而一家注重稳定性和规范性的企业则可能更看重求职者的执行力和纪律性。

（二）专岗匹配程度评估的方法建议

1. 基于能力-需求匹配的定量评估

能力-需求匹配模型通过量化分析求职者的技能水平与岗位需求之间的契合度，为专岗匹配提供客观的评估依据。具体而言，可采用技能矩阵分析法，将求职者的核心能力与岗位的关键技能需求进行对比，计算匹配度指数。

2. 基于职业满意度的主观评估

职业满意度是衡量专岗匹配程度的重要主观指标。可以采用明尼苏达满意度量表和职业适应量表等标准化工具，评估求职者对工作内容、工作环境及职业发展机会的满意度，再通过结构方程模型分析满意度与专岗匹配之间的关系，揭示影响匹配程度的关键因素，如工作自主性、职业发展空间等。

3. 基于绩效表现的动态评估

专岗匹配程度的动态变化可通过绩效表现进行评估。企业可以采用关键绩效指标和平衡计分卡等方法，跟踪记录求职者在岗位上的实际表现。通过对比绩效数据与岗位目标，动态评估匹配程度的变化趋势，并为调整岗位职责或培训计划提供依据。

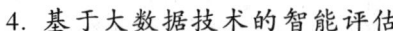

4. 基于大数据技术的智能评估

在大数据时代，我们可以利用机器学习算法和自然语言处理技术对招聘信息和求职者简历进行智能匹配分析；还可以通过构建岗位画像和人才画像，实现精准的专岗匹配，并预测个体的职业发展潜力。

四、专岗匹配的重要性

专岗匹配程度对求职者和企业都会产生深远影响。对于求职者而言，良好的专岗匹配能够提高工作满意度和职业成就感。当求职者的知识技能、工作经验和价值观与岗位要求高度契合时，他就能够快速适应工作环境，发挥自身优势，从而实现职业发展目标。例如，一位热爱数据分析且具备相关技能的求职者，如果能够进入数据分析岗位，将更有可能在工作中获得成就感，并通过不断学习和实践提升自己的能力。

对于企业来说，专岗匹配能够提高招聘效率和员工留存率。通过精准匹配，企业能够找到最符合岗位需求的人才，减少员工培训成本和试用期时间，从而提高工作效率和团队协作能力。此外，良好的专岗匹配还能增强员工对企业的认同感和忠诚度，降低员工流失率。例如，企业可以通过严格的招聘流程，确保每一位新员工与岗位需求和企业文化高度匹配，这有助于企业构建一个高效、稳定且富有凝聚力的团队，进而推动企业长期发展。

专岗匹配程度是衡量就业质量和职业满意度的关键指标。采用科学的评估方法从知识技能、工作经验和企业文化等多个维度进行专岗匹配，能够实现个人与企业的双赢，促进职业市场的健康发展。

第三节 就业预期与专岗匹配程度的关系

就业预期与专岗匹配之间存在复杂的相互作用关系：一方面，毕业生的就业预期会影响其对就业岗位的选择和专岗匹配程度；另一方面，专岗匹配的实际情况也会反过来影响毕业生就业预期的实现。

一、就业预期对专岗匹配程度的影响

首先，薪资待遇预期对专岗匹配程度会产生显著影响。较高的薪资待遇预期可能导致毕业生在选择就业岗位时更为挑剔，从而影响专岗匹配程度。例如，部分毕业生可能因为薪资未达到预期而选择跳槽或转行，即使这些岗位在

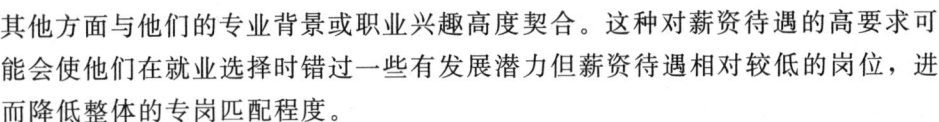

其他方面与他们的专业背景或职业兴趣高度契合。这种对薪资待遇的高要求可能会使他们在就业选择时错过一些有发展潜力但薪资待遇相对较低的岗位，进而降低整体的专岗匹配程度。

其次，职业发展预期也会影响专岗匹配程度。对职业发展的高期望可能导致毕业生更为关注岗位的职业发展机会和晋升路径。如果岗位无法满足其职业发展预期，毕业生可能会放弃该岗位，导致专岗匹配程度下降。例如，一些毕业生可能期望在短时间内获得快速晋升的机会，如果所在岗位的职业发展路径较为缓慢，他们可能会选择离开，寻找更符合职业发展预期的岗位。

最后，就业稳定性预期同样会对专岗匹配程度产生影响。对就业稳定性的高要求可能使毕业生更倾向于选择国有企业、事业单位等，即使这些岗位与专业匹配度不高。这种偏好可能会促使他们在就业选择时牺牲专业对口的机会，以换取更高的就业稳定性，从而影响专岗匹配的整体质量。

二、专岗匹配对就业预期的反馈

专岗匹配的实际情况也会对毕业生的就业预期产生反馈作用。当专业与岗位高度匹配时，毕业生可能更容易实现其职业发展和薪资待遇的预期，从而提高就业满意度。例如，如果一个计算机专业的毕业生进入了一家互联网企业从事技术相关工作，其专业知识和技能能够得到充分应用，职业发展路径也较为清晰，就更有可能实现自己的就业预期。

如果课程设置与就业岗位不匹配，毕业生就可能需要通过额外的培训或学习来提升技能，从而影响其就业预期的实现。例如，一些高校的课程设置可能过于理论化，缺乏实践技能的内容，导致毕业生在进入职场后需要花费更多时间和精力来适应岗位要求，这可能会使他们感到失望。

此外，即使专业与岗位匹配，如果岗位缺乏职业发展机会，也可能导致毕业生对岗位感到失望，甚至选择跳槽或转行。例如，一些传统行业的岗位虽然与毕业生的专业背景相符，但由于行业发展缓慢或企业内部晋升机制不完善，毕业生可能会感到职业发展遇到瓶颈，进而选择离开，寻找更具发展潜力的岗位。

三、专岗高匹配度对实现就业预期的积极影响

专岗高匹配度对于个体实现就业预期具有显著的积极影响。当毕业生的专业知识、技能和职业兴趣与岗位要求高度契合时，他们不仅更容易获得理想的薪资待遇，还能在工作中快速适应并发挥自身优势，从而实现职业发展的预期目标。例如，专岗高匹配度有助于毕业生制定清晰的职业晋升路径和获得丰富

的学习机会，帮助他们在短时间内提升能力，满足对职业发展的高期望。同时，专岗高匹配度还能提高毕业生对工作的满意度和忠诚度，减少因岗位不匹配而导致的频繁跳槽或转行现象，从而实现个人职业目标与企业需求的双赢。

四、结论与建议

通过上述分析，我们可以发现，高校毕业生的就业预期较为多元，涵盖薪资待遇、职业发展和就业稳定性等多个方面；然而，专岗匹配仍存在一定的问题，部分毕业生面临专业与岗位不匹配、课程设置与市场需求脱节以及职业发展机会不足等问题。就业预期与专岗匹配相互影响，高就业预期可能导致个体对岗位过分挑剔，而专岗低匹配程度可能影响其就业预期的实现。

针对这些问题，我们从高校、企业和毕业生三个方面提出以下建议。对高校来讲，一是加强职业规划教育，帮助学生合理调整就业预期，使其就业预期更加贴合市场需求和自身能力；二是优化课程设置，增加实践教学和职业技能培训，提高课程与市场需求的匹配度，确保学生毕业后能够快速适应岗位；三是加强与企业的合作，通过校企合作项目，为学生提供更多实习和就业机会，促进专岗匹配，帮助学生更好地了解市场需求。对企业来讲，一是提供更多的职业发展机会和培训资源，帮助员工提升能力，实现其职业发展预期，提高其对岗位的认同感和忠诚度；二是加强企业文化建设，通过塑造积极向上的企业文化，提高员工对岗位的认同感和满意度，减少因文化不匹配而导致的员工流失。对毕业生来讲，一是合理调整就业预期，避免过高或过低的期望，根据市场需求和个人能力，制定更加合理的就业目标；二是积极提升自身能力，通过实习、培训等方式提高就业竞争力，弥补知识技能与岗位需求之间的差距；三是关注市场需求动态，灵活调整职业规划和就业方向，及时适应市场变化，提高自身适应性。

高校、企业和毕业生的共同努力，可以有效提升就业预期与专岗匹配的契合度，促进高校毕业生实现高质量充分就业。这不仅需要各方积极参与，还需要持续优化教育体系、就业市场环境以及个人职业发展策略，以实现个人与社会的双赢。

第四节　如何提高专岗匹配程度

专岗匹配程度是衡量毕业生就业质量和职业发展可持续性的重要指标。提高专岗匹配程度不仅能增强毕业生的职业满意度，还能提升企业的人才利用效率。本节将从教育与培训的作用、实习与实践经验的积累以及职业规划与市场调研三个方面探讨如何提高专岗匹配程度。

一、教育与培训的作用

教育与培训是提高专岗匹配程度的基础。通过系统的学习和培训，毕业生能够更好地适应岗位需求，提升自身竞争力。教育与培训可以从专业技能提升和职业资格获取两方面着手。

（一）专业技能提升

1. 课程设置优化

高校应根据市场需求调整课程设置，适当加大实践教学和职业技能培训在整体教学中的比重。例如，对于计算机专业的学生，课程中应增加编程实践、数据分析等模块，从而使学生在毕业后能够快速适应技术岗位的要求。通过理论与实践相结合的教学模式，学生不仅能够扎实掌握专业知识，还能显著提升解决实际问题的能力。

2. 跨学科能力培养

现代岗位需求日益多元化，单一的专业知识已难以满足复杂的工作场景，因此，高校应鼓励学生跨学科学习，培养综合能力。例如，市场营销专业的学生可以辅修数据分析课程，从而更好地理解市场趋势和消费者行为，进而提升在数字营销领域的竞争力。

3. 持续学习机制

面对技术快速迭代的行业发展趋势，建立持续学习机制已成为毕业生职业发展的关键。高校可以通过构建多元化的学习支持体系，包括在线开放课程、模块化短期培训项目等专业发展资源，通过数字化学习平台，实现灵活自主的专业技能更新，确保其专业能力与行业发展需求同步。

（二）职业资格获取

职业资格证书是衡量专业技能的重要标准，也是专岗匹配的重要依据。例如，会计从业资格证、教师资格证等不仅是进入相关行业的"敲门砖"，还能帮助毕业生在求职中脱颖而出。高校应鼓励学生在毕业前考取相关职业资格证书，提升就业竞争力。

1. 校企合作与认证培训

高校与企业合作开展职业资格认证培训，能够有效提升学生的专业技能和证书获取率。例如，与知名会计师事务所合作开展会计资格证培训，为学生提供专业的培训课程以及实习机会，帮助他们更好地理解行业要求。

2. 行业动态与资格更新

随着行业的发展，许多职业资格证书需要定期更新或重新认证。高校和培训机构应密切关注行业动态，及时调整培训内容，帮助毕业生保持职业资格的有效性和先进性。

二、实习与实践经验的积累

实习与实践经验是专岗匹配的关键因素，通过实习和实践，毕业生能够更好地了解行业需求，提升实际操作能力。

（一）校企合作与实习项目

高校应加强与企业的合作，建立稳定的实习基地，为学生提供多样化的实习机会。例如，与科技公司合作开展软件开发实习项目，让学生在真实的项目环境中积累经验。通过实习，学生不仅能够将所学知识应用于实际工作，还能提前了解职场文化和工作要求。

（二）项目式学习与实践

除了传统实习，高校还可以引入项目式学习模式，让学生参与实际项目，积累项目经验。例如，组织学生参与社区服务项目、企业咨询项目等，通过团队合作完成项目任务，提升学生的实践能力和团队协作能力。

（三）实践经验的反馈与调整

实习和实践不仅是积累经验的过程，也是发现问题和调整职业规划的机会。高校应建立实习反馈机制，定期收集学生的实习心得和问题，帮助他们调整学习方向和职业目标。例如，通过实习反馈，学生可以发现自己在某一领域的兴趣或不足，从而调整后续学习计划。

三、职业规划与市场调研

职业规划与市场调研是提升专岗匹配程度的关键保障。通过科学的职业规划以及对市场的深入洞察，毕业生能够更精准地定位自身优势，从而选择与之匹配的岗位。高校应将职业规划教育纳入课程体系，从学生入学伊始便引导其明确职业目标。借助职业兴趣测试和职业咨询等工具，学生可以深入了解自身的兴趣、能力和职业倾向，进而制定合理且切实可行的职业规划。例如，通过职业规划课程，学生能够清晰地判断自己是否适合技术岗位、管理岗位或创意岗位。

在求职前，毕业生应深入了解行业动态和市场需求，通过市场调研明确不同岗位对技能、经验和学历的具体要求。例如，通过行业报告、企业招聘公告等渠道，学生可以精准把握职业发展趋势，从而有针对性地调整学习计划和求职策略。职业规划不应是千篇一律的，高校和职业咨询机构应根据学生的个人特点和市场需求，为其量身定制个性化的职业发展路径。对于有创业意向的学生，可以提供创业培训和资源对接服务；对于希望进入大型企业的学生，可以帮助其制定职业晋升路径规划，并提供相关技能培训。

提高专岗匹配程度是实现高校毕业生高质量就业的关键。通过优化教育与培训、积累实习与实践经验以及进行科学的职业规划与市场调研，毕业生能够更好地适应岗位需求，提升就业满意度和职业发展能力。高校、企业和毕业生应共同努力，从多方面入手，提高专岗匹配程度，促进毕业生的职业成长和社会经济发展。

第五节　挑战与解决方案：应对就业市场的不确定性与提升专岗匹配程度

在全球经济形势多变、技术快速迭代的背景下，高校毕业生面临前所未有的就业挑战。就业市场的不确定性与专岗匹配程度不佳，成为影响毕业生职业发展的关键因素。本研究将从就业市场的不确定性出发，探讨解决专岗匹配程度不佳的策略。

一、就业市场的不确定性

就业市场的不确定性是当前高校毕业生面临的主要挑战之一。经济周期的波动、行业兴衰的快速更替以及新兴技术的不断涌现，使得毕业生在求职过程中面临诸多不可预测的因素。例如，某些传统行业可能因数字化转型而减少岗位需求，而新兴行业则对特定技能的需求激增。这种不确定性不仅增加了求职的难度，也对毕业生的职业规划能力提出了更高的要求。这种结构性变化要求毕业生具有更强的适应能力和灵活的职业规划能力，以应对市场的快速变化。

二、解决专岗匹配不合理的策略

（一）职业辅导与建议

职业辅导与建议是解决专岗匹配不合理的重要手段。通过提供专业的职业规划服务，高校和职业咨询机构可以帮助毕业生更好地了解自身优势和市场需求，从而制定更科学的职业规划。

1. 个性化职业咨询

高校应设立职业发展中心，为学生提供一对一的职业咨询服务，通过职业兴趣测试、能力评估和职业倾向分析，帮助学生明确自身的优势和兴趣。例如，通过职业规划课程和咨询活动，学生可以深入了解自己是否适合技术岗位、管理岗位或创意岗位，从而制定符合自身特点的职业规划。

2. 行业动态与趋势分析

职业咨询机构应定期发布行业动态报告，帮助学生了解不同行业的发展趋势和岗位需求。通过行业专家讲座、企业高管分享会等形式，学生可以获取一手行业信息，提前调整学习和求职策略。例如，针对新兴行业的快速发展，职业咨询机构可以为学生提供相关领域的前沿技术培训和职业发展建议。

3. 职业导师计划

高校可以制订职业导师计划，邀请行业专家、企业高管和校友担任职业导师，为学生提供长期的职业指导。职业导师可以根据学生的专业背景和个人兴趣，提供有针对性的职业建议和资源支持。对于有创业意向的学生，职业导师可以提供创业培训和资源对接服务；对于希望进入大型企业的学生，职业导师可以提供职业晋升路径规划和技能培训。

（二）灵活的职业路径

在就业市场不确定性增加的背景下，毕业生需要具备灵活的职业路径规划能力，以应对市场的快速变化。灵活的职业路径不仅能够帮助毕业生更好地适应岗位需求，还能提升他们的职业适应性和竞争力。

1. 跨领域技能培养

高校应积极推进跨学科教育体系建设，鼓励学生跨学科学习，培养跨领域的技能。具体实施路径包括开发模块化微专业项目，通过短期集中培养提升学生的跨专业素养。为市场营销专业学生增设数据分析课程模块，为计算机专业学生开设商业管理选修课程。这种交叉培养模式能够有效增强学生在多学科背景下的知识迁移能力，提升其在复杂工作场景中的适应力和竞争力。

2. 短期实习与项目经验

通过短期实习和项目经验的积累，毕业生可以快速了解不同行业和岗位的需求，从而调整职业路径规划。高校和企业可以合作开展多样化的实习项目，为学生提供实践机会。例如，学生可以在不同类型的公司（如初创企业、大型企业）中实习，积累跨领域的项目经验，提升职业适应性。

3. 终身学习与技能迭代

面对技术快速演进的时代特征，持续学习能力已成为毕业生职业发展的核心素养。高校应当协同构建多元化的继续教育体系，包括在线开放课程、模块化短期培训项目等专业发展资源。与此同时，企业层面也应建立系统化的内部培训机制，通过职业发展计划、岗位轮换等方式，促进员工专业技能更新与岗位适应能力的提升，形成"教育—就业—再教育"的良性循环发展模式。

就业市场的不确定性为高校毕业生带来了诸多挑战，但通过科学的职业辅导与建议以及灵活的职业路径规划，可以有效提升高校毕业生的专岗匹配程度，增强毕业生的职业适应力和竞争力。高校、职业咨询机构和企业应共同努力，为高效毕业生提供全方位的支持和服务，帮助他们在复杂多变的就业市场中找到适合自己的职业道路，实现高质量充分就业。

第五章　新时代就业形势与高校毕业生就业观念分析

第一节　新时代就业形势分析

新时代，我国就业形势呈现复杂多变的特点，求职者既面临诸多挑战，也面临新的机遇。本节以相关数据为支撑，从经济环境与就业市场、就业政策与就业服务、就业竞争与就业压力三个方面对就业形势进行分析。

一、经济环境与就业市场

当前，国内外经济形势深刻影响着就业市场。全球经济处于周期调整之中，复苏动力不足，世界经济增长动能偏弱，地缘政治冲突加剧，贸易保护主义愈演愈烈。在国内，我国经济韧性强、潜力大。根据国家统计局公布的数据，2024 年全国城镇调查失业率平均值为 5.1%，较上年下降 0.1 个百分点，就业形势总体稳定；在经济增长速度方面，2024 年我国 GDP 同比增长 5%，经济总量首次突破 130 万亿元，达到 134.9 万亿元。这一经济增长速度在全球主要经济体中名列前茅，为就业市场提供了有力支撑。

（一）当前国内外经济形势

产业结构调整和新技术革命对就业市场产生了深远影响。根据国家统计局公布的数据，2024 年，我国服务业占 GDP 的比重继续提升至 56.7%，比上年提高了 0.4 个百分点。服务业的就业容量不断扩大，2024 年服务业年平均就业人数比上年增加 700 多万人，其中批发零售、住宿餐饮、信息传输、租赁和商务服务等行业的就业人数增长较为显著。在此背景下，服务业尤其是旅游业成为经济复苏的重要力量。2024 年，全球旅游业对 GDP 的贡献超过 10 万亿美元，约占全球 GDP 的 10%。在中国，旅游业也表现出强劲复苏态势，根据文化和旅游部发布的国内旅游数据，2024 年，国内出游人次 56.15 亿，比上一年增加 7.24 亿，同比增长 14.8%。

与此同时，数字经济、绿色经济、大健康等新兴产业的快速发展为就业市场注入了新的活力。2024 年，数字经济规模持续扩大，成为推动经济稳增长的重要力量。例如，人工智能、大数据、云计算、新能源汽车等领域对高素质、技能型人才的需求旺盛，成为吸纳就业的新高地。然而，传统制造业和服务业受技术革新和市场变化的影响，部分岗位需求减少，就业压力增大。

新技术革命推动了新质生产力的持续提高，新动能替代效应逐渐凸显。2024 年，我国加快绿色转型，风电、光伏等绿色产品出口增长量显著，成为新的贸易增长点。这些新兴技术和产业的发展不仅优化了经济结构，也为就业市场提供了更多高质量的岗位。

2024 年我国经济增长速度平稳，产业结构调整持续推进，新技术革命加速发展，这些因素共同推动了就业市场的稳定与优化。尽管面临外部环境的不确定性，但随着经济结构的优化和新兴产业的崛起，我国就业市场展现出较强的韧性和发展潜力。

（二）新产业、新业态、新商业模式带来的就业岗位的变化

新产业、新业态、新商业模式是以数字经济、平台经济等为代表的创新经济形态（简称"三新"经济）的核心内容。创新经济形态是当前就业市场的重要组成部分，深刻改变了就业岗位、就业方式和就业技能的需求格局。根据世界经济论坛发布的《2025 年未来就业报告》，到 2030 年，全球将新增 1.7 亿个就业岗位，同时减少 9200 万个岗位，净增 7800 万个就业机会。其中，科技、数据和人工智能等领域增长最快，预计新增岗位数量显著。与此同时，送货司机、护理岗位、教育从业者和农场工人等核心经济职位也将迎来大幅度增长。这些变化不仅反映了技术进步对就业市场的重塑，也凸显了劳动力市场对技能升级的迫切需求。这些变化具体表现在以下几个方面。

1. 就业岗位的变化

新经济和新业态的快速发展催生了大量新职业和新岗位。例如，数字经济的蓬勃发展使得数据分析师、AI 训练师、智能网联汽车测试员等新兴职业不

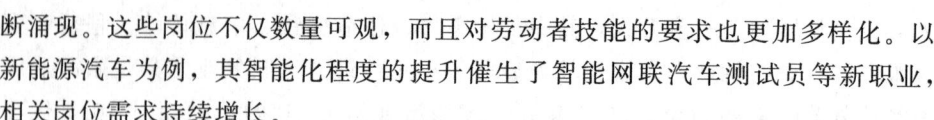

断涌现。这些岗位不仅数量可观，而且对劳动者技能的要求也更加多样化。以新能源汽车为例，其智能化程度的提升催生了智能网联汽车测试员等新职业，相关岗位需求持续增长。

2. 就业方式的变革

新经济模式推动了就业方式的多元化和灵活化。数字经济的发展使得"平台＋个人"的就业模式逐渐普及，劳动者可以通过互联网平台实现远程工作、为雇主提供服务。例如，网约车司机、外卖配送员等职业的出现，打破了传统"公司＋员工"的雇佣关系，劳动者的工作时间和地点更加灵活。此外，数字经济还促进了"众包模式""利益分成"等新型就业方式的出现。

3. 就业技能的升级

新技术革命对劳动者技能提出了更高的要求。随着人工智能和数字化技术的广泛应用，劳动者需要掌握更多技术，如数据分析、编程、人工智能应用等。同时，韧性、敏捷性、灵活性和创造性思维等软技能也变得尤为重要。例如，为应对人工智能带来的自动化挑战，企业普遍采取技能升级措施，调查显示 77％ 的雇主计划通过培训提升员工技能。

新产业、新业态、新商业模式的快速发展，不仅为就业市场带来了新的机遇，也对劳动者提出了更高的要求。未来，劳动者需要不断提升自身技能，以适应快速变化的就业环境。同时，政府和企业也应加强合作，通过政策支持和技能培训，帮助劳动者更好地应对就业市场的变革。

二、就业政策与就业服务

（一）促进就业创业的政策措施

为应对复杂多变的就业形势，我国出台了一系列促进就业创业的政策措施，全力推动高质量充分就业。2024 年，中共中央、国务院发布了《关于实施就业优先战略促进高质量充分就业的意见》，强调以强化就业优先政策为抓手，以破解结构性就业矛盾为着力点，以深化就业体制机制改革为动力，以不发生规模性失业风险为底线，持续促进就业质的有效提升和量的合理增长，推动实现劳动者工作稳定、收入合理、保障可靠、职业安全等，不断增强广大劳动者获得感幸福感安全感，为以中国式现代化全面推进强国建设、民族复兴伟业提供有力支撑。基于此，各部门采取了积极有效的方式方法促进就业。

1. 强化政策支持，稳定就业岗位

中华人民共和国人力资源和社会保障部（以下简称人社部）延续实施降低失业、工伤保险费率等政策，落实稳岗返还、专项贷款、就业补贴等措施，支持企业稳岗扩岗。人社部 2024 年 10 月 25 日发布的数据显示，1 月至 9 月，全国共发放各类就业补贴 802 亿元，减收失业保险费 1309 亿元，发放稳岗资金 204 亿元。此外，对招用高校毕业生等青年的企业，给予一次性扩岗补助。

2. 拓展就业岗位，挖掘就业潜力

人社部通过实施先进制造业促就业行动、银发经济专项行动等，推动重大政策、重大项目布局，创造更多的就业机会。同时，各地结合实际，积极挖掘数字经济、绿色经济、养老照护等领域的就业潜力。例如，山西大同通过发展数据服务产业，带动年轻人就地就近就业。

3. 优化就业服务，提升供需匹配效率

截至 2024 年 3 月 9 日，人社部通过"春风行动"等公共就业服务活动，累计举办招聘会 3.2 万场，同比增加 20%，并推广"大数据＋铁脚板"的服务模式，打造"家门口"就业服务站，为企业和劳动者提供高效、精准的就业服务。

4. 加强技能培训，缓解结构性矛盾

为解决结构性就业矛盾，人社部深入推进"技能中国行动"，聚焦先进制造、现代服务、养老照护等重点领域需求，大规模开展职业技能培训。

5. 重点群体帮扶，促进高校毕业生就业

2024 年，高校毕业生规模超过 1170 万人，就业压力较大。为此，2025 年 4 月人力资源和社会保障部、教育部、财政部联合印发《关于做好 2025 年高校毕业生等青年就业工作的通知》，提出通过拓宽市场化就业渠道、稳定公共岗位规模、优化就业创业指导服务等措施，全力促进高校毕业生就业。例如，对社会组织招用符合条件的高校毕业生等青年的，可按规定享受一次性扩岗补助政策。

近年来我国通过强化政策支持、优化就业服务、加强技能培训等多方面措施，积极推动高质量充分就业。这些政策的实施，不仅稳定了就业大盘，也为经济社会的高质量发展提供了有力支撑。

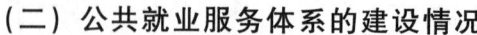

（二）公共就业服务体系的建设情况

近年来，我国公共就业服务体系不断完善，通过数字化赋能和创新服务模式，为劳动者和用人单位提供了更加高效、便捷的就业服务。据统计，2024年1月至11月，全国城镇新增就业1198万人，城镇失业人员再就业475万人，就业困难人员就业148万人。[①] 这些成就得益于多方面的努力和创新举措。

1. 就业信息平台建设方面

我国积极推进全国统一的就业信息平台建设，构建了"1＋2＋N"的公共就业服务体系，实现了招聘求职信息的"一站发布"和"一键匹配"。通过将《普通高等学校本科专业目录（2025年）》和《中华人民共和国职业分类大典》嵌入平台，系统能够自动匹配专业对口职位，为求职者提供权威、精准的求职渠道。例如，"就业在线"平台整合全国招聘求职资源，提供全流程服务，求职者只需一次注册，即可进行岗位查询、简历投递、信息核验等操作。

2. 职业培训与技能提升

为缓解结构性就业矛盾，人社部大力开展职业技能培训，推动"互联网＋职业技能培训"模式创新。例如，联合美团、滴滴等平台企业开展网约配送员、网约车司机等新就业形态技能培训，优化补贴申领流程，提高培训的便利性和实用性。此外，在人社部的统一部署下，中国就业培训技术指导中心推出了新职业在线学习平台，为劳动者提供公益性的就业创业培训和职业指导。

3. 就业指导与精准服务方面

公共就业服务体系注重就业指导的全程化和精准化。通过"大数据＋铁脚板"的服务模式，推动就业服务向基层延伸，为高校毕业生、农民工、残疾人等重点群体提供个性化、精细化的职业指导。例如，国家大学生就业服务平台为毕业生提供从就业意愿登记、简历制作到网上签约的全周期服务。此外，各地还通过建立就业信息资源库，实现就业事项一体化办理，提升就业服务的智能化水平。

---

① 以创新实干书写高质量充分就业答卷——2024年全国就业工作综述［EB/OL］．（2024-12-27）［2025-03-11］．https://www.mohrss.gov.cn/SYrlzyhshbzb/dongtaixinwen/buneiyaowen/rsxw/202412/t20241227_533418.html．

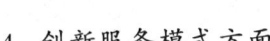

4. 创新服务模式方面

为提高就业市场的供需匹配效率，人社部推动共享用工、余缺调剂等创新服务模式，通过大数据分析和实地走访，精准识别就业困难群体，提供分类帮扶和动态管理。例如，江西省通过"江西微就业"微信公众号服务平台，利用大数据实现职位智能匹配，为企业和求职者提供一对一服务。

通过就业信息平台的数字化建设、职业培训的多元化发展以及就业指导的精准化服务，我国公共就业服务体系不断完善，为劳动者提供了更加公平、普惠的就业环境。未来，随着新技术的广泛应用和服务模式的持续创新，公共就业服务体系将进一步完善，服务质量和效率将进一步提升，助力高校毕业生实现高质量充分就业。

三、就业竞争与就业压力

（一）高校毕业生就业情况分析

2025 年，全国普通高校毕业生规模预计将达到 1222 万人，相比 2024 年增加 43 万人。这一庞大的毕业生群体涌入就业市场，使得岗位竞争愈发激烈。智联招聘发布的报告显示，2024 年，高校毕业生就业率仅为 55.5%，意味着接近一半的大学毕业生在毕业后未能立即找到工作。与此同时，国家统计局数据显示，2024 年 16～24 岁非在校青年的失业率在毕业季达到 13.2%，甚至在 9 月进一步上升至 17.6%，反映了青年就业市场的严峻形势。

1. 就业市场需求与竞争激烈程度分析

随着高校毕业生数量的持续攀升，就业市场的供需矛盾日益突出，而就业岗位的增长速度难以匹配毕业生数量的快速增长。这种供需不平衡直接导致就业竞争的加剧，尤其是热门行业和优质岗位。

部分行业岗位出现缩减情况，如受房地产行业影响，建筑类岗位数量出现缓慢下滑趋势。与此同时，传统产业在技术进步和转型升级的压力下，岗位减少的速度加快。例如，在制造业和部分服务业，自动化设备和机器人的广泛应用使得大量传统岗位消失；而新兴产业虽然发展迅速，但对劳动者的技能要求与传统产业截然不同，毕业生往往难以快速适应。

2. 毕业生的就业选择与面临的挑战

面对激烈的市场竞争，毕业生的就业选择更加多元化。一方面，私营企业和小微企业成为许多毕业生的首选，这些企业通常能够提供一定数量的岗位；另一方面，重点高校或热门学科的毕业生更倾向于进入大型集团或国企。此外，考公务员的热度持续上升，反映了毕业生对稳定工作的渴望。

与此同时，新兴行业如人工智能、大数据、新能源等领域的快速发展，创造了大量对专业技术人才的需求，但这些领域对毕业生的技能要求较高，如编程、算法、数据分析等专业技能。这种技能供需不匹配的现象，进一步加大了毕业生的就业难度。

2025年，高校毕业生规模的扩大和就业市场的复杂变化，使得就业竞争愈发激烈。毕业生不仅要面对传统行业的岗位缩减，还要适应新兴产业对技能的高要求。在这种背景下，高校毕业生需要提升自身技能，拓宽就业渠道。政府和高校要进一步加强就业指导和技能培训，以帮助高校毕业生应对日益严峻的就业形势。

（二）高校毕业生的就业压力来源分析

高校毕业生的就业压力不仅来自激烈的竞争，还源于期望与现实之间的差距。例如，重点高校或热门学科的毕业生更倾向于进入大型集团或国企，同时，许多毕业生选择了考公务员。这种现象的背后是结构性就业矛盾的凸显，即"有活没人干，有人没活干"的现象并存。一方面，部分毕业生的知识和技能无法满足市场需求，求职难度加大；另一方面，企业对高技能人才的需求激增，但市场上这类人才供给不足。

此外，技能缺口已成为企业转型的最大障碍。据世界经济论坛发布的《2025年未来就业报告》预测，到2030年，全球将有40%的工作所需技能发生变化。这种技能不匹配现象不仅加剧了毕业生的就业难度，也对劳动力市场的供需平衡提出了挑战。例如，随着人工智能和数字化技术的广泛应用，市场对重复性体力劳动和基础认知技能岗位的需求减少，而对高技能、创新型人才的需求大幅增加。

新时代的就业形势既受到经济环境、政策支持等多方面因素的影响，也面临结构性矛盾和竞争压力等挑战。结构性矛盾的核心在于劳动者技能供给与企业技能需求的不匹配。只有通过优化经济结构、完善就业政策、提升劳动者素质等多方面的努力，才能实现高质量充分就业的目标。

第二节　高校毕业生就业观念分析

在当前复杂多变的就业市场环境下，高校毕业生的就业观念不仅是其个人职业发展的重要影响因素，也是影响其就业质量和职业满意度的关键因素。通过对高校毕业生就业观念的深入调查与分析，我们可以更好地理解他们在就业目的、职业选择、工作意义等方面的多元诉求，以及这些观念如何受到个人背景、社会环境和市场条件的综合影响。本节将从就业观念调查数据、就业价值观、就业期望、就业选择和就业心态五个维度展开分析，以揭示毕业生在求职过程中的真实想法与行为模式，为高校就业指导、家庭支持和社会政策制定提供科学依据。

一、就业观念调查数据分析

随着高校毕业生规模的不断扩大和就业市场竞争的日益激烈，毕业生的就业观念在不断演变。为了深入了解当前高校毕业生的就业心态、职业选择以及面临的挑战，我们开展了此次就业观念调查。通过对调查数据的分析，揭示毕业生就业观念的核心要素、现实挑战以及积极趋势，并提出有针对性的建议，以期为高校就业指导、家庭支持和社会政策制定提供参考。

（一）就业观念的核心要素分析

1. 工作稳定性和薪资待遇的重要性

在选择就业岗位时，"薪资待遇和福利"是毕业生最为关注的因素，占比高达78.47%。紧随其后的是"工作稳定性"，占比60.29%。此外，在选择工作时，19.86%的毕业生认为就业稳定性"极其重要"，63.4%的毕业生认为"重要"。这些数据表明毕业生高度关注薪资待遇和工作稳定性。这在一定程度上受到经济形势和家庭期望的影响。在经济不确定性增加的背景下，很多毕业生更倾向于选择能够提供稳定收入和职业保障的岗位。

2. 职业发展空间与个人兴趣的平衡

"职业发展空间"也是毕业生较为关注的因素，占比为39%。然而，选择"工作内容和兴趣匹配"的比例相对较低，仅为11.72%。这表明，尽管毕业生相当关注薪资待遇和工作稳定性，但职业发展空间和个人兴趣的匹配度也不容忽视。毕业生在就业观念上逐渐从单纯的经济导向转向兼顾个人职业成长和兴趣的综合考量。这种转变反映了毕业生对长期职业发展的重视，以及对工作满意度的更高要求。

3. 家庭背景与就业选择的关系

家庭背景对毕业生就业选择的影响主要体现在六个方面：家庭经济状况影

响职业选择的自由度；家庭成员的职业背景通过职业代际传递效应，为子女提供职业参照和行业资源；家庭对职业发展的期望往往会成为毕业生权衡个人兴趣与现实需求的重要考量；家庭的社会关系网络可能提供就业信息，影响求职渠道和行业选择；家庭的心理支持能够增强毕业生的求职信心和抗压能力；家庭对异地工作的态度则会制约或拓展毕业生的就业地域选择范围。

第一，"家庭经济状况对您选择职业的影响很大"这个问题的调查数据显示，20.57％的受访者表示"非常同意"家庭经济状况对职业选择影响很大，34.45％的受访者选择"同意"，两者合计占比55.02％，表明超过半数受访者认同家庭经济因素的重要影响；40.67％的受访者持"中立"态度，而持否定态度的比例较低，"不同意"和"非常不同意"的分别仅占3.35％和0.96％。这一结果表明，家庭经济状况作为重要的外部因素，对高校毕业生的职业决策具有实质性影响。

"家庭经济状况使您更倾向于选择稳定的职业而不是追求个人兴趣"这个问题的调查数据显示，16.03％的受访者"非常同意"会因家庭经济状况而优先选择稳定职业而非个人兴趣，35.89％的受访者表示"同意"，两者合计占比51.92％，表明超过半数受访者认为其职业选择受到家庭经济因素的显著影响；43.54％的受访者持"中立"态度，而明确表示"不同意"和"非常不同意"的比例较低，分别为4.07％和0.48％。这一结果印证了经济安全考量在高校毕业生职业决策中的重要地位。

第二，"家庭成员的职业背景对您职业选择的影响很大"这个问题的调查数据显示，12.44％的受访者表示"非常同意"家庭成员职业背景对其职业选择影响很大，29.19％的受访者选择"同意"，两者合计占比41.63％；49.76％的受访者持"中立"态度，而持否定态度的比例相对较低，"不同意"和"非常不同意"的分别占7.89％和0.72％。这一结果表明，家庭成员职业背景对相当比例的高校毕业生职业选择具有重要影响。

第三，"家庭对您职业发展的期望影响了您选择的职业路径"这个问题的调查数据显示，10.77％的受访者"非常同意"家庭期望影响了其职业选择，28.47％的受访者选择"同意"，两者合计占比39.24％；50.72％的受访者持"中立"态度，而持否定态度的比例相对较低，"不同意"和"非常不同意"的分别占9.57％和0.48％。这一结果表明，家庭期望对部分高校毕业生的职业选择具有导向作用，但仍有超过半数的受访者对此持观望态度，反映了家庭期望在职业决策中的影响存在个体差异性。

第四，"家庭的社会关系网会为您提供重要的就业机会和资源"这个问题的调查数据显示，13.4％的受访者"非常同意"家庭社会关系网能提供重要就业资源，26.79％的受访者选择"同意"，两者合计占比40.19％；50.96％的受访者持"中立"态度，而持否定态度的比例相对较低，"不同意"和"非常不同意"的分别占7.42％和1.44％。这一结果表明，家庭社会关系网对部分高校毕业生的就业机会获取具有积极作用，但仍有超过半数的受访者对此持观望态度，反映了社会资本在就业支持中的影响存在显著个体差异。

第五，"家庭的心理支持会提高您在求职过程中的自信心"这个问题的调查数据显示，19.14％的受访者"非常同意"家庭心理支持能显著提升求职自信心，38.04％的受访者选择"同意"，两者合计占比57.18％；41.15％的受访者持"中立"态度，而持否定态度的比例极低，"不同意"和"非常不同意"的分别仅占0.96％和0.72％。这一结果表明，家庭心理支持对大多数高校毕业生的求职自信心具有明显的正向影响，体现了情感支持在就业准备过程中的重要作用。

第六，"家庭对您迁移到其他城市或地区工作的态度影响了您的就业选择"这个问题的调查数据显示，15.31％的受访者"非常同意"家庭态度影响了其就业地域选择，27.75％的受访者选择"同意"，两者合计占比43.06％；50.24％的受访者持"中立"态度，而持否定态度的比例较低，"不同意"和"非常不同意"的分别占5.98％和0.72％。这一结果表明，家庭态度对相当比例高校毕业生的就业地域选择具有重要影响，但仍有半数受访者对此持观望态度，反映了地域流动决策中家庭因素的复杂影响。

4. 社会认可度与职业选择

本研究的调查数据揭示了社会认可度对毕业生职业决策的多层次影响。

在直接影响层面，"您在选择职业时，社会对该职业的认可度对您的决策有多大影响"这个问题的调查数据显示，4.78％的受访者认为"没有影响"，16.51％的受访者认为"影响很小"，56.46％的受访者保持"中立"的态度，20.81％的受访者表示"影响较大"，而认为"影响非常大"的仅占1.44％。这一结果体现了社会认同在毕业生职业决策中的差异化影响。

在间接影响层面，"您认为社会对某些职业的高认可度是否会导致这些职业的就业机会增加"这个问题的调查数据显示，10.53％的受访者"完全同意"社会高认可度会增加相关职业的就业机会，36.6％的受访者选择"同意"，两者合计占比47.13％；47.61％的受访者持"中立"态度，而持否定态度的比例较低，"不同意"和"完全不同意"的分别占4.31％和0.96％。这一结果反映了社会评价与就业市场供需关系的复杂互动机制。"您认为社会对某些职业的低认可度是否会导致从事这些职业的人员面临更多的就业困难"这个问题的调查数据显示，12.44％的受访者"完全同意"社会认可度低会增加相关职业的就业困难，35.89％的受访者选择"同意"，两者合计占比48.33％；48.33％的受访者持"中立"态度，而持否定态度的比例较低，"不同意"和"完全不同意"的分别占2.15％和1.2％。这一结果反映了社会评价与就业市场准入壁垒的潜在关联性。

综上所述，社会认可度对毕业生的职业选择有较大影响。社会认可度通过直接认知评价和间接市场调节的双重路径影响毕业生职业决策。一方面，高认可度职业因其"体面性"和"前景预期"形成虹吸效应，吸引大量求职者，导致竞争加剧；另一方面，社会评价导向可能使部分毕业生的职业选择偏离个人兴趣和能力匹配，进而影响职业满意度。

（二）就业观念的现实挑战与矛盾

1. 期望与现实的差距

在本次调查中，"您对自己未来的职业发展有哪些主要担忧"这个问题的调查数据显示，有62.92％的毕业生认为薪资水平不符合预期，41.39％的毕业生担心工作与所学专业不匹配，反映了毕业生对职业质量的较高期待。

此外，对就业市场态度调查显示，持乐观态度的受访者占比31.34％（其中5.74％表示"相当乐观"，25.6％选择"乐观"），超过半数（52.39％）持"中立"态度，而持悲观态度的比例相对较低，"悲观"和"相当悲观"的分别占13.4％和2.87％。这一结果表明，尽管有近三分之一的毕业生对就业前景持积极看法，但多数人仍保持谨慎观望态度，反映了当前就业市场预期存在明显的分化现象。

这种认知张力呈现出两个维度的特征：一方面，毕业生普遍持有较高的职业发展预期，包括经济回报和专业契合度；另一方面，对就业市场的谨慎预期又显示出其对现实条件的清醒认知。这种期望与现实之间的结构性落差，不仅可能导致求职过程中的心理落差，更可能促使毕业生在职业决策时采取更加保守或妥协的策略，进而影响其长期职业发展轨迹。

2. 职业规划与实际就业的脱节

本次调查中，在规划程度方面，"您对个人职业发展的规划程度"这个问题的调查数据显示，11.48％的毕业生表示已制定"详细规划"，43.06％的毕业生有"初步规划"，32.06％的毕业生仅完成"部分规划"，而13.4％坦言"没有规划"。这一结果表明，虽然超过半数（54.54％）的毕业生已具备基础

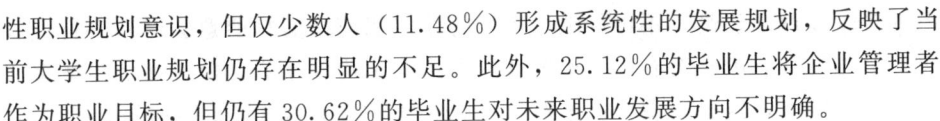

性职业规划意识，但仅少数人（11.48%）形成系统性的发展规划，反映了当前大学生职业规划仍存在明显的不足。此外，25.12%的毕业生将企业管理者作为职业目标，但仍有30.62%的毕业生对未来职业发展方向不明确。

这种规划现状反映出三个层面的问题。首先，规划深度不足导致职业目标模糊。其次，学校教育与市场需求的匹配度有待提升。部分学生在进入职场后才发现自己的职业规划与实际就业情况脱节。这种脱节可能源于学校教育与市场需求的不匹配，也可能源于毕业生对就业市场的了解不足。这不仅增加了毕业生的就业难度，也可能导致他们在职业发展初期面临很多的困惑和挑战。最后，毕业生对就业市场的认知存在信息缺口。这种多维度的适配性问题，不仅增加了求职难度，更可能导致职业发展初期的适应障碍，凸显了加强职业规划指导的必要性。

3. 个人技能与市场需求的不匹配

本次调查中，有75.84%的毕业生认为就业准备不足的最主要问题是缺乏实际工作经验，而55.02%的毕业生认为缺乏行业相关技能是主要问题。这表明毕业生普遍感受到自身技能与市场需求之间的差距。学校教育与企业实际需求的脱节，导致毕业生在进入职场时面临技能不足的挑战，这也增加了就业难度和职业发展的不确定性。这种现象反映了当前教育体系在职业技能培养方面的不足，以及毕业生对市场需求的适应性较弱。

（三）就业观念的积极趋势与建议

1. 职业发展与个人能力的重视

本次调查中，有70.58%的毕业生认为个人能力的提升对职业发展影响"大"或"非常大"，而66.27%的毕业生希望学校或相关机构能够提供职业技能培训。这个数据表明，毕业生越来越重视个人能力的提升，意识到职业技能和综合素质对职业发展的重要性。学校和相关机构应加强对毕业生的职业技能培训和职业规划指导，帮助他们更好地适应市场需求。这种观念的转变不仅有助于提升毕业生的就业竞争力，也为他们的长期职业发展奠定了基础。

2. 对职业多样性的接受度提高

本次调查中，有14.35%的毕业生希望未来的职业发展方向是技术专家，10.29%的毕业生希望成为行业领军人才。这个数据表明，毕业生对职业多样

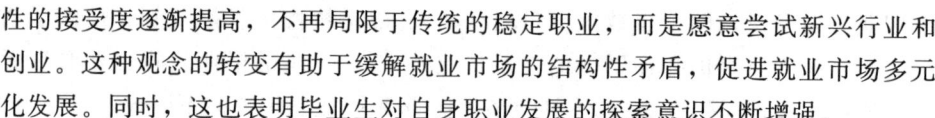

性的接受度逐渐提高，不再局限于传统的稳定职业，而是愿意尝试新兴行业和创业。这种观念的转变有助于缓解就业市场的结构性矛盾，促进就业市场多元化发展。同时，这也表明毕业生对自身职业发展的探索意识不断增强。

3. 对学校就业指导的期待

本次调查中，有55.02%的毕业生希望学校提供更多的就业信息咨询和实习机会，而33.01%的毕业生希望学校提供简历和面试辅导。这表明毕业生对学校就业指导服务的需求较高，希望学校在职业规划、技能培训、就业信息等方面提供更全面的支持。学校应完善就业指导体系建设，提升就业指导的针对性和实效性，以更好地满足毕业生的需求。

二、就业价值观分析

就业价值观是高校毕业生选择职业时的核心导向，反映了他们对就业目的、职业选择和工作意义的内在认知。通过对就业价值观的分析，我们可以深入了解毕业生在求职过程中的动机和偏好，以及这些观念如何受到个人背景（如专业、性别、家庭背景等）的影响。

（一）高校毕业生对就业目的、职业选择、工作意义等方面的看法分析

1. 高校毕业生就业目的分析

在就业目的方面，高校毕业生呈现出多元化的价值取向。调查结果显示，60.29%的毕业生将"工作稳定"视为重要的就业标准，反映出毕业生对经济保障和职业安全的强烈需求。与此同时，78.47%的毕业生认为"薪资待遇和福利"是选择工作的首要考虑因素，这表明经济回报仍然是毕业生关注的核心内容。

此外，随着社会观念的转变和教育水平的提高，越来越多的毕业生开始追求个人价值的实现。例如，39.00%的毕业生表示"职业发展空间"是他们选择工作时的重要考量因素，而11.72%的毕业生认为"工作内容和兴趣匹配"是关键因素。这表明除了经济和稳定性需求外，毕业生越来越关注职业对个人成长和兴趣的满足。

2. 高校毕业生职业选择分析

在职业选择方面，高校毕业生呈现出明显的分化趋势。一方面，76.08%

的毕业生年龄为18～25岁，这一群体更倾向于选择新兴行业或具有创新性的工作领域，如信息技术、互联网和新能源等。这些行业不仅薪资待遇较高，而且能够提供更多的职业发展机会和个人价值实现的空间。另一方面，不同专业的毕业生在职业选择上存在显著差异。例如，理工科毕业生更倾向于选择制造业、信息技术和工程领域，而文科毕业生则更关注金融、教育和商业管理等领域。这种差异反映了专业背景对毕业生职业选择的深远影响。

此外，性别也在职业选择中扮演重要角色。调查数据显示，女性毕业生更倾向于选择稳定的职业，如教育、医疗和行政管理等领域，而男性毕业生则更愿意尝试高风险、高回报的行业或创业，如金融、互联网等领域。这种性别差异可能与社会角色期待和家庭背景有关。

3. 高校毕业生工作意义分析

在工作意义方面，高校毕业生的价值观逐渐从单纯的经济导向转为追求个人价值的实现和做出社会贡献。例如，43.54%的毕业生认为职业发展前景不明朗是他们主要的担忧之一。这表明，毕业生不仅关注短期的经济收益，更希望在职业发展中找到个人价值的实现路径。

此外，12.2%的毕业生认为当前所在行业或拟就业行业"非常有发展潜力"，而43.78%的毕业生认为"有发展潜力"。这种对行业潜力的关注反映了毕业生对工作意义的深层次思考——他们希望自己的工作能够对社会产生积极影响，并在其中实现个人价值。

（二）不同群体就业价值观差异分析

不同群体的就业价值观存在显著差异，这些差异受到专业、性别、家庭背景等多种因素的影响。

1. 专业差异

理工科毕业生更注重职业的技术含量和发展空间，而文科毕业生则更关注职业的社会认可度和稳定性。例如，理工科毕业生中，多数人希望成为技术专家或行业领军人才，而文科毕业生中，有一定比例的人希望进入企业管理层。

2. 性别差异

本次调查结果显示，女性毕业生更倾向于选择稳定、低风险的职业，而男性毕业生则更愿意尝试高风险、高回报的职业。例如，女性毕业生中，有

65.79％的人认为工作稳定性"重要"或"极其重要"，而男性毕业生中这一比例明显偏低，为58.04％。

3. 家庭背景差异

家庭经济状况对毕业生的就业价值观影响显著。55.02％的毕业生认为家庭经济状况对职业选择有一定的影响。毕业生在职业选择时因家庭经济状况不同会有不同的价值取向。部分毕业生将薪酬水平和职业稳定性作为首要考量因素，倾向于选择收入可观且工作保障性强的职位。另一部分毕业生则更看重职业发展前景、与个人兴趣的契合度，愿意选择更具挑战性但符合自身志向的工作机会。

总之，高校毕业生的就业价值观呈现多元化和现实化趋势。一方面，毕业生对经济保障和职业稳定性的需求依然强烈；另一方面，他们越来越关注个人价值的实现和职业发展的潜力。不同群体（如不同专业、性别、家庭背景的毕业生）的就业价值观存在显著差异，这些差异反映了毕业生在个人背景和社会环境影响下的多样化选择。

为了更好地引导高校毕业生树立科学合理的就业价值观，高校和社会应加强职业规划教育，帮助毕业生明确职业目标，提升职业素养。同时，家庭和社会也应给予毕业生更多的理解和支持，鼓励他们根据自身兴趣和能力选择职业，避免过度关注经济收益和社会认可度。我们要通过多方面的共同努力，帮助毕业生在就业过程中实现个人价值与社会价值的统一。

三、就业期望分析

就业期望是高校毕业生在求职过程中对理想职业的设想和追求，涵盖薪资待遇、工作环境、职业发展空间等多个方面。就业期望反映了毕业生对自身职业发展的规划，受到教育背景、家庭期望和社会环境的综合影响。当期望与现实产生落差时，毕业生的就业决策行为往往会发生显著变化。下面我们从多个方面对高校毕业生的就业期望及其与现实的差距进行分析。

（一）高校毕业生就业预期分析

1. 高校毕业生对薪资待遇的期望

薪资待遇是毕业生就业期望的核心内容之一。调查数据显示，78.47％的毕业生在选择就业岗位时将"薪资待遇和福利"视为最重要的因素。具体来看，毕业生对薪资的期望分布如下：期望薪资在15000元以上的毕业生占比

11％；8000～15000 元的占比 25.6％；5000～8000 元的占比 40.19％；3000～5000 元的占比 19.62％；3000 元以下的仅占 3.59％。然而，现实情况是，2024 年全国高校毕业生的平均起薪约为 6500 元，与毕业生的期望薪资存在明显差距。这种差距导致部分毕业生在求职过程中面临较大的心理落差，他们甚至可能会因为薪资问题而放弃一些就业机会。

2. 高校毕业生对工作环境的期望

工作环境也是毕业生关注的重要方面。调查结果显示，27.99％的毕业生在选择工作时会考虑"工作地点和工作环境"，而 23.21％的毕业生关注"工作能否与生活平衡"。毕业生普遍期望能够在一个舒适、和谐的工作环境中工作，同时希望工作与个人生活能够相互协调，避免过度加班和高强度的工作压力。然而，现实情况是，许多行业（如互联网、金融等）的工作强度较大。这种期望与现实之间的差距可能导致毕业生在选择工作时更加谨慎，甚至可能因工作环境不佳而频繁跳槽。

3. 高校毕业生对发展空间的期望

职业发展空间也是毕业生就业期望中的重要方面。调查数据显示，39.00％的毕业生在选择工作时会考虑"职业发展空间"，而 43.54％的毕业生认为职业发展前景不明朗是他们主要的担忧。毕业生普遍期望能够在工作中获得晋升机会、学习新技能以及参与重要项目的机会。然而，现实情况是，许多企业尤其是中小企业，由于资源有限，难以提供足够的晋升机会和发展空间。这种期望与现实之间的差距可能导致毕业生对职业发展的满意度较低，甚至可能因职业发展受限而选择离职。

（二）就业期望与现实之间的差距分析

1. 就业期望与现实之间的差距

毕业生的就业期望与现实之间存在显著差距，这种差距主要体现在以下几个方面。一是薪资待遇差距。毕业生期望的薪资水平普遍高于实际起薪水平。调查结果显示，62.92％的毕业生担心薪资水平不符合预期，这种差距可能导致毕业生在求职过程中产生较大的心理压力，甚至可能因薪资问题而放弃一些就业机会。二是工作环境与生活平衡差距。毕业生期望的工作环境和生活平衡与现实存在较大差距。三是职业发展空间差距。毕业生对职业发展空间的期望较高，但现实情况是许多企业难以提供足够的晋升机会和发展空间。

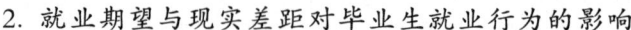

2. 就业期望与现实差距对毕业生就业行为的影响

就业期望与现实之间的差距对毕业生的就业行为产生了多方面的影响。一是求职行为保守化。由于薪资和职业发展空间的期望与现实差距较大，部分毕业生在求职时更倾向于选择稳定的岗位，如公务员岗位、事业单位等，即使这些岗位的竞争非常激烈。51.92％的毕业生同意家庭经济状况使他们更倾向于选择稳定的职业，而非完全基于个人兴趣或职业规划。二是频繁跳槽现象增加。由于工作环境和职业发展空间的期望与现实差距较大，部分毕业生在入职后发现工作不符合预期，从而频繁跳槽。调查结果显示，76.32％的毕业生因薪资待遇问题跳槽，而54.07％的毕业生因职业发展问题跳槽。三是职业选择过程中的迷茫与焦虑。由于就业期望与现实之间的差距，部分毕业生在求职过程中产生了迷茫和焦虑的情绪。这种心理状态可能导致毕业生在求职过程中缺乏信心，甚至放弃一些就业机会。

四、就业选择分析

就业选择是高校毕业生在求职过程中面临的重要决策，涵盖就业地域、就业行业、就业单位性质等多个方面。这些选择不仅反映了毕业生的职业规划和个人偏好，还受到个人兴趣、家庭背景、社会舆论等多方面因素的综合影响。下面我们将从就业选择倾向和影响毕业生就业选择的主要因素两个方面进行分析。

（一）就业选择倾向分析

1. 就业地域选择

就业地域是毕业生就业选择的重要方面。高校毕业生在就业地域选择上具有明显的倾向性。猎聘发布的《2024高校毕业生就业数据报告》显示，2024届毕业生中有47.81％的人选择新一线城市为理想工作城市（如成都、杭州、武汉、南京等）；有31.41％的人选择一线城市（如北京、上海、广州、深圳）。新一线城市对毕业生吸引力更大，这可能与新一线城市的人才落户补贴政策密切相关。这些城市经济发展水平高、就业机会多、职业发展空间大，因而吸引了大量毕业生。与此同时，15.94％的毕业生选择到二线城市或家乡城市就业，这一选择往往受到家庭因素和生活成本的影响。相比之下，仅有4.16％的毕业生选择到三线及以下城市就业，这些地区的就业机会相对较少，职业发展也受到一定限制。

2. 就业行业选择

在就业行业选择上，《2024 高校毕业生就业数据报告》显示，高校毕业生的就业偏好较为明显。23.9%的毕业生选择信息技术和互联网行业，这一行业因高薪资、快速发展，成为毕业生的热门选择。7.4%的毕业生选择机械制造业和工程领域，这一选择与理工科毕业生的专业背景密切相关。此外，7.6%的毕业生选择金融和保险行业，该行业薪资待遇高、职业稳定性强，吸引了大量毕业生。2.3%的毕业生选择教育和培训行业，这一行业因其相对稳定的工作环境和职业发展路径，受到部分毕业生青睐。随着新兴产业的崛起，6.0%的毕业生表示愿意尝试新能源、人工智能等新兴行业，这些行业的发展潜力大，但对专业技能要求较高。

3. 就业单位性质选择

在就业单位性质方面，高校毕业生的选择呈现出多样化趋势。《2024 高校毕业生就业数据报告》显示，48.04%的毕业生倾向于选择国有企业，认为国有企业相对稳定、福利待遇好。14.55%的毕业生选择私营企业。私营企业提供的职业发展空间大，但工作强度大、稳定性相对较低。11.09%的毕业生选择外资企业，因为其具有国际化工作环境和较高的薪资待遇。20.55%的毕业生选择事业单位或公务员岗位，认为这些岗位稳定性强、社会认可度高。此外，还有 5.26%的毕业生选择自主创业，这一选择反映了毕业生对自身能力的自信以及对创新和自由职业的追求。

(二) 影响毕业生就业选择的主要因素

1. 个人兴趣

个人兴趣是影响毕业生就业选择的重要因素之一。《2024 高校毕业生就业数据报告》显示，30.72%的毕业生表示个人兴趣是职业选择的重要考量。例如，对计算机编程感兴趣的学生更倾向于选择信息技术行业，而对艺术设计感兴趣的学生更愿意进入艺术和传媒行业。个人兴趣不仅会影响毕业生的职业满意度，还对其职业生涯的长期发展起着关键作用。

2. 家庭因素

调查数据显示，家庭因素对高校毕业生的就业选择有显著影响。家庭因素的经济状况、职业期望和职业示范三重机制，共同构成了影响高校毕业生就业

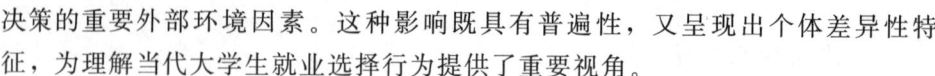
决策的重要外部环境因素。这种影响既具有普遍性，又呈现出个体差异性特征，为理解当代大学生就业选择行为提供了重要视角。

3. 社会舆论

社会舆论和职业的社会认可度也是影响毕业生就业选择的重要因素。高社会认可度的职业，如公务员、医生、教师等，往往被视为更"体面"或更有前途的职业，吸引了大量毕业生。此外，在"以下哪些因素会影响您的就业观和择业观"中，38.04％的毕业生认为行业趋势对他们的职业选择有重要影响。随着信息技术和新能源行业的快速发展，这些行业的就业机会越来越丰富，吸引了更多毕业生。

4. 职业发展空间

职业发展空间是毕业生选择职业时的重要考量因素之一。问卷调查结果显示，在"选择就业岗位时最看重的因素"这一多选题中，39.00％的受访者将"职业发展空间"纳入主要考量因素。数据表明，毕业生对职业发展空间的期待主要体现在三个层面：职位晋升通道的明确性、专业技能提升的可能性以及参与核心项目的机会获取。这种多维度的职业发展诉求，反映了当代高校毕业生对长期职业成长路径的系统性规划需求。

5. 工作与生活平衡

工作与生活平衡也是影响毕业生就业选择的重要因素。调查数据显示，"选择就业岗位时最看重的因素"这一多选题中，23.21％的受访者明确将"工作与生活平衡"纳入决策要素。这一选择倾向具体表现为：相当比例的毕业生在求职时会优先考虑工作强度适中、加班文化健康的工作，以期实现职业发展与个人生活质量的双重保障。这反映了当代青年就业者对全面发展理念的追求，以及对传统高强度工作模式的理性反思。

总之，高校毕业生的就业选择受到多方面因素的影响，包括就业地域、就业行业、就业单位性质等。个人兴趣、家庭因素、社会舆论、职业发展空间和工作与生活平衡等都是影响毕业生就业选择的重要因素。

五、就业心态分析

就业心态是高校毕业生在求职过程中的一种重要心理状态，它直接影响着高校毕业生的求职行为和就业结果。在当前复杂多变的就业市场环境下，高校毕业生的就业心态呈现出多样化的特点。就业心态不仅反映了高校毕业生对就业市场的适应能力，也影响着他们的职业选择和发展路径。下面我们将从高校毕业生的就业心态表现、就业心态对毕业生求职行为和就业结果的影响两个方面进行分析。

（一）高校毕业生的就业心态表现

1. 焦虑

焦虑是高校毕业生在求职过程中较为常见的一种心理状态。调查数据显示，52.39％的毕业生对毕业后就业前景持中立态度，而13.40％的毕业生感到悲观。这种焦虑主要源于以下几个方面。首先，就业市场竞争激烈。随着高校毕业生规模的不断扩大，就业市场的竞争日益激烈，许多毕业生担心自己无法在众多求职者中脱颖而出，从而产生焦虑情绪。其次，就业期望与现实之间存在差距，一些毕业生对薪资待遇、职业发展空间等期望较高，但现实情况往往难以完全满足这些期望，从而在求职过程中产生较大的心理压力，甚至可能因薪资问题或职业发展前景不明朗而放弃一些就业机会。最后，职业选择的不确定性。在选择职业时，毕业生往往需要考虑多种因素，如个人兴趣、家庭期望、社会舆论等。这种选择过程增加了决策的难度，导致部分毕业生感到焦虑。

2. 迷茫

迷茫也是毕业生在求职过程中较为常见的心理状态。这种迷茫主要体现在以下几个方面。首先，职业目标不明确。部分毕业生在进入大学时并未明确自己的职业目标，因此在求职时缺乏方向。他们可能对多个行业或岗位感兴趣，但难以做出最终选择。其次，对就业市场的了解不足。许多毕业生在求职前对就业市场的实际情况了解有限，对不同行业的发展趋势、职业要求等缺乏清晰的认识。这种信息不对称使得他们在求职过程中感到迷茫和无从下手。最后，家庭和社会期望的影响。家庭和社会对毕业生的职业选择往往有一定的期望，这些期望可能与毕业生自身的意愿不一致。在这种情况下，毕业生可能会在家庭期望和个人兴趣之间摇摆不定，从而陷入迷茫。

3. 自信

尽管焦虑和迷茫是毕业生在求职过程中较为普遍的心理状态，但仍有一部分毕业生表现出较强的自信。调查数据显示，31.24％的毕业生对毕业后就业市场前景持乐观态度。这种自信主要源于以下几个方面。首先，良好的教育背景和专业技能。部分毕业生在大学期间积累了扎实的专业知识和丰富的实践经验，他们对自己的能力充满信心，相信自己能够胜任相关工作。其次，充分的求职准备。一些毕业生在求职前进行了充分的准备，如参加职业培训、实习、社会实践等，这些经历提高了他们的就业竞争力，也提升了他们的自信心。最后，明确的职业规划。一些毕业生在大学期间就制定了明确的职业规划，并按照规划逐步积累了相关经验和能力。这种清晰的职业规划使得他们在求职过程中更加从容和自信。

（二）就业心态对毕业生求职行为和就业结果的影响

1. 焦虑心态的影响

焦虑心态对毕业生的求职行为和就业结果产生了多方面的负面影响。首先，求职行为保守。由于就业市场的不确定性，部分毕业生在求职时更倾向于选择稳定的岗位，如公务员岗位、事业单位等。这种保守的求职行为可能会使他们错过一些更具发展潜力的就业机会。其次，频繁跳槽现象增加。部分毕业生在入职后发现工作不符合预期，从而频繁跳槽。这可能对其职业发展产生不利影响。

2. 迷茫心态的影响

迷茫心态同样对毕业生的求职行为和就业结果具有显著影响。首先，决策困难。由于职业目标不明确，部分毕业生在求职过程中难以做出决策，求职周期延长。这种决策困难可能使他们错过一些重要的就业机会。其次，职业发展受阻。迷茫心态可能导致毕业生在选择职业时缺乏长远规划，从而选择一些不符合自身兴趣和能力的岗位。这种职业选择可能使他们在工作中缺乏动力和成就感，进而影响职业发展。最后，对就业市场的适应能力差。由于对就业市场了解不足，部分毕业生在求职过程中可能无法有效调整自己的求职策略，在激烈的就业市场竞争中处于劣势。

3. 自信心态的影响

自信心态对毕业生的求职行为和就业结果具有积极影响。首先，积极的求职行为。自信的毕业生在求职过程中表现出更强的积极性和主动性。他们敢于尝试不同的行业和岗位，能够更好地把握就业机会。其次，职业选择的明确性。自信的毕业生通常对自己的职业目标有清晰的认识，能够根据自身兴趣和能力选择合适的职业。这种明确的职业选择有助于他们在工作中获得较高的满意度和成就感。最后,较强的就业竞争力。自信的毕业生在求职过程中能够更好地展示自己的优势和能力,从而在激烈的就业市场竞争中脱颖而出。他们通常能够获得更多的就业机会,也更容易实现高质量就业。

高校毕业生的就业心态在求职过程中起着重要作用,焦虑、迷茫和自信等心态会对他们的求职行为和就业结果产生显著影响。为了帮助毕业生树立积极健康的就业心态,以下从高校、家庭和社会三个方面提出建议。在高校层面,一是加强职业规划教育,帮助学生明确职业目标、提升职业规划能力、增强就业信心;二是提供就业指导服务,通过职业咨询、就业讲座等形式,帮助学生了解就业市场动态,调整就业期望,缓解焦虑情绪;三是开展心理健康教育,关注毕业生的心理健康,提供心理辅导和咨询服务,帮助他们应对求职过程中的压力和挫折。在家庭层面,一是给予心理支持,鼓励毕业生根据自身兴趣和能力选择职业,避免过度干预;二是帮助毕业生树立正确的就业观念,引导他们理性看待就业市场,增强就业信心。在社会层面,一是提供公平的就业环境,减少对毕业生的不合理要求和偏见,增强毕业生的就业信心;二是加强职业培训,增加实习机会,帮助毕业生提升就业能力,增强他们在就业市场中的竞争力。学校、家庭和社会要共同努力,帮助高校毕业生树立积极健康的就业心态,提升就业能力,促进其高质量充分就业。

第三节 新时代就业形势与高校毕业生就业观念的互动关系分析

在新时代背景下,就业形势与高校毕业生的就业观念相互影响、相互作用。一方面,经济环境、就业政策和就业竞争等外部因素深刻影响着毕业生的就业观念;另一方面,毕业生也在不断调整自己的就业观念以适应不断变化的就业形势。这种互动关系不仅影响着毕业生的就业质量,也对社会经济的发展产生了深远影响。

一、就业形势对就业观念的影响

在当前复杂多变的就业市场环境下,高校毕业生的就业观念正受到多方面因素的深刻影响。其中,经济环境、就业政策以及就业竞争等外部因素对毕业生的就业选择和职业规划起到了重要的引导作用。这些因素不仅塑造了毕业生的就业心态,也在一定程度上决定了他们对未来职业发展的预期和规划。接下来，我们将从经济环境、就业政策和就业竞争三个方面，详细分析这些外部因素对高校毕业生就业观念的影响。

（一）经济环境的影响

经济环境是影响高校毕业生就业观念的基础因素。在全球经济增长放缓、产业结构调整加速的背景下，毕业生的就业观念发生了显著变化。首先，追求稳定性。经济不确定性使得毕业生更倾向于选择稳定的岗位。这种对稳定性的追求反映了毕业生在面对经济波动时的谨慎态度，以及对职业安全感的高度重视。其次，对新兴行业的关注度提升。随着数字经济、新能源等新兴产业的崛起，部分毕业生开始关注这些领域的就业机会。然而，由于新兴产业对相关技能要求较高，毕业生在选择时也表现出谨慎的态度。尽管如此，新兴产业的发展潜力和创新性仍吸引了部分具有前瞻性和相关专业背景的毕业生。最后，薪资期望的调整。经济环境的变化使得毕业生对薪资的期望逐渐回归理性。尽管78.47%的毕业生仍将"薪资待遇和福利"视为重要因素，但其期望薪资水平已从过去较高的标准逐渐调整至市场实际水平。这种调整反映了毕业生对就业市场的适应性。

（二）就业政策的影响

政府出台的一系列就业政策对毕业生的就业观念产生了积极引导作用。首先，鼓励创新创业。政策支持使得部分毕业生对自主创业产生了兴趣。本次调查数据显示，0.48%的毕业生选择自主创业。这一比例虽然不高，但反映了政策引导的成效。政府通过提供创业培训、资金支持和政策优惠，激发了毕业生的创业热情。其次，基层就业导向。政府出台了一系列政策，鼓励毕业生到基层就业，部分毕业生开始关注二线及以下城市的就业机会。然而，由于基层就业机会相对较少，职业发展空间有限，这一趋势尚未成为主流。尽管如此，政策的引导作用仍为毕业生提供了更多元的职业选择。最后，技能培训与职业发展。政府提供的职业技能培训和就业指导服务，可以帮助毕业生提升就业能力，增强其对就业市场的适应性。这些措施能够帮助毕业生更好地了解市场需求，调整职业规划，提升自身竞争力。

（三）就业竞争的影响

激烈的就业竞争促使毕业生调整就业观念，以更好地适应市场变化。首先，职业选择的多元化。面对竞争压力，毕业生在选择职业时不再局限于传统热门行业，开始尝试新兴行业和非传统职业。《2024高校毕业生就业数据报告》

显示，6%的毕业生愿意尝试新能源、人工智能等新兴行业。这种多元化的职业选择不仅拓宽了毕业生的就业渠道，也反映了他们对市场需求的敏感性。其次，对职业发展的重视。一些毕业生更加关注职业发展空间和长期发展，而不仅仅是短期的薪资待遇。《2024高校毕业生就业数据报告》显示，35.80%的毕业生在选择工作时会考虑"明确的晋升路径与发展空间"。这种观念的转变表明，毕业生在求职过程中更加注重职业的可持续性和个人成长。最后，求职行为的保守化。毕业生在择业时的保守化行为反映了其在面对激烈竞争时具有较强的自我保护意识，同时也揭示了就业市场中稳定性和竞争性之间的矛盾。

总之，经济环境、就业政策和就业竞争等外部因素对高校毕业生的就业观念产生了深远影响。毕业生在追求稳定性的同时，也在积极探索新兴行业的就业机会，并逐步调整薪资期望以适应市场变化。政府的就业政策为毕业生提供了多元化的选择和职业发展的支持，而激烈的就业竞争则促使毕业生更加注重职业发展空间和个人成长。在这些外部因素的综合作用下，高校毕业生的就业观念正朝着更加理性和多元化的方向发展。

二、就业观念变迁及对就业形势的适应

在新时代背景下，高校毕业生就业观念的变迁不仅反映了毕业生对自身职业发展的重新思考，也体现了他们对当前就业形势的积极适应。

（一）就业观念的多元化

高校毕业生的就业观念呈现出多元化趋势，具体表现为以下几个方面。一是从稳定到灵活。随着经济环境的变化，毕业生的就业观念从追求稳定职业，逐渐转向追求灵活就业和多元职业。二是从追求高薪到注重个人价值的实现。毕业生不再单纯追求高薪，而是更加注重个人价值的实现。这种观念的转变表明，毕业生在职业选择中更加关注自身兴趣和职业发展的契合度，而不仅仅是经济回报。三是关注点从传统行业延伸至新兴行业。尽管新兴行业对技能要求较高，但其发展潜力和创新性吸引了部分毕业生。这种趋势反映了毕业生对新兴行业的认可和对传统职业路径的突破。

（二）对就业形势的适应

为了适应不断变化的就业形势，毕业生要通过调整就业观念和行为，积极应对就业市场的挑战。一是提升自身能力。面对激烈的就业竞争，毕业生要注重提升自身能力，以增强就业竞争力。本研究调查数据显示，70.58%的毕业生同意个人能力的提升对职业发展有较大影响。毕业生可以通过参加职业技能

培训、实习和实践活动，不断提升自己的综合素质，以更好地适应市场需求。二是调整职业规划。毕业生要根据就业市场的实际情况，灵活调整职业规划。例如，部分毕业生在求职过程中逐渐放弃对高薪职业的追求，转向更具发展潜力的岗位。这种调整不仅帮助他们在就业市场中找到了更适合自己的位置，还提升了他们的职业满意度。三是增强心理韧性。面对就业压力，毕业生要逐渐增强心理韧性，积极应对求职过程中的挫折。调研显示，38.04%的毕业生对毕业后就业前景持乐观态度。这种积极的心态有助于他们在求职过程中保持信心，克服困难。

第四节　家庭因素对毕业生就业观念的影响

通过对问卷数据的深入分析可知，家庭经济状况、家庭成员职业背景、家庭期望、家庭社会关系网、家庭的心理支持、家庭对异地工作的态度等多方面因素在不同程度上塑造了毕业生的就业观念和职业路径。

一、家庭经济状况影响职业选择的自由度

家庭经济状况是影响毕业生职业决策的基础性因素。它主要通过以下三个维度影响毕业生的职业决策。首先，在择业时间维度上，家庭经济状况决定了毕业生能否获得更充分的择业缓冲期，从而得以审慎评估并选择与个人职业兴趣及长期发展潜力相匹配的工作机会。其次，在薪酬考量维度上，家庭经济状况影响了毕业生将薪资水平置于职业选择评价体系中的优先位置的程度。最后，在职业稳定性维度上，家庭经济状况影响了毕业生对工作岗位可持续性与风险抵御能力的重视程度。这种多维影响机制共同作用于毕业生的职业选择过程，使其在不同约束条件下形成差异化的就业决策模式。

二、家庭成员的职业背景通过代际传递效应提供职业参照和行业资源

父母的职业经历和行业背景往往对子女的就业观念有着深远影响。这种影响不仅为毕业生提供了最初的职业认知框架，还可能通过职业代际传递或引导机制，塑造其职业偏好与发展方向。具体表现为：一方面，父母或其他家庭成员的职业经历为毕业生提供了最直接的职业认知样本，塑造了其最初的职业想象；另一方面，家庭成员在特定行业的从业经验可能形成职业引导，通过言传身教影响毕业生的职业偏好。家庭成员长期从事某一行业，会使子女对该领域

形成天然的熟悉感，甚至产生职业认同，从而倾向于选择相同或相关行业。此外，某些专业性较强的职业领域（如医学、法律等）更容易出现代际传承现象。

三、家庭期望成为毕业生权衡个人兴趣与现实需求的重要考量

家庭对子女的职业期望，如希望其从事稳定、体面或高社会地位的工作，常常会影响毕业生的就业决策。这种影响具有以下特点：正向影响方面，合理的家庭期望可以转化为职业发展的内在驱动力，激励毕业生追求更高职业目标；约束性影响方面，当家庭期望与个人志趣出现分歧时，可能会使毕业生产生职业选择的心理冲突；动态调节方面，随着职业认知的深化，毕业生会逐步调整对家庭期望的接受程度。

四、家庭社会关系网影响求职渠道和行业选择

家庭的社会关系网络在毕业生求职过程中也会发挥着重要作用。亲属、朋友如果从事某行业领域，往往能够为毕业生提供相关行业信息，减少毕业生求职的盲目性。

五、家庭的心理支持增强毕业生的求职信心和抗压能力

求职过程充满竞争和不确定性，家庭的心理支持对毕业生的心态至关重要。这种心理支持既有助于维持积极的求职心态，又能在职业发展过程中提供持续的精神动力。这种支持的具体价值体现在：情感支持方面，家人的鼓励能有效缓解求职焦虑，增强毕业生的心理韧性；信息支持方面，家庭成员的建议能帮助毕业生更理性地评估就业选择；持续关怀方面，家庭的理解与包容为毕业生提供了稳定的精神支持。

六、家庭对异地工作的态度制约或拓展毕业生就业地域选择范围

家庭对异地工作的态度直接影响毕业生的就业地域选择。一些家庭希望子女留在本地或附近工作，以便相互照应，这种观念可能限制毕业生前往更大城市或更发达地区发展的意愿。相反，还有一部分家庭则可能鼓励子女走出去，寻求更广阔的职业机会。此外，独生子女家庭或需要承担赡养责任的毕业生，可能更倾向于选择离家近的工作，而家庭支持异地就业的毕业生则可能会考虑全国甚至全球范围内的就业机会。

家庭因素在经济状况、职业背景、社会关系、心理支持等多方面潜移默化地塑造毕业生的就业观念。这些影响既体现在初始就业选择阶段，也持续作用于后续的职业发展过程。理解家庭因素的作用，有助于毕业生在职业选择时更好地平衡个人意愿与家庭期望，做出更符合自身发展的决策。鉴于此，建议从以下方面完善就业支持体系：高校层面，可以将家庭因素纳入就业指导考量，开展有针对性的职业咨询服务；社会层面，需要建立更包容的就业环境，帮助毕业生协调家庭期待与个人发展；家庭层面，建议建立更开放的沟通机制，尊重子女的职业自主权。多方需要协同努力，促进高校毕业生实现更高质量的充分就业。

第五节　结论与建议

新时代的就业形势与高校毕业生的就业观念相互影响、相互作用。为了促进就业观念与就业形势良性互动，助力高校毕业生顺利就业，本书从政府、高校、社会和毕业生个人四个方面提出相关建议。

（一）政府

1. 加强就业形势研判与精准政策制定

政府应建立健全就业市场动态监测机制，深入分析经济环境变化对就业的影响，及时调整和优化就业政策。通过精准施策，如加大对新兴产业的扶持力度、实施中小企业税收优惠政策等，创造更多高质量的就业岗位。同时，针对不同地区、不同群体的就业需求，制定差异化的政策措施，确保政策的针对性和实效性，切实缓解毕业生就业结构性矛盾。

2. 完善公共就业服务体系，提升服务质量

政府应进一步优化公共就业服务体系，整合各类资源，构建线上线下相结合的综合性就业服务平台，充分利用大数据和人工智能技术，为高校毕业生提供精准的就业信息推送、职业规划指导和职业技能培训服务，帮助其更好地适应市场需求。此外，政府应加大对就业市场的监管力度，规范企业招聘行为，严厉打击虚假招聘和就业歧视行为，切实保障毕业生的合法权益，营造公平、公正的就业环境。

（二）高校

1. 加强就业指导，树立正确就业观念

高校应将就业指导贯穿学生培养的全过程，通过课程设置、职业咨询、就业讲座等多种形式，帮助毕业生树立正确的就业观念，引导毕业生理性看待就业市场，合理调整就业期望，根据自身兴趣、能力和社会需求选择职业，避免盲目跟风或追求短期利益。同时，加强职业规划教育，帮助毕业生明确职业目标，提升职业规划能力，通过职业咨询、就业讲座等形式，让毕业生深入了解就业市场动态，减少求职过程中的迷茫和焦虑。

2. 深化教育教学改革，提升就业竞争力

高校应深化教育教学改革，优化课程体系，强化实践教学环节，提升毕业生的综合素质和实践能力。通过与企业深度合作，开展实习实训、产学研项目等，提高毕业生对市场需求的适应能力。此外，高校应加强创新创业教育，培养学生的创新精神和创业能力，为其提供更多职业发展路径。

3. 关注心理健康，增强求职韧性

高校应重视毕业生的心理健康，提供心理辅导和咨询服务，帮助他们应对求职过程中的压力和挫折。通过接受心理健康教育，毕业生能够更好地管理情绪，保持积极心态，在求职过程中更具韧性。同时，高校应通过实习和实践机会，帮助毕业生积累工作经验，增强就业能力，缓解经验不足带来的就业压力。

4. 完善就业服务体系，促进职业发展

高校应完善就业公共服务体系，提供个性化的就业咨询和辅导，并通过就业信息平台及时发布就业信息，帮助毕业生更好地把握就业机会。这种服务体系不仅能提升毕业生的求职效率，还能帮助他们在就业市场中找到更适合自己的岗位。此外，政府和高校应提供职业技能培训机会，帮助毕业生提升就业能力。数据显示，66.27％的毕业生希望学校或相关机构提供职业技能培训。这些培训能够帮助毕业生更好地适应市场需求，提升竞争力。

5. 鼓励创新创业，扩大职业发展空间

政府应鼓励高校毕业生自主创业，为其提供创业培训和资金支持。政府可

以通过政策支持和资源倾斜，激发毕业生的创业热情，为他们提供更广阔的职业发展空间。同时，高校应加强创新创业教育，培养学生的创新思维和实践能力，为其自主创业奠定坚实的基础。

（三）社会

1. 营造公平、包容的就业环境

社会和企业应营造公平、包容的就业环境，减少对毕业生的不合理要求和偏见。企业应积极承担社会责任，提供更多实习和就业岗位，为毕业生创造更多就业机会。

2. 引导理性社会舆论

媒体和公众应理性看待高校毕业生的就业问题，避免过度渲染就业压力，引导毕业生形成正确的就业观念。

（四）毕业生个人

1. 认清就业形势，积极主动求职

毕业生应主动了解就业市场动态，结合自身实际情况，合理调整就业期望。在求职过程中，毕业生要保持积极主动的态度，勇于尝试不同行业和岗位，积累工作经验，逐步实现职业发展目标。

2. 提升自身素质，增强就业竞争力

毕业生应注重自身素质和能力的提升，通过参加职业技能培训、考取相关证书、参与社会实践等方式，增强自身就业竞争力。同时，毕业生还应注重提升创新思维和应变能力，以更好地适应快速变化的就业市场。

总之，新时代的就业形势与高校毕业生的就业观念相互作用，高校、家庭和社会应共同努力，通过加强职业规划教育、完善就业公共服务体系、提供实习和实践机会等，帮助高校毕业生树立正确的就业观念，提升就业能力，顺利就业，实现职业发展。

第六章 个人能力对高校毕业生就业的影响

第一节 个人能力对就业的影响力的调研数据分析

为了深入了解个人能力对就业的影响，本研究基于针对高校毕业生的问卷调查数据，从多个维度展开分析，探讨了个人能力对职业发展的影响、个人能力的现状与需求、个人能力与就业机会的关系、个人能力提升的途径等问题。

一、个人能力对职业发展的影响

个人能力对职业发展具有影响显著。超过70％的受访者同意个人能力对职业发展有较大影响。这一结果表明，个人能力在职业发展过程中扮演着关键角色，是影响职业发展的重要因素。然而，调查结果揭示了一个值得关注的现象：尽管有64.35％的受访者表示在工作中获得了提升个人能力的支持和资源，但仍有48.56％的受访者选择了"中立"一项。这说明，尽管存在一定的支持机制，但整体支持力度有待进一步加强。

二、个人能力的现状与需求

在个人能力的现状与需求方面，高达75.84％的受访者认为"缺乏实际工作经验"是他们在就业准备方面面临的最大不足。紧随其后的是"缺乏行业相关技能"（占比55.02％）和"缺乏职业规划指导"（占比50.96％）。这些数据反映了高校毕业生在实际操作技能和职业规划方面存在较为明显的短板，亟待通过有效的途径加以弥补。与此同时，调查结果显示，超过50%的受访者认为"沟通能力"（占比57.89%）和"团队合作能力"（占比51.67%）是个人就业所需的重要能力。此外，"创新能力"（占比35.89%）、"分析解决问题能力"（占比34.45%）和"抗压能力"（占比22.49%）等能力也被相当一部分受访者视为重要的个人能力。这表明，高校毕业生普遍认识到，除了专业技能，软技能在就业过程中同样发挥着不可忽视的作用。

三、个人能力与就业机会的关系

个人能力与就业机会之间存在一定的关联性。基于对问卷调查数据的分析，在"对自己未来的职业发展有哪些主要担忧"的问题中，经济因素方面，薪资水平不符预期（占比62.92%）成为首要关切的内容；就业机会方面，找到合适的工作难度大（占比54.07%）和专业匹配度不足（占比41.39%）分列第二、三位；发展前景方面，职业发展前景不明朗（占比43.54%）和职场竞争激烈（占比32.78%）也引发普遍担忧。这些多维度的就业焦虑本质上折射出个人能力与劳动力市场需求之间的匹配程度问题。深入分析发现，能力-机会的关联机制又体现在两个层面。首先，基础性的能力差距直接影响就业质量，在"对学校教育与企业的工作要求之间的差距有何看法"这个问题上，55.74%的受访者承认学校教育与职场需求存在可弥补的差距，23.68%则认为差距显著。其次，持续性的能力发展决定职业成长，绝大多数毕业生认识到需要通过终身学习来适应市场变化。这种认知转变标志着从学历本位向能力本位的就业观念转型，突显了个人能力建设在职业发展中的核心地位。这也表明，仅依靠学校教育难以完全满足就业市场的需求，个人能力需要通过进一步学习和实践来不断提升，以更好地适应就业市场的变化和挑战。

四、个人能力提升的途径

在个人能力提升的途径方面，62.2%的受访者愿意通过"在职教育培训"提升个人能力，这一比例在所有选项中位居首位。紧随其后的是"参与行业协会活动"（占比55.26%）和"进修学位课程"（占比49.76%）。这一结果表明，高校毕业生倾向于通过多样化的途径来提升个人能力，以增强自身在就业市场中的竞争力。然而，尽管学校提供的就业创业资源和就业要求对求职具有一定的帮助，但仍有较大的改进空间。例如，49.52%的受访者对学校提供的就业创业资源是否有帮助持"中立"态度，而50.72%的受访者对学校的就业要求的正面影响持"中立"态度。这说明，学校在就业指导和支持方面的作用尚未充分发挥，需要进一步优化和加强相关措施，以更好地满足高校毕业生的需求。

最后，在探讨个人能力与职业选择的关系时，社会对职业的认可度对高校毕业生的职业选择具有一定的影响。其中，56.46％的受访者认为这种影响程度"一般"，而20.81％的受访者认为"影响较大"。这一结果表明，个人能力并非影响职业选择的唯一因素，社会认可度也在一定程度上左右着高校毕业生的职业选择。此外，超过40％的受访者认为社会对职业的认可度会影响就业机会的多少以及从事某些职业的人员所面临的就业困难程度。这进一步说明，个人能力需要与社会需求相结合，这样才能更好地实现高质量就业。换言之，高校毕业生在提升个人能力的同时，也需要关注社会对不同职业的认可度，以便做出更为明智的职业选择。

个人能力对高校毕业生的就业具有重要影响。尽管高校毕业生普遍认识到个人能力的重要性，但在实际工作经验、行业技能和职业规划等方面仍存在不足。为了实现高质量充分就业，高校毕业生需要通过多种途径提升个人能力，同时学校和社会也应提供更多的支持和资源，以帮助他们更好地适应就业市场的需求。

第二节　专业技能对高校毕业生就业的影响

通过对高校毕业生个人能力的综合调研分析，本研究总结了个人能力在就业过程中的重要性。在此基础上，我们进一步深入探讨专业技能、软技能、学习能力等具体能力对高校毕业生就业的影响，以期为高校教育和职业指导提供更具针对性的建议。其中，专业技能作为毕业生就业的核心竞争力之一，对就业质量和职业发展具有重要影响。研究基于问卷调查数据，深入分析了专业知识和实践能力对高校毕业生就业的影响，探讨其在就业过程中的作用和现状，以期为高校教育和职业指导提供参考。

一、专业知识是高校毕业生就业的基础

扎实的专业知识是高校毕业生进入职场的基础条件，会直接影响其岗位胜任力和职业发展潜力。专业知识不仅包括理论知识的掌握，还涉及对行业动态、技术趋势的了解和应用能力。"您觉得所学专业与当前工作（已就业人员）或拟就业岗位的（未就业人员）相关性如何？"这个问题的调查数据显示，15.07％的受访者认为所学专业与当前工作或拟就业岗位"非常相关"，而

45.22％的受访者认为"较为相关"，34.21％认为"相关性一般"。这一结果表明，尽管专业知识是毕业生就业的基础条件，但仍有部分毕业生认为专业知识与实际工作需求之间存在一定差距。

此外，13.88％的受访者认为，在校期间所学专业内容与当前岗位工作内容或拟就业岗位职责"非常匹配"，41.87％的受访者认为"比较匹配"，39.95％的受访者认为"一般"。这进一步说明，专业知识虽然重要，但其与实际工作需求的契合度有待提高。这种差距可能是由于高校课程设置与市场需求脱节，或者毕业生对专业知识的深度理解和应用能力不足。

二、企业对实践操作能力非常重视

在现代企业中，实践能力被视为衡量高校毕业生岗位胜任力的重要标准。企业不仅关注毕业生的理论知识，更看重其实际操作能力，如项目经验、实习经历等。调查数据表明，75.84％的受访者认为"缺乏实际工作经验"是他们在就业准备方面的最大不足，这一比例远高于其他选项。这反映了高校毕业生已经普遍意识到实践能力在就业中的重要性，但实际操作经验的欠缺仍然是他们面临的主要挑战。

此外，实习经历（69.14％）和假期兼职（10.05％）被认为是高校期间的就业准备中相当重要的因素。这表明，高校毕业生普遍认识到了通过实习和兼职积累实践经验的重要性。然而，在"对自己未来的职业发展有哪些主要担忧"问题中，仍有54.07％的受访者担心"找到合适的工作难度大"，41.39％担心"工作与所学专业不匹配"。这说明，尽管高校提供了实习机会，但毕业生在将实践能力转化为就业竞争力方面仍面临挑战。

三、专业知识与实践能力的结合是提升就业竞争力的关键

专业知识和实践能力是相辅相成的关系。扎实的专业知识能够为实践能力提供理论支撑，而丰富的实践能力则有助于个体将专业知识转化为实际生产力。调查结果表明，高校毕业生在就业过程中需要同时提升这两方面的能力，以增强自身的就业竞争力。沟通能力（57.89％）、团队合作能力（51.67％）和创新能力（35.89％）被认为是个人就业所需的重要能力，这些能力不仅需要将专业知识作为基础，还需要通过实践来培养和提升。此外，在"您一般愿意通过何种方式持续提升自身个人能力"问题中，62.2％的受访者愿意通过"在职教育培训"提升个人能力，55.26％希望通过"参与行业协会活动"提升能力。这表明，高校毕业生希望通过持续学习和实践，将专业知识转化为实践能力。

提升高校毕业生的专业知识与实践能力的方法有以下几种。一是优化课程设置。高校应加强与企业的合作，根据市场需求调整课程内容，加大实践教学在整体教学中的比重，确保专业知识与实际工作需求紧密结合。二是增加实践机会。高校应提供更多实习、兼职和项目实践机会，帮助学生积累实际工作经验，提升实践能力。三是给予毕业生持续学习的机会。社会应提供更多在职培训和继续教育机会，帮助高校毕业生在职业生涯中不断提升专业技能和实践能力。

专业技能包括专业知识和实践能力，是高校毕业生就业的核心竞争力。高校和社会应共同努力，优化教育体系，提供更多的实践机会和职业指导，帮助毕业生提升专业技能，增强就业竞争力，从而更好地适应就业市场的需求，实现高质量充分就业。

第三节　软技能对高校毕业生就业的影响

软技能是指个人在人际交往、团队协作、问题解决等方面的能力，这些能力在职场中往往被视为衡量员工综合素质的重要标准。与专业知识和技能不同，软技能侧重于个人的综合素质和适应能力，对高校毕业生的就业质量和职业发展有着深远的影响。

一、沟通能力是团队协作与客户互动的关键

良好的沟通能力是高校毕业生不可或缺的软技能之一。它不仅有助于团队内部的协作，还能提升与客户的互动效果，从而直接影响工作效率和职业发展。从调查数据来看，57.89％的受访者认为沟通能力是个人就业所需的重要能力，这一比例在所有选项中位居首位，表明高校毕业生普遍认识到沟通能力的重要性。

沟通能力主要体现在与客户、同事和上级的互动中。在现代企业，无论是客户服务、项目管理还是日常工作任务，良好的沟通能力都能帮助员工更有效地表达自己的想法，理解他人的需求，从而减少误解和冲突，提高团队协作效率。良好的沟通能力可以帮助毕业生在求职和工作中更好地表达自己的期望和价值，从而提升薪资待遇和职业满意度。

二、团队合作能力是融入团队并贡献力量的能力

团队合作能力是高校毕业生在职场中必须具备的一项重要软技能。现代企

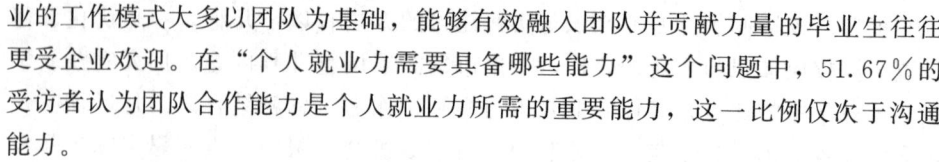
业的工作模式大多以团队为基础，能够有效融入团队并贡献力量的毕业生往往更受企业欢迎。在"个人就业力需要具备哪些能力"这个问题中，51.67%的受访者认为团队合作能力是个人就业力所需的重要能力，这一比例仅次于沟通能力。

团队合作能力不仅包括与团队成员的良好互动，还涉及协作解决问题、分担任务以及共同达成目标的能力。43.54%的受访者担心"职业发展前景不明朗"，而具备良好团队合作能力的毕业生往往能够在团队中获得更多支持和机会，从而更好地实现职业发展。此外，62.20%的受访者希望通过"在职教育培训"提升个人能力，其中提升团队合作能力的需求尤为突出，这也反映了高校毕业生对提升团队合作能力的重视。

三、分析解决问题能力是职场中不可或缺的关键技能

在快速变化的职场环境中，企业越来越青睐能够独立分析和解决问题的员工。分析解决问题能力不仅体现了个人的逻辑思维和创新能力，还反映了其在面对挑战时的应变能力。从调查数据来看，34.45%的受访者认为分析解决问题能力是个人就业所需的重要能力。

分析解决问题能力对高校毕业生的就业和职业发展具有多方面的影响。首先，具备问题分析解决能力的毕业生在求职过程中能够更好地应对面试中的各种问题，展示自己的综合素质。其次，在工作中，他们能够快速适应新环境，独立处理复杂任务，从而提升工作效率和职业竞争力。例如，54.07%的受访者担心"找到合适的工作难度大"，而具备分析解决问题能力的毕业生可以通过分析就业市场趋势、调整求职策略等方式，更好地应对就业挑战。

综上所述，软技能，尤其是沟通能力、团队合作能力和分析解决问题能力，对高校毕业生的就业和职业发展具有深远影响。良好的沟通能力有助于提升团队协作和与客户互动的效果；团队合作能力使毕业生能够更好地融入团队并贡献力量；而问题解决能力则体现了毕业生在面对挑战时的应变能力和创新思维。这些软技能不仅会直接影响毕业生的求职成功率，还会在其职业发展中起关键作用。然而，调查数据也显示，高校毕业生在这些软技能方面仍存在不足。例如，39.71%的受访者认为"求职技能不足（如简历写作、面试技巧等）"是就业准备中的主要不足，这可能与沟通能力和问题解决能力的不足有关。此外，在"您对学校教育与企业的工作要求之间的差距有何看法"这个问题上，55.74%的受访者认为学校教育与企业工作要求之间存在一定差距。这也表明高校在软技能培养方面仍有一定的改进空间。高校和社会应共同努力，通过优化课程设置、增加实践机会、提供职业培训等方式，帮助高校毕业生提

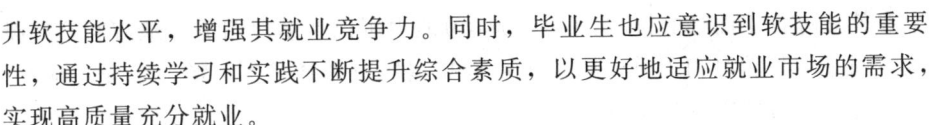

升软技能水平，增强其就业竞争力。同时，毕业生也应意识到软技能的重要性，通过持续学习和实践不断提升综合素质，以更好地适应就业市场的需求，实现高质量充分就业。

第四节 学习能力对高校毕业生就业的影响

随着技术的飞速发展和行业的不断变革，高校毕业生需要具备快速掌握新知识和技能的能力，以适应行业变化，并在职业生涯中实现持续的自我提升。本研究基于问卷调查数据，从适应能力和自我提升两个方面，深入分析学习能力对高校毕业生就业的影响。

一、适应能力是快速掌握新知识和技能的重要体现

适应能力是学习能力的重要体现，它反映了高校毕业生在面对新环境、新任务时，快速掌握新知识和技能的能力。这种能力对于毕业生在职场中迅速适应行业变化、满足企业需求至关重要。调查数据显示，10.05％的受访者认为"快速学习能力"是个人就业所需的重要能力，55.74％的受访者认为学校教育和企业要求之间存在一定差距但可以通过自学弥补。这表明高校毕业生普遍意识到，仅依靠学校教育难以适应快速变化的职场需求，而及时学习新知识和技能的能力则是弥补这一差距的关键。只有具备快速学习的能力，毕业生才能迅速掌握新技能，适应岗位要求，从而在求职和职业发展中更具竞争力。

二、自我提升能力和持续学习能力对职业发展有推动作用

自我提升能力是学习能力的另一个重要方面，它反映了高校毕业生在职业生涯中持续学习、不断进步的能力。在快速变化的就业市场中，持续学习不仅是适应行业变化的需要，更是实现职业发展的关键。在"个人就业力需要具备哪些能力"这个问题上，6.46％的受访者认为"决策能力"是个人就业所需的重要能力，而9.09％认为"自我管理能力"很重要。这些能力的提升需要毕业生持续学习，通过不断获取新知识和技能，提升自身的综合素质。此外，在"通过何种方式持续提升自身个人能力"这个问题上，62.20％的受访者愿意通过"在职教育培训"提升个人能力。这表明高校毕业生普遍认识到持续学习的重要性，并愿意通过多种方式提升自己的能力。与此同时，在"对自己未来的职业发展有哪些主要担忧"这个问题上，54.07％的受访者担心"找到合适的工作难度大"，41.39％担心"工作与所学专业不匹配"。这些担忧反映了毕业

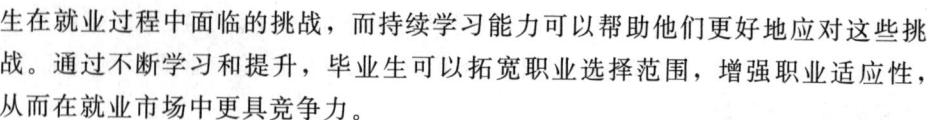

生在就业过程中面临的挑战，而持续学习能力可以帮助他们更好地应对这些挑战。通过不断学习和提升，毕业生可以拓宽职业选择范围，增强职业适应性，从而在就业市场中更具竞争力。

学习能力，包括适应能力和自我提升能力。快速掌握新知识和技能有助于毕业生快速适应行业变化，满足企业需求，而持续学习的能力则有助于毕业生在职业生涯中不断提升自己，实现职业发展目标。

第五节　创新能力对高校毕业生就业的影响

创新能力已成为高校毕业生就业和职业发展的核心竞争力之一。创新不仅体现在技术研发和设计领域，还体现在思维方式和创业精神上。

一、创新思维能提升毕业生在研发和设计领域的竞争力

创新思维是指能够突破传统思维模式，提出新颖且有效的解决方案的能力。在现代企业中，尤其是在技术密集型和创意密集型行业，具备创新思维的毕业生往往能够在研发、设计等领域脱颖而出，展现更强的竞争力。从问卷调查数据来看，35.89%的受访者认为"创新能力"是个人就业所需的重要能力，这表明很多高校毕业生认识到了创新思维在就业中的重要性。

在研发和设计领域，创新思维尤为重要。例如，科技公司需要具备创新思维的工程师来开发新产品；设计公司需要能够提出独特设计理念的设计师来吸引客户。具备创新思维的毕业生能够快速适应市场变化，提出新的解决方案，从而在竞争激烈的就业市场中脱颖而出。例如，"参加学校技能竞赛和创新创业大赛"（29.90%）和"各类有关就业和创业的讲座"（9.81%）被认为是在校期间对未来就业较为重要的活动，参加这些活动能够有效提升学生的创新思维。

二、创业精神是增加就业机会的重要力量

创业精神是指具备创新意识、勇于冒险、敢于尝试新事物的精神。具备创业精神的毕业生不仅能够通过自主创业实现自身的职业发展，还能为社会创造更多的就业机会。从问卷调查数据来看，14.11%的受访者期望未来的职业发展方向是"自主创业者"，而11.48%的受访者表示对个人职业发展有"详细规划"，43.06%有"初步规划"。这些数据表明，虽然选择自主创业的比例相对较低，但仍有相当一部分毕业生对创业持积极态度，并进行了相应的规划。此

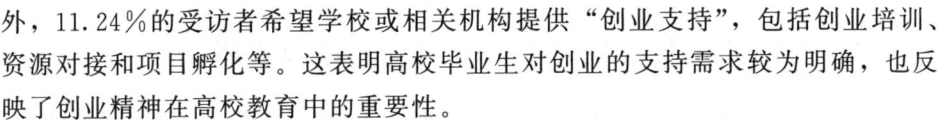

外，11.24％的受访者希望学校或相关机构提供"创业支持"，包括创业培训、资源对接和项目孵化等。这表明高校毕业生对创业的支持需求较为明确，也反映了创业精神在高校教育中的重要性。

创业精神不仅有助于毕业生实现自主创业，也能让其在求职过程中展现其独特的优势。具备创业精神的毕业生通常更具主动性、创新意识和解决问题的能力，这些特质使他们在求职时更具吸引力。本研究的调查问卷"对自己未来的职业发展有哪些主要担忧"的问题中，54.07％的受访者担心"找到合适的工作难度大"，而具备创业精神的毕业生可以通过自主创业或参与创业项目，主动创造就业机会，而不是被动等待。

综上可知，创新能力包括创新思维和创业精神。具备创新思维能够让毕业生在研发、设计等领域更具竞争力，使其能够快速适应市场变化并提出新的解决方案；创业精神则为毕业生提供了自主创业的动力，同时提高了他们在求职过程中的竞争力。

第六节　时间管理与自律对高校毕业生就业的影响

在现代职场环境中，时间管理与自律能力是高校毕业生实现高效工作和职业发展的关键素质。随着工作节奏的加快和任务复杂性的增加，高校毕业生需要具备出色的时间管理能力以提升工作效率，并通过自律性来确保任务的高质量完成，从而在竞争激烈的就业市场中脱颖而出。本研究基于问卷调查数据，从时间管理能力与自律性两个方面，深入分析其对高校毕业生就业的影响。

一、时间管理能力是提升工作效率的关键

时间管理能力是指个体对时间进行合理规划和高效利用的能力。在职场中，具备高效时间管理能力的毕业生能够更好地应对多任务、快节奏的工作，从而提升工作效率和工作质量。在"您认为个人就业需要具备哪些能力"这个问题上，9.33％的受访者认为"时间管理能力"是个人就业所需的重要能力。虽然这一比例相对较低，但结合其他数据可以发现，时间管理能力对就业的潜在影响不容忽视。出色的时间管理能力能够帮助毕业生合理安排工作任务，确保在有限的时间内完成更多高质量的工作。例如，具备时间管理能力的毕业生可以更好地规划项目进度，提前完成任务，从而为团队创造更多价值。高效的时间管理能力可以提升毕业生在求职过程中的竞争力，如通过合理安排求职活动，提高面试准备的效率。

二、自律性是获得信任和晋升机会的重要素质

自律性是指个体在没有外部监督的情况下，自我约束、自我管理的能力。自律性强的毕业生能够更好地规划自己的职业发展路径，并通过自我约束实现目标。

自律性强的毕业生在工作中表现出更强的责任感和可靠性，从而赢得同事和上级的信任。这种信任是职业发展的基石，能够为毕业生带来更多的晋升机会。此外，自律性强的毕业生在面对工作压力时，能够更好地调整心态，保持良好的工作状态，从而在职场中脱颖而出。

三、时间管理与自律对高校毕业生就业的综合影响

出色的时间管理能力能够提升工作效率，帮助毕业生在求职和工作中更好地应对多任务和快节奏的工作；而较强的自律性则能够增强毕业生的责任感和可靠性，从而获得更多的信任和晋升机会。

第七节　领导力对高校毕业生就业的影响

领导力不仅体现在组织能力上，还体现在决策能力上。具备领导潜力的毕业生在求职和职业发展中往往更具优势，尤其是在管理岗位。

一、组织能力在管理岗位上具有独特的优势

组织能力是领导力的重要组成部分，它反映了个体在规划、协调和管理资源（包括人力、物力和时间）方面的能力。具备较强组织能力的毕业生在管理岗位上更具优势，能够更高效地完成团队任务，提升团队整体表现。在"您认为个人就业力需要具备哪些能力"这个问题上，33.73％的受访者认为"领导能力"是个人就业所需的重要能力。此外，43.54％的受访者担心"职业发展前景不明朗"。这些担忧可能与毕业生缺乏组织能力有关，因为组织能力直接影响到他们在管理岗位上的表现和晋升机会。

在职场中，具备组织能力的毕业生能够更好地规划项目进度、协调团队成员的工作，并合理分配资源。例如，在管理岗位上，他们能够通过有效的组织能力提升团队效率、降低沟通成本，从而实现更高的工作效率。25.12％的受访者期望未来的职业发展方向是"企业管理者"，而提升组织能力正是实现这

一目标的关键因素之一。此外，11.24％的受访者希望学校或相关机构能够提供"创业支持"，具备组织能力的毕业生在创业过程中也能够更好地管理团队和资源，从而提高创业成功率。

二、决策能力是复杂环境中的关键素质

决策能力是领导力的另一个重要方面，它表现在个体在面对复杂问题时，能够迅速、准确地做出判断并选择最优方案的能力。良好的决策能力有助于毕业生在职场中应对各种挑战，提升职业竞争力。在"您认为个人就业力需要具备哪些能力"这个问题上，6.46％的受访者认为"决策能力"是个人就业所需的重要能力。虽然这一比例相对较低，但结合其他数据可以发现，决策能力对就业的影响不容忽视，能够直接影响毕业生在求职过程中的选择和职业规划。

在职场中，具备决策能力的毕业生能够更好地应对复杂的工作环境，快速分析问题并制定解决方案。例如，在面对紧急项目或突发情况时，良好的决策能力可以帮助他们迅速做出判断，减少损失并抓住机会。具备决策能力的毕业生能够通过合理的职业规划和选择，提升薪资待遇和职业满意度。对于未来的职业发展方向是"自主创业"的毕业生而言，决策能力在创业过程中尤为重要，能够帮助其把握市场机会并规避风险。

综上可知，领导力包括组织能力和决策能力，具备领导潜力的毕业生在管理岗位上更具优势，能够通过有效的组织能力提升团队效率；而良好的决策能力能够让他们在复杂环境中做出正确选择，提升职业竞争力。

第八节　心理素质对高校毕业生就业的影响

心理素质不仅会影响毕业生在求职过程中的表现，还决定了他们在职场中能否应对各种挑战并保持良好的工作状态。本研究基于问卷调查数据，从抗压能力和情绪管理两个方面，深入分析了心理素质对高校毕业生就业的影响。

一、抗压能力能让职场人面对压力时保持冷静和高效

抗压能力是指个体在面对压力和挑战时，能够保持冷静、积极应对，并维持良好的工作状态的能力。在现代职场中，抗压能力已成为衡量员工综合素质的重要标准之一。在"您认为个人就业力需要具备哪些能力"这个问题上，22.49％的受访者认为"抗压能力"是个人就业所需的重要能力。此外，在

"您对自己未来的职业发展有哪些主要担忧"这个问题上，62.92％的受访者担心"薪资水平不符合预期"，54.07％担心"找到合适的工作难度大"。这些担忧可能与毕业生在面对就业压力时的抗压能力不足有关。

在职场中，具备抗压能力的毕业生能够在面对高强度工作、紧急任务或职业挫折时保持冷静，从而更高效地完成任务。例如，在面对项目截止日期或工作压力时，抗压能力强的人能够保持头脑清醒，合理分配时间和资源，避免因压力导致失误。64.53％的受访者表示在工作中需要足够的支持和资源来提升个人能力，而48.56％的受访者选择了"中立"一项。这表明尽管工作环境中存在一定支持，但毕业生仍需依靠自身的抗压能力来应对各种挑战。

二、良好的情绪管理有助于维持良好的人际关系和工作氛围

情绪管理是指个体能够识别、理解和调节自身情绪，同时有效应对他人情绪的能力。良好的情绪管理能力有助于毕业生在职场中维持良好的人际关系和积极的工作氛围，从而提升工作效率和职业满意度。虽然本研究的调查问卷中没有直接提到"情绪管理"这一选项，但从"您对自己未来的职业发展有哪些主要担忧"这一项的数据结果中可以看出，17.94％的受访者担心"工作与个人兴趣不符"，54.07％的受访者担心"找到合适的工作难度大"。这些担忧可能导致毕业生情绪波动，进而影响工作表现和人际关系。此外，6.94％的受访者希望学校或相关机构提供"心理支持与辅导"，这表明部分毕业生意识到情绪管理的重要性，并希望获得相关支持。

在职场中，情绪管理能力会直接影响毕业生与同事、上级和客户的关系。具备良好情绪管理能力的毕业生能够更好地处理冲突，保持积极的工作态度，从而提升团队合作效率和工作氛围。例如，在面对工作压力或人际冲突时，他们往往能够通过有效的情绪调节保持冷静，避免做出情绪化的决策。良好的情绪管理能力可以帮助毕业生在竞争中保持自信和积极心态，从而更好地应对挑战。

为了提升高校毕业生的心理素质，高校应设立心理咨询中心，为学生提供专业的心理辅导和支持，帮助他们应对求职和职业发展中的压力。

第九节　职业素养对高校毕业生就业的影响

职业素养是高校毕业生在就业市场中立足的重要基础，它不仅涵盖专业知识和技能，还包括职业道德、职业规划等"软素质"。这些素质在毕业生的求职过程中起着关键作用，会直接影响其职业发展轨迹。

一、职业道德是企业看重的重要品质

职业道德是指在职业活动中应遵循的行为规范和道德准则，包括诚信、责任感和敬业精神等。这些品质不仅是企业文化和团队合作的基础，也是企业在招聘时极为重视的素质。在职场中，具备良好职业道德的毕业生更容易获得信任，从而在团队合作中发挥更大作用。例如，诚信和责任感强的员工在工作中更可能遵守承诺，按时完成任务，会避免因个人失误导致团队损失。敬业精神则体现在对工作的热情和投入度上，在面对重复性或高强度工作时保持积极态度，从而提升工作效率和质量。这些品质不仅有助于个人职业发展，还能为企业创造更大的价值。

二、职业规划助力职业目标明确与竞争力提升

职业规划是指个人对未来职业发展的系统性思考和规划，包括职业目标设定、职业路径选择和职业能力提升等。清晰的职业规划能够帮助毕业生明确职业方向，提升求职竞争力，并在职业生涯中实现可持续发展。在"您对个人职业发展的规划程度"这个问题上，11.48％的受访者表示对自己的职业发展有"详细规划"，43.06％有"初步规划"，而32.06％表示有"部分规划"，13.4％表示"没有规划"。这表明虽然大部分毕业生有一定的职业规划意识，但仍有部分毕业生缺乏清晰的职业规划。此外，11.24％的受访者认为学校的就业创业指导课程对自己的职业规划提供了有价值的帮助，而45.69％选择了"中立"一项，这说明高校在职业规划教育方面仍有提升空间。清晰的职业规划能够帮助毕业生在求职过程中更有针对性地选择岗位和行业，从而提升求职效率和成功率。例如，通过明确职业目标，毕业生可以提前学习相关的技能和经验，从而更好地适应岗位要求。在职业发展过程中，清晰的职业规划能够帮助毕业生设定阶段性目标，持续提升自己的能力和竞争力。38.04％的受访者对未来职业的发展期望是"晋升更高职位"，而清晰的职业规划是实现这一目标的重要前提。

调查数据显示，高校毕业生在职业素养方面仍存在不足。50.96％的受访者认为"缺乏职业规划指导"是就业准备中的主要不足，这表明高校在职业规划教育方面需要进一步加强。此外，在"对学校教育与企业的工作要求之间的差距有何看法"这个问题上，55.74％的受访者认为学校教育与企业工作要求之间存在一定差距，这说明高校在职业素养教育方面仍有改进空间。良好的职业道德能够帮助毕业生在职场中建立信任，提升团队合作效率。而清晰的职业规划则能够帮助他们明确目标，提升求职竞争力和职业发展潜力。

高校应为毕业生提供以下帮助。一是提供系统的职业规划指导服务，包括职业测评、职业咨询和职业规划讲座，帮助学生明确职业方向。二是营造良好的职业文化氛围，高校和社会应通过举办职业发展论坛、校友分享会等活动，营造积极向上的职业文化氛围，激发学生的职业意识和责任感。

第十节　信息技术能力对高校毕业生就业的影响

当前，企业越来越重视数据驱动决策和数字化转型，掌握计算机技能和数据分析能力的毕业生在就业市场中往往更具优势。

一、计算机技能成为现代职场的基本准入条件

计算机技能作为信息技术能力的基础，是许多岗位的基本要求，尤其是在行政、管理、技术开发等领域。"您目前就业的行业为"这个问题的调查数据显示，信息技术（IT）和互联网行业占比 7.89%，制造业和工程行业占比 10.29%，这些行业对计算机技能的要求较高。此外，10.05% 的人认为"数字技术能力"是个人就业所需的重要能力，这表明部分毕业生意识到了计算机技能在就业中的重要性。

在现代职场中，熟练掌握计算机技能的毕业生能够更高效地完成工作任务。例如，掌握办公软件的毕业生可以快速处理文档、表格和演示文稿，提升工作效率；而掌握编程语言技术的毕业生则能够在技术岗位上快速适应并发挥专业能力。本次调查中，有 40.19% 的毕业生"认为您所学专业在将来或您已就业单位的薪酬水平"为 5000～8000 元，而在现实生活中，掌握计算机技能的毕业生往往能够获得更高的薪酬，尤其是在技术岗位上。

二、数据分析能力已成为在职场竞争中脱颖而出的差异化优势

在大数据时代，企业越来越依赖数据驱动的决策，这使得具备数据分析能力的求职者备受青睐。掌握数据清洗、数据可视化以及统计分析工具的毕业生，能够在市场营销、金融、咨询等多个领域展现独特的价值。在数据驱动的企业中，具备数据分析能力的毕业生能够更好地理解业务需求，以数据分析支持决策，从而提升工作效率和企业效益。例如，在市场营销、金融、咨询等行业，数据分析能力可以帮助毕业生更好地分析市场趋势、客户行为和业务绩效，从而为企业提供有价值的见解和建议。调查数据显示，毕业生就业的行业中，金融和保险行业占比 2.15%，商业和管理行业占比 4.31%，这些行业对

数据分析能力的需求较高。高校应通过开设数据分析类课程和实践项目，帮助学生掌握从数据采集到分析的全流程技能，从而提升其在就业市场中的竞争力。

三、AI技术正成为未来职业发展的核心竞争力

随着AI技术在各行业的深度融合与广泛应用，具备AI相关知识与技能的毕业生在就业市场中具有显著的竞争优势。以生成式人工智能为例，其在行政办公等传统岗位中的应用已逐步替代部分人工操作，显著提升了工作效率。例如，DeepSeek等智能工具的引入，不仅改变了传统岗位的工作内容，还推动了工作流程的智能化转型，进一步凸显了AI技术在现代职场中的重要性。高校可以通过开设AI相关课程、建立实验室以及与行业合作，培养学生的AI应用能力和创新思维，为其未来职业发展奠定坚实基础。

综上可知，熟练掌握计算机技能的毕业生能够满足现代职场中多数岗位的基本技能需求，显著提升工作效率；而具备数据分析能力的毕业生则能够在数据驱动型企业中有效运用数据进行决策，从而增强职业竞争力。与此同时，AI技术正逐渐成为未来职业发展的核心竞争力，为毕业生提供了高附加值领域的就业机会。为应对这一趋势，高校应通过优化课程设置和强化实践教学，全面提升毕业生的信息技术能力，助力其在快速变化的就业市场中占据优势地位。

第十一节　家庭因素对个人能力的影响

家庭是社会的基本单位，也是个人成长的摇篮。个人能力的进阶并非封闭式的发展，家庭因素在其中扮演着关键角色。家庭为个体提供了最初的物质条件、情感支持和教育引导，这些因素相互交织，渗透在个人能力的形成与发展的各个环节。影响着毕业生的认知发展、社会适应、情感管理、职业选择等。

一、家庭结构对个人能力的影响

家庭作为影响个人能力发展的重要因素，主要通过父母角色的差异化分工产生作用。在大多数家庭结构中，父母双方往往承担着不同但互补的教育职能。具体而言，父亲在子女教育中通常扮演着规则建立者和问题解决者的角色，其教育重点集中于培养子女的规则意识、责任担当能力以及面对问题时的解决策略。这种教育方式有助于子女建立清晰的边界意识和逻辑思维能力。

与之相对应的是，母亲在家庭教育中更多承担着情感支持者的角色，其教育重心放在提供情感安全感、发展语言表达能力以及培养社交互动技能等方面。这种教育方式能够促进子女情绪控制和人际交往能力的发展。

值得注意的是，这种角色分工并非绝对，但确实形成了具有互补性的教育模式。在这种模式下，子女能够同时获得规则约束和情感支持，在认知发展、情感管理和社会适应等多个维度得到均衡发展。研究表明，这种互补性的教育环境最有利于培养全面发展的个体，使子女的各项能力得到协调发展。

二、家庭育儿观念对个人能力的影响

家庭育儿观念作为影响个人能力发展的重要变量，主要通过以下两个关键路径发挥作用。

首先，在教育资源配置方面，重视教育的家庭往往会为孩子构建更为完善的学习支持系统。这类家庭会有意识地投入优质教育资源，包括精选的书籍资料、适宜的学习工具，以及参与课外辅导班和各类兴趣实践活动的机会。这种系统性的资源投入为孩子创造了多元化的学习场景，使其在知识获取的广度、技能掌握的深度以及综合素质的培养等方面都能获得显著优势。更重要的是，这种早期建立的教育资源优势会转化为持续的发展动力，为后续成长奠定良好基础。

其次，在教养方式层面，科学的育儿理念注重规则约束与自主发展的动态平衡。具体表现为：制定清晰合理的行为规范，同时通过充分沟通帮助孩子理解规则的价值内涵；培养孩子遵守社会规范的习惯，同时尊重和鼓励其探索精神。这种教养模式的核心在于培养"有约束的自主性"，让孩子既能够理解和遵循必要的社会规则，又能够在规则框架内保持独立思考和创新意识。实践证明，在这种教养环境中成长的个体，其自律能力、情绪调控能力和问题解决能力等方面都表现出明显优势，有益于其终身发展。

三、家庭氛围对个人能力的影响

家庭氛围作为影响个人能力发展的关键环境因素，主要通过以下两个重要维度发挥作用。

在情感支持维度上，营造和谐稳定的家庭氛围，为孩子构建了一个安全可靠的心理发展空间，家庭成员间基于相互尊重、理解与支持形成的良性互动模式，能够帮助孩子建立健康的自我认知和稳定的自尊体系。这种积极的情感体验所形成的内在心理资本，使个体在学业发展、人际交往和实践活动中表现出更强的心理韧性和主动探索精神。

　　在学习文化维度上，重视教育的家庭会有意识地营造良好的学习氛围。具体表现为：父母通过自身的学习行为树立榜样示范；在日常交流中有意识地创设知识对话情境；对孩子的求知行为给予及时有效的正向强化。这种浸润式的学习文化环境，不仅能够培养孩子高效的学习策略和深度的思考能力，更能为其提供持续学习的内在动力，使其在学术表现、文化适应性和终身学习能力等方面形成持久的竞争优势。

第七章　高校教育对毕业生就业的影响

　　高校教育对毕业生就业的影响是多方面的。课程内容是否与市场需求匹配、教师教学水平是否优质、教学方法是否先进、学校提供的就业指导是否有效，以及学校的声誉和校友网络是否强大，都会直接影响毕业生的就业竞争力。此外，外部经济环境、政策支持也在其中扮演着重要的角色。

第一节　高校教育对毕业生就业的影响的调研数据分析

　　随着市场需求的快速变化和职场环境的日益复杂，高校教育与毕业生就业之间的匹配面临诸多挑战。

一、高校教育与就业能力的匹配度分析

1. 课程设置与市场需求的差距分析

　　高校教育作为毕业生知识体系和专业技能的基础，其课程设置与市场需求的契合度直接影响毕业生的就业能力。"您对学校教育与企业的工作要求之间的差距有何看法"这个问题的调查结果显示，55.74%的受访者认为学校教育与企业工作要求之间"有一定差距，但通过自学可以弥补"，而23.68%的受访者认为"差距较大"。这表明尽管部分毕业生能够通过自学弥补不足，但仍有相当比例的学生在毕业时感到准备不足，这反映了高校课程设置与毕业生实际就业需求之间存在脱节。

2. 缺乏实践经验和行业相关技能

理论知识的传授是高校教育的重要组成部分，但实践能力的培养同样不可或缺。"您认为在学校期间，您主要的就业准备不足是"这个问题的调查数据显示，75.84%的受访者认为"缺乏实际工作经验"是就业准备中的主要不足，而55.02%的受访者认为自己"缺乏行业相关技能"。这一结果揭示了高校教育在实践环节的安排有待提高。尽管学生掌握了丰富的理论知识，但在将知识转化为实际技能方面存在明显欠缺。这种能力上的差距不仅削弱了毕业生的就业竞争力，也增加了他们在求职过程中的焦虑感。

3. 职业规划指导不足

职业规划是毕业生顺利进入职场的重要前提。"您认为在学校期间，您主要的就业准备不足是"这个问题的调查结果显示，50.96%的受访者认为"缺乏职业规划指导"是就业准备中的主要不足。此外，45.69%的受访者对学校的就业创业指导课程是否提供了有价值的帮助这一问题持"中立"态度。这表明高校在职业规划指导方面的作用尚未充分发挥，部分毕业生对职业规划的重要性认识不足，导致他们在就业过程中缺乏明确的方向和目标。

二、高校教育对职业选择的影响

高校教育作为连接学生与就业市场的重要纽带，通过多元化的培养路径深刻影响着毕业生的职业选择与发展。这种影响既体现在显性的知识技能培养上，也渗透在隐性的职业价值观塑造中，形成了系统性的就业引导机制。

1. 专业培养体系塑造职业定位

专业教育机构是高校人才培养的核心载体，不同学科门类通过体系化的课程教育塑造学生特定的知识结构，使其在就业市场中具备差异化的竞争力。理工科专业侧重培养技术研发和工程实践能力，这种专业训练使毕业生能够适应技术密集型岗位；人文社科专业则着重发展批判思维和综合分析能力，为其从事管理咨询等职业奠定基础。同时，专业实习和校企合作等实践活动可以帮助学生建立清晰的职业认知，进而影响其就业方向的选择。

2. 就业服务体系引导职业决策

在就业渠道方面，调查结果显示，54.55%的受访者尚未就业，而通过"参加学校的招聘会""网络公开招聘"和"人才交流市场"等正规渠道就业的毕业生的占比分别为 13.4%、17.22% 和 7.66%。这一数据表明，毕业生的就业渠道相对有限，毕业生在求职过程中面临较大的挑战。尽管高校通过招聘会、企业宣讲会等方式为毕业生提供了就业机会，但这些渠道的覆盖面和有效性仍需进一步提升。因此，高校需要进一步完善就业服务体系，为毕业生就业提供系统性支持。职业规划课程可以帮助毕业生建立科学的职业认知框架，就业讲座可以为毕业生提供行业前沿信息，个性化咨询则针对性地为毕业生解决择业困惑。校园招聘会和就业信息平台，是毕业生与用人单位的对接桥梁，可以大大拓展毕业生的就业选择空间。

3. 校园文化环境熏陶职业价值观

高校独特的学术氛围和校园文化潜移默化地塑造着毕业生的职业取向。研究型大学往往会通过学术训练培养毕业生的批判性思维，鼓励更多毕业生选择深造或科研岗位；应用型高校则强调产教融合，引导学生关注市场需求。校友网络可以为毕业生提供职业发展参照，创新创业教育可以激发毕业生的职业创新思维，这些文化要素共同影响着学生的职业价值判断。

4. 实践平台建设提升就业竞争力

高校提供的实践机会直接影响学生的就业竞争力。实验室项目、学科竞赛、社团活动等平台，不仅强化了学生的专业技能，还培养了其团队协作、项目管理等通用能力。参与过实践项目的学生，在就业时往往表现出更强的适应力，有更大的职业选择范围。校企合作项目，能有效帮助毕业生获得行业经验，有效提升毕业生的岗位适应能力，显著提升对口就业率。

5. 学校声誉拓展就业机会

高校的办学层次和社会声誉是毕业生就业的"隐性资本"。名校学历在就业市场中具有显著的优势，不同层次高校的毕业生往往会进入差异化的职业赛道。同时，高校的学科排名、认证资质等也会影响特定行业对毕业生的接纳程度，这种制度性认可直接制约着学生的就业选择范围。

三、高校教育对毕业生职业长远发展的影响

1. 对职业发展机会的影响

高校教育不仅会影响毕业生的初次就业，还会对其长期职业发展产生深远影响。在"您认为目前所在公司/组织（已就业人员）或拟就业企业是否提供

了良好的职业发展机会"这个问题的调查结果显示，仅 14.59％的受访者"非常同意"所在公司提供了良好的职业发展机会，48.8％的受访者表示"同意"，33.49％的受访者持"中立"态度。这反映出，高校教育在培养学生识别和获取优质职业发展机会的能力方面仍存在提升空间。毕业生在职业发展初期普遍面临发展路径具有不确定性这一问题，这种不确定性不仅会影响毕业生的职业满意度，也会削弱高校教育对职业发展的长期支持作用。这种影响机制表明，高校教育对职业发展的支持作用需要从短期就业向长期发展延伸，以增强毕业生职业成长的可持续性。

2. 对薪资待遇与职业满意度的影响

薪资待遇和职业满意度作为评估职业发展质量的重要指标，能够有效反映高校教育的长期影响效果。调查结果显示，在薪资期望方面，40.19％的受访者的期望薪金为 5000～8000 元。在职业满意度方面，有 11％的受访者"非常满意"当前岗位或拟就业岗位，有 33.49％的受访者表示"满意"。这一结果表明，高校教育在提升毕业生市场价值和职业满意度方面仍存在改进空间。部分毕业生对薪资水平和职业发展状况的相对不满，不仅会降低其职业幸福感，还可能引发职业流动率上升等问题，进而影响职业发展的持续性和稳定性。这种状况提示高校需要加强高校教育与学生职业期望的匹配度，以实现更优质的职业发展结果。

四、高校教育对毕业生心理和能力的影响

1. 心理素质对就业的影响

高校教育体系对毕业生的影响不仅体现在知识技能的传授上，还体现在心理素质的系统塑造上。调查数据显示，学生心理素质对就业存在显著影响。19.14％的受访者"非常同意"家庭心理支持有助于提升求职自信心，与此同时，62.92％的受访者担心"薪资水平不符合预期"，54.07％的受访者担心"找到合适的工作难度大"。这一结果揭示了高校心理教育体系在就业压力疏导和职业心态培养方面的有待完善。毕业生面临的求职心理压力不仅直接影响其面试表现和就业质量，还可能造成职业发展初期的持续性适应困难。

2. 个人能力对就业的影响

除了心理素质外，高校教育在毕业生的个人能力培养方面也存在不足。高校教育在毕业生能力培养方面呈现出以下特征：在专业能力培养取得成效的同时，通用能力培养仍存在提升空间。具体而言，多数毕业生认同高校教育对其

沟通协调能力、团队协作能力以及创新思维能力产生了积极影响，但认为这些能力的培养力度与实际职场需求相比仍显不足。这种能力培养的结构性短板，在一定程度上削弱了毕业生在就业市场中的竞争优势，同时也影响了其职业适应性和长期发展潜力。

综合上述，高校应通过优化课程设置、加强实践教学、强化职业规划指导、拓宽就业渠道、提供心理支持和加强软技能培养等方式，提升毕业生的就业能力和职业发展水平，使其能够更好地适应就业市场的需求，实现高质量充分就业。只有这样，高校教育才能真正为毕业生职业发展打下坚实基础，助力他们在未来的职场中脱颖而出。

第二节　课程设置与市场需求对毕业生就业的影响

高校的课程设置是培养学生就业能力的重要基础，其与市场需求的契合度直接决定了毕业生的就业竞争力。随着行业技术的快速更新和市场需求的不断变化，课程内容的相关性、实践性和更新频率成为影响毕业生就业的关键因素。本节基于问卷调查数据，从这三个方面深入分析课程设置对毕业生就业的影响，并提出改进建议。

一、课程内容的相关性与行业需求匹配度分析

1. 课程内容与行业需求的脱节现象

课程内容与行业需求的匹配度是衡量高校教育质量的重要指标。尽管部分毕业生能够通过自学弥补不足，但高校课程内容与市场需求之间的脱节现象仍然较为普遍。这种脱节现象不仅削弱了毕业生的就业竞争力，也增加了他们在求职过程中的不确定性和焦虑感。

2. 专业与就业的匹配度不高

在"您觉得所学专业与当前工作（已就业人员）或拟就业岗位的相关性如何"这个问题上，仅15.07%的受访者认为所学专业与当前工作或拟就业岗位"非常相关"，而45.22%的受访者认为"较为相关"，34.21%的受访者认为"相关性一般"。这表明，尽管高校提供了多样化的专业选择，但仍有相当一部分毕业生认为专业学习与实际工作之间存在较大差距。这种差距不仅体现在专业知识的深度和广度上，还体现在课程内容与行业实际需求的匹配上。

3. 课程内容跟不上行业需求的变化

随着行业的快速发展和技术的不断更新，市场需求也在不断变化。在"您认为当前岗位工作内容（已就业人员）或拟就业岗位职责（未就业人员）与您在校期间所学专业内容匹配度如何？"这个问题上，仅 13.88％的受访者认为"非常匹配"，41.87％的受访者选择"基本匹配"，而 39.95％的受访者持"中立"态度。这一分布状况反映了当前高等教育面临的核心矛盾。行业对毕业生专业技能和综合素质的要求持续提升，但课程内容更新速度却相对滞后。这种供需错位导致部分毕业生在就业时面临技能储备不足的困境，凸显了高校课程体系动态调整机制亟待完善的问题。

二、课程实践性对实习与项目经验的重要性分析

1. 实习与项目经验的缺失

实践能力是毕业生就业竞争力的重要组成部分。尽管高校提供了丰富的理论课程，但在实践环节的安排上存在不足。缺乏实习和项目经验的学生在求职时往往处于劣势，难以满足企业对实际操作能力的要求。

2. 实践环节不足

调查结果显示，69.14％的受访者认为实习经历是高校期间对未来就业最为重要的活动，而 64.11％的受访者认为技能培训同样重要。然而，高校在提供实习和项目机会方面仍存在不足。部分专业的实习机会有限，且实习内容与课程学习脱节，导致学生难以将理论知识转化为实际技能。此外，高校与企业的合作机制不够完善，这也限制了实践活动的有效开展。

3. 实践能力的培养欠缺

实践能力的培养不仅需要高校提供更多的实习和项目机会，还需要企业深度参与课程设计和教学过程。高校可以通过校企合作，引入实际案例和项目，让学生在实践中提升专业技能和解决实际问题的能力。企业可以提供实习岗位、项目指导和技术支持，帮助学生积累实际工作经验。

三、课程更新频率与行业技术及管理趋势的适配性分析

1. 课程更新的滞后性特征及其影响

在行业技术加速迭代和管理理念持续演进的背景下，高等教育课程体系存

在显著的时滞效应。调查数据显示，23.68％的受访者认为学校教育与企业的工作能力要求之间"差距较大"，这在一定程度上反映了课程更新的滞后性。这种滞后性主要体现在课程内容更新周期（平均3~5年）与行业技术迭代周期（平均1~2年）的不匹配，导致毕业生知识结构与企业岗位要求出现系统性偏差，使毕业生在求职时缺乏竞争力。

2. 行业技术与管理方式演进对课程体系的动态要求

从技术维度来看，以大数据分析、人工智能（深度学习、机器学习）和云计算为代表的数字技术已渗透进入各行业领域。从管理维度来看，现代企业对人才的需求呈现"T"形能力结构特征，即要求毕业生同时具备垂直领域的专业技术能力和水平方向的创新思维、团队协作等综合素质。这种变化对传统课程体系提出了新的要求。

3. 增加课程更新频率的策略

为了增加课程的更新频率，高校需要建立动态的课程调整机制。一方面，高校应加强与企业的合作，及时了解行业需求和技术趋势，将最新的知识和技能纳入课程体系；另一方面，高校应鼓励教师参与行业实践和学术研究，提升教师的专业能力和教学水平。此外，高校可以引入在线课程和混合式教学模式，及时更新课程内容，满足学生多样化的学习需求。

综合上述，高校应通过优化课程内容、加强实践环节和建立动态课程更新机制，提升课程的相关性、实践性和更新频率，从而更好地满足市场需求，提升毕业生的就业竞争力。

第三节　教学质量与师资力量对毕业生就业的影响

教师的学术背景是其专业素养的重要体现，它直接影响着教学内容的深度和广度。具备深厚学术功底的教师能够为学生提供前沿的理论知识和系统的学科框架，帮助学生建立坚实的学术基础。然而，学术背景并非教师能力的唯一衡量标准。行业经验同样重要。具备丰富行业经验的教师能够通过实际案例和项目经验，让学生直观地认识到知识在实际工作中的应用，从而提升学生的实践能力和职业素养。

一、教师学术背景与行业经验的重要性

1. 学术背景对教学质量有传导效应

教师的学术背景（如最高学历、研究领域、学术成果等）会显著影响其教学内容的深度与前沿性。学术功底扎实的教师能够为学生提供前沿的理论知识和系统的学科框架，帮助学生建立坚实的学术基础。具有较高学术功底的教师在教学过程中更倾向于引入学科前沿理论，并能系统性地构建学科知识体系。教师深厚的学术背景不仅能够提升学生的理论素养，还能显著增强其科研能力。

2. 行业经验对学生实践能力培养有调节作用

除了学术功底，教师的行业经验同样重要。教师的行业经验（如企业任职年限、参与实际项目数、职业资格证书等）是理论教学与实践应用的关键纽带。具备丰富行业经验的教师能够将理论知识与实际应用相结合，帮助学生更好地理解行业需求和职业规范。调查数据显示，毕业生在求职过程中普遍面临"缺乏实际工作经验"（75.84％）和"缺乏行业相关技能"（55.02％）的问题。这表明，高校需要更多具备行业经验的教师，通过案例教学和实践指导，提升学生的实际操作能力。例如，在工程、金融和信息技术等领域，行业经验丰富的教师能够指导学生参与实际项目，培养学生的动手能力和解决实际问题的能力。

3. 学术-经验双维度有协同影响效力

教师的学术背景和行业经验不仅会影响学生的基础知识掌握，还会直接影响学生的综合素质和就业竞争力。在信息技术（IT）和互联网行业，具备行业经验的教师能够更好地指导学生参与实际项目，提升学生的编程能力和项目管理能力。这种能力的提升直接反映在毕业生的就业表现上，使其在求职时更具竞争力。

二、教学方法与创新教学方式的必要性

1. 传统教学模式的效能边界分析

基于行为主义学习理论的单向讲授式教学，在知识传递效率方面具有系统性优势，但在高阶能力培养维度呈现显著局限性。传统的"讲授式"教学方法

虽然能够系统地传授知识，但在培养学生综合素质方面存在局限性。学生往往被动接受知识，缺乏主动思考和实践的机会，导致理论与实践脱节。这表明，传统的教学方法难以满足市场需求，需要进一步改进。

2. 创新教学方法的优势

建构主义导向的新型教学方法，如案例教学、翻转课堂、项目式学习等，能展现出多维度的教育增值效应。其中，案例教学通过分析实际案例，帮助学生理解理论知识在实际中的应用，培养学生分析和解决问题的能力。翻转课堂则通过课前自主学习和课堂互动讨论，激发学生的学习积极性和主动性。这些创新教学方法不仅提高了学生的学习效果，还提升了他们的团队合作能力和沟通能力。

3. 教学创新对就业竞争力的传导路径

创新教学方法的实施能够显著提升学生的综合素质，进而增强其就业竞争力。创新教学方法通过经验积累、能力塑造和认知升级路径影响就业质量。在经验积累路径上，项目式学习能够提供可验证的实践成果。学生通过项目式学习参与实际项目，积累实际工作经验，提升行业相关技能。这种能力的提升不仅体现在求职时的简历制作上，更体现在实际工作中展现出的更强的适应能力和创新能力上。在能力塑造路径方面，创新教学方法的实施可以培养学生的批判性思维和解决复杂问题的能力。在认知升级路径方面，创新教学方法的实施能促进学生深度学习。

三、科研项目对学生核心能力培养的重要性

1. 科研项目的教育价值与能力培养机制

科研项目作为高等教育实践教学的重要组成部分，通过"做中学"模式显著提升学生的多维能力。科研项目不仅能够帮助学生掌握前沿知识和技术，还能培养他们的批判性思维，提高其创新思维水平。在科学研究和技术领域，参与科研项目的学生能够接触到最新的研究方法和技术手段，从而提升科研能力和创新能力。

2. 高校科研项目实施现状

尽管科研项目对学生能力的提升作用显著，但目前高校在科研项目实施方面仍存在参与度偏低、产学脱节、指导不足等问题。高校在科研项目与课

程教学的结合方面仍有改进空间，部分学生未能充分受益于科研项目的实践机会。

3. 科研能力向职业竞争力的转化

参与过科研项目的学生通常具备更强的分析和创新能力，例如，在金融和保险行业，具备数据分析能力的学生能够更好地理解市场动态，提出创新性的解决方案。这种能力不仅提升了学生的就业竞争力，还为他们的职业发展奠定了坚实的基础。

四、提升高校教学质量的建议

为了提升教育质量并更好地满足市场需求，高校应从以下几个方面入手，采取一系列具体措施。

（一）优化师资队伍建设

1. 引进高水平师资

高校应积极引进具有博士学位和丰富行业经验的教师，充实教师队伍，提升整体教学水平。这些教师不仅要能够提供前沿的理论知识，还要能将实际工作经验融入教学中，增强课程的实践性和实用性。

2. 鼓励教师参与行业实践

高校应鼓励教师参与行业实践和企业合作项目，增强其实际应用能力。通过与企业的深度合作，教师能够更好地了解行业需求，将最新的技术和管理理念引入课堂。

3. 设立教师培训计划

高校应设立教师培训计划，定期组织教师参加学术会议和行业培训，增强其教学能力，开阔其行业视野。通过持续的专业学习，教师能够不断提升自身的教学水平和科研能力。

（二）推广创新教学方法

1. 引入创新教学模式

传统的教学模式往往难以充分激发学生学习的积极性和主动性。高校应引

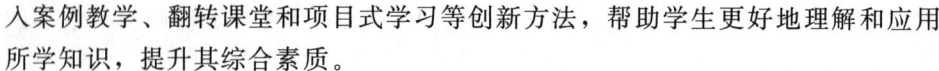

入案例教学、翻转课堂和项目式学习等创新方法，帮助学生更好地理解和应用所学知识，提升其综合素质。

2. 设立教学改革专项基金

高校可以设立教学改革专项基金，鼓励教师开展创新教学实践。通过教学评估和反馈机制，持续优化教学方法，以更好地满足学生的学习需求。

3. 增加课堂互动与实践环节

高校应增加课堂互动和实践环节，通过实际案例分析和项目实践，帮助学生将理论知识转化为实际技能。这种教学模式不仅能够激发学生的学习兴趣，还能提升其解决实际问题的能力。

（三）强化科研项目支持

1. 设立科研创新基金

高校应设立科研创新基金，为学生提供更多参与科研的机会。通过开放实验室资源和组织学术竞赛，激发学生的科研兴趣，增强学生的创新能力。

2. 开展产学研合作项目

高校应与企业合作，开展产学研合作项目，让学生在实际项目中积累经验。通过与企业深度合作，学生可以更好地了解行业需求，提升其职业竞争力。

3. 建立科研成果与教学内容的转化机制

高校应建立科研成果与教学内容的转化机制，将科研成果及时融入课程体系，增强教学内容的前沿性和实用性，让学生接触到最新的知识和技术，为未来的职业发展奠定坚实的基础。

通过以上措施，高校能够更好地培养适应社会需求的高素质人才，为学生的职业发展提供有力支持。这些策略能够提升高校的教学质量，增强学生的综合素质和就业竞争力，使其在未来的职业生涯中更具优势。

第四节　就业指导与服务对毕业生就业的影响

高校不仅要为学生提供扎实的专业知识和技能，更要帮助他们在毕业后顺利融入职场，实现职业发展目标。因此，就业指导与服务已成为高校教育体系中不可或缺的组成部分。它不仅关系到学生的短期就业质量，更影响着他们的长期职业发展和人生轨迹。在这一背景下，职业规划、就业招聘信息和校企合作作为就业指导与服务的三个关键领域，显得尤为重要。它们相互关联、相互促进，共同构成了高校就业指导与服务的核心框架，为学生的职业发展提供了全方位的保障。

一、职业规划是明确职业方向的关键

1. 职业规划指导的现状

做好职业规划是毕业生顺利进入职场的重要前提，调查数据显示，当前职业规划指导存在明显的供需落差。在就业准备方面，50.96%的受访者认为"缺乏职业规划指导"是就业准备中的主要不足。此外，"学校的就业创业指导课程对您的职业规划提供了有价值的帮助"这个问题的调查数据显示，仅11.24%的受访者"完全同意"，36.84%受访者表示"同意"，45.69%的受访者对学校的就业创业指导课程的价值持"中立"态度。在服务需求方面，"您希望学校或相关机构为您提供哪些方面的职业发展支持"这个问题的调查数据显示，53.11%受访者明确表达了对职业规划咨询的需求。这一系列数据表明，部分毕业生职业定位模糊、就业方向不明，高校虽然已初步建立职业规划指导体系，但在指导内容的针对性、实用性和个性化方面仍有较大提升空间。

2. 职业规划指导的重要性

调查数据揭示了职业规划在就业准备中的核心地位，31.34%的受访者将其列为在校期间对未来就业最重要的活动。职业规划的价值主要体现在三个方面：首先，通过系统的职业测评工具，帮助学生准确认知自身的职业倾向和能力优势；其次，借助专业的咨询服务，为学生提供个性化的职业发展建议；最后，通过规划课程教学，培养学生制定科学职业路径的能力。这种多维度的指导体系能够有效提升学生的职业决策质量，使其在就业选择中更好地实现人职匹配。

二、提供充足的就业招聘信息对学生来说至关重要

1. 就业信息获取渠道现状

就业信息作为毕业生求职的基础性资源，其获取渠道的多样性直接影响毕

业生的就业效果。"您是通过哪种渠道就业"这个问题的调查数据显示，当前毕业生主要通过以下途径获取就业机会：学校招聘会（13.4%）、网络公开招聘（17.22%）以及人才交流市场（7.66%）。这些数据表明高校就业信息服务平台的建设仍需加强，以更好地满足毕业生的多元化求职需求。

2. 就业招聘信息的重要性

充足的就业招聘信息能够帮助毕业生更好地了解市场需求，提升求职效率。通过校园招聘会、企业宣讲会等就业信息平台，高校可以为学生提供更多与企业直接接触的机会。在"您希望学校或相关机构为您提供哪些方面的职业发展支持?"这个问题的调查数据显示，55.02%的受访者希望学校能够提供更多的"就业信息咨询"，包括实习机会、实践项目和企业对接。这表明，毕业生对就业信招聘息的需求较高，高校在这一领域的服务仍有提升空间。

高校应加强就业信息平台的建设，及时发布企业的招聘信息和实习机会，还要定期举办校园招聘会和企业宣讲会。此外，高校可以设立就业信息咨询中心，为学生提供一对一的就业咨询服务。

三、校企合作能帮助学生更好地融入职场

1. 校企合作的现状

校企合作是高校教育与市场需求紧密结合的重要途径。调查数据显示，仅仅15.07%的受访者认为所学专业与当前工作或拟就业岗位"非常相关"，而45.22%的受访者认为"较为相关"。这表明，高校在与企业合作方面仍存在不足，部分专业课程内容与企业实际需求脱节，导致学生在求职时缺乏竞争力。

2. 校企合作的重要性

通过高校与企业的合作为学生提供项目和实习机会，使学生能够更好地了解行业需求，积累实际工作经验，提升就业竞争力。校企合作不仅能够提升学生的实践能力，还能提升他们在职场中的适应能力。高校可以通过建立实习基地、开展产学研合作项目和组织企业导师进校园等方式，为学生提供更多实践机会。此外，高校可以邀请企业参与课程设计和教学过程，确保课程内容与行业实际需求一致。通过校企合作，高校不仅能够提升学生的就业能力，还能为企业输送更多符合需求的人才。

总体来说，高校加强与企业合作的方法有以下几种。一是通过设置系统化的职业规划课程、个性化的咨询和定期的职业测评活动，帮助学生明确职业发

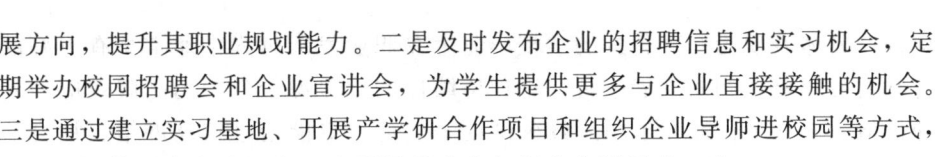

展方向，提升其职业规划能力。二是及时发布企业的招聘信息和实习机会，定期举办校园招聘会和企业宣讲会，为学生提供更多与企业直接接触的机会。三是通过建立实习基地、开展产学研合作项目和组织企业导师进校园等方式，为学生提供更多实践机会，确保课程内容与行业实际需求一致。

第五节　学校声誉与校友网络对毕业生就业的影响

高校的教育质量、声誉以及其校友网络的影响力，已成为决定毕业生职业成功与否的关键因素。学校的排名和声誉不仅在毕业生的初次就业中扮演着重要角色，还在他们的长期职业发展中发挥着重要作用。与此同时，强大的校友网络为毕业生提供了丰富的职业资源和机会，成为他们职业道路上重要的支持系统。这些因素相互交织，共同塑造了毕业生的职业轨迹，影响着他们的职业满意度和职业成就。

一、学校排名彰显名校毕业生的竞争优势

1. 学校排名在企业招聘决策中的作用

学校排名是衡量高校教育质量的重要指标，也通常被视为企业在招聘时的参考依据。排名靠前院校的毕业生往往更具竞争优势，更容易获得企业招聘者的青睐，这一现象与优质高效的教育资源配置密切相关。具体而言，排名靠前的院校普遍具备更雄厚的师资力量、更完善的教学设施以及更丰富的校企合作资源，这些优势条件有助于让学生具备更系统的专业知识体系和更全面的职业能力素养。

2. 名校毕业生的就业竞争力

名校毕业生在求职过程中往往具备更强的竞争力。这种优势主要体现在以下方面。首先，用人单位在招聘过程中普遍倾向于优先录用名校毕业生，因为他们通常被认为具有较高的学术素养和较强的学习能力。其次，名校的品牌效应也使得毕业生在求职时更容易获得面试机会。

3. 学校声誉的长期影响

除了初次就业外，学校声誉还对毕业生的职业发展具有长期影响。学校声誉的影响力不仅限于毕业生的初次就业，更延伸至其整个职业生涯的发展

历程。具体表现为：声誉好的学校毕业生在职业发展过程中通常享有更好的晋升通道和更广阔的发展平台。这种持续性的优势源于学校的品牌效应的延伸价值——它不仅能在求职阶段提供竞争优势，更能通过校友网络、社会认可度等渠道，为毕业生职业发展的各个关键节点提供持续性的资源支持和机会获取优势。

二、校友资源彰显强大校友网络优势

1. 校友网络的影响力

校友网络是高校教育的重要组成部分，强大的校友网络能够为毕业生提供更多的就业机会和资源。校友之间的联系和支持可以帮助毕业生在求职过程中获取信息、推荐机会和职业指导。调查数据显示，许多毕业生在求职时通过校友推荐获得面试机会，这在一定程度上提高了他们的就业成功率。

2. 校友资源的多样性

校友网络的作用并不局限于提供就业机会，还包括提供职业发展机会、行业信息和资源共享等方面的支持。例如，校友可以通过分享自己的职业经验、行业动态和求职技巧，帮助新毕业生更好地适应职场。此外，校友网络还可以为毕业生提供行业内部资源，帮助他们拓展职业发展空间。

3. 校友网络的持续影响

校友网络的影响不仅体现在毕业生的初次就业方面，还能在其职业生涯的各个阶段发挥重要作用。通过参与校友活动、行业交流会和职业发展论坛，毕业生能够不断扩大自己的职业关系网络，获取更多的职业发展机会和资源。这种持续的支持和联系使得校友网络成为毕业生职业发展的重要助力。

总之，名校毕业生通常更容易获得企业的青睐，而强大的校友网络则为毕业生提供了丰富的职业资源和机会。为了进一步提升高校的声誉和校友网络的影响力，高校应从以下几个方面入手。一是提升学校声誉。高校应注重教学质量和科研水平的提升，通过优化课程设置、加强师资队伍建设和推动科研创新，提升学校的整体声誉和排名。二是加强校友关系。高校应建立健全校友网络，通过定期举办校友活动、职业发展论坛和行业交流会，增强校友之间的联系和支持，帮助毕业生获取更多的职业机会和资源。

第六节　外部环境对毕业生就业的影响

当前，高校毕业生面临着复杂多变的就业市场。他们的职业起步与发展不仅取决于自身的专业能力、综合素质以及职业规划，还深受外部环境的影响。就业政策、经济形势的波动、行业发展的动态趋势，以及学校所在地的地域经济特征等因素相互交织，共同塑造了毕业生就业的宏观背景。在这个背景下，高校毕业生的就业之路既充满机遇，也面临诸多挑战。

一、就业政策对就业的影响

1. 就业政策的作用

就业政策在引导和促进高校毕业生就业方面发挥着重要作用。政府通过制定和实施一系列政策措施，为毕业生提供就业机会和资源支持。例如，政府通过提供创业补贴、就业培训补贴、税收优惠等，鼓励企业吸纳更多毕业生，同时为毕业生提供更多的创业机会。

2. 就业补贴与激励措施

就业补贴是政府促进毕业生就业的重要手段之一。例如，许多地方政府为应届毕业生提供一次性就业补贴，鼓励他们到基层或中小企业就业。这些补贴不仅减轻了毕业生的经济负担，还提高了他们的就业积极性。此外，政府还通过税收优惠和财政补贴，激励企业为毕业生提供实习和就业岗位，从而增加毕业生的就业机会。

3. 政策支持的长期影响

政府的就业政策不仅在短期内缓解了就业压力，还在长期内对毕业生的职业发展产生积极影响。具体而言，政府通过实施职业培训项目和提供继续教育补贴等举措，有效促进了毕业生职业技能的提升，从而增强其在劳动力市场中的竞争优势。这些支持性政策的实施，在提升毕业生初始就业率的同时，也为他们的职业晋升和收入增长创造了有利条件。

二、经济形势与行业发展趋势对就业的影响

1. 经济形势的影响

经济形势是影响毕业生就业的重要外部因素。在经济繁荣时期，企业扩张需求增加，就业岗位充足，毕业生的就业机会也相应增加。在经济衰退或不稳定时期，企业招聘需求减少，就业岗位稀缺，毕业生的就业压力显著增大。例如，2008 年金融危机爆发后，许多行业受到冲击，导致就业岗位减少，毕业生就业难度增加。

2. 行业发展趋势的影响

行业发展趋势对毕业生就业的影响同样显著。随着科技的快速发展和产业结构的调整，新兴行业不断涌现，传统行业也在不断转型升级。例如，信息技术、人工智能、新能源等新兴行业对高素质人才的需求旺盛，而传统制造业和服务业则面临人才过剩的局面。高校毕业生需要紧跟行业发展趋势，调整自己的专业选择和职业规划，以适应市场需求。

第八章　高校创新创业教育对就业的影响

第一节　高校创新创业教育现状与问题分析

新形势下，传统的就业观念逐渐被打破，越来越多的人开始认识到创新与创业的重要性。创新是推动科技进步和社会变革的关键力量，而创业则是经济增长和就业岗位增加的重要源泉。因此，创新创业教育对于个人职业发展和社会进步都具有重要意义。传统教育模式往往过于注重知识与技能的传授，而忽视了对学生主动创新能力的培养。作为一种旨在培养创造力、创新思维和创业能力的教育模式，创新创业教育已在高校及其他教育机构中得到广泛推广和实施，以满足现代社会对创新型和创业型人才的需求。本研究中创新创业教育的研究对象是在校生和毕业10年以内的人员。

有关创新创业教育方面的研究共收集到有效问卷558份（部分问题有受访者未选答或未有效作答，后文表中的总人数稍有波动），受访者全部为在校生或毕业10年以内的人员，年龄在18岁至25岁之间的受访者占比92.3%。从学历层次来看，专科生占比92.1%，本科生占比1.3%，硕士研究生占比1.1%，博士研究生占比0.5%。从学科背景来看，理科大类占比17.6%，文科大类占比70.1%，工科类占比9.3%。主要从学生创新精神、创业意识、创新创业能力以及创新创业教育四个维度对调查结果进行了分析。

一、高校学生创新创业现状

1. 大学生创业情况及创业动机

本次调查中，有45.5%的人认为大学期间就可创业；33.2%的学生认为不管是否毕业，只要有项目和资源就可以创业。问卷调查结果显示，在创业状态方面，63.3%的受访者既未创业也无创业打算；31.9%的受访者未创业但正在寻找创业项目；已创业的受访者占比4%，其中已经创业但创业不太成功的占比2.0%，已经创业且企业运营比较平稳的占比1.1%，已经创业且相当成功的占比0.9%〔有5人（0.9%）选择了"其他"〕。大学生创业的主要动机是增加收入、实现自我价值、获得更多个体发展空间、提升社会地位、获得好的项目和资源等，具体见表8-1。在学生对创新创业教育的认知和态度方面，大多数学生对创新创业教育持积极态度。他们认为创新创业教育能够培养他们的创新思维、实践能力和团队合作能力。然而，也有一部分学生表示对创新创业教育缺乏兴趣，主要原因是他们认为这些课程与他们的专业不相关或者认为创业成功的概率很低。

表 8-1　创业动机与创业状态的数据对比（创业意识维度）

创业动机	数据统计	创业状态						总计（人）
		没有创业，也没打算创业	没有创业，正在寻找创业项目	已经创业，但不太成功	已经创业，企业运营比较平稳	已经创业，相当成功	其他	
增加收入	计数（人）	303	150	9	6	5	—	473
	该项创业动机在不同创业状态下的占比	64.1%	31.7%	1.9%	1.3%	1.1%	—	
	该项创业动机在当前创业状态下的占比	85.8%	84.3%	81.8%	100.0%	100.0%	—	

续表

创业动机	数据统计	创业状态						总计（人）
		没有创业，也没打算创业	没有创业，正在寻找创业项目	已经创业，但不太成功	已经创业，企业运营比较平稳	已经创业，相当成功	其他	
实现自我价值	计数（人）	271	147	9	3	4	—	434
	该项创业动机在不同创业状态下的占比	62.4%	33.9%	2.1%	0.7%	0.9%	—	
	该项创业动机在当前创业状态下的占比	76.8%	82.6%	81.8%	50.0%	80.0%	—	
获得更多个体发展空间	计数（人）	190	105	5	3	4	—	307
	该项创业动机在不同创业状态下的占比	61.9%	34.2%	1.6%	1.0%	1.3%	—	
	该项创业动机在当前创业状态下的占比	53.8%	59.0%	45.5%	50.0%	80.0%	—	
提升社会地位	计数（人）	144	79	5	4	4	—	236
	该项创业动机在不同创业状态下的占比	61.0%	33.5%	2.1%	1.7%	1.7%	—	
	该项创业动机在当前创业状态下的占比	40.8%	44.4%	45.5%	66.7%	80.0%	—	

续表

创业动机	数据统计	创业状态						总计（人）
		没有创业，也没打算创业	没有创业，正在寻找创业项目	已经创业，但不太成功	已经创业，企业运营比较平稳	已经创业，相当成功	其他	
无奈之举，就业难	计数（人）	88	33	4	1	3	—	129
	该项创业动机在不同创业状态下的占比	68.2%	25.6%	3.1%	0.8%	2.3%	—	
	该项创业动机在当前创业状态下的占比	24.9%	18.5%	36.4%	16.7%	60.0%	—	
有好的项目和资源	计数（人）	200	85	4	3	3	—	295
	该项创业动机在不同创业状态下的占比	67.8%	28.8%	1.4%	1.0%	1.0%	—	
	该项创业动机在当前创业状态下的占比	56.7%	47.8%	36.4%	50.0%	60.0%	—	
总计（人）		353	178	11	6	5	5	558

数据说明：创业动机采用多选项设计（含个人多项动机情况），统计数据为人次，反映不同创业状态群体的动机特征；同时又以多选项创业动机（可多选）为自变量，创业状态为因变量，全面了解创业动机与创业状态的双向关联特征。

2. 大学生是否参加创新创业大赛及大学生创新创业政策了解情况分析

在参加相关竞赛方面，63.8%的受访者表示没有参加过任何创新创业类的比赛。不同学历的人参加创新创业竞赛的数据对比见表8-2。其中专科及以下学生中都有超过60%左右从没有参加过这类比赛。而在参加的赛项中，不同学历的学生中专科生参与的比例基本达到 80％，这主要是因为此次采集的样本中专科生人数占比较大，其他学历人数占比较小。

表 8-2　不同学历的人参加不同类型创新创业竞赛数据对比
（创新创业教育维度）

赛项名称	统计数据	学历						总计（人）
		大专以下	专科	本科	硕士研究生	博士研究生	其他	
"创青春"全国大学生创业大赛	计数（人）	6	57	4	1	3	—	71
	参加本项比赛的学历占比	8.5％	80.3％	5.6％	1.4％	4.2％	—	
	该学历在本项比赛中的占比	22.2％	11.1％	57.1％	16.7％	100.0％	—	
"互联网＋"大学生创新创业大赛	计数（人）	4	104	4	2	2	—	116
	参加本项比赛的学历占比	3.4％	89.7％	3.4％	1.7％	1.7％	—	
	该学历在本项比赛中的占比	14.8％	20.2％	57.1％	33.3％	66.7％	—	
"挑战杯"中国大学生创业计划竞赛	计数（人）	4	58	4	2	2	—	70
	参加本项比赛的学历占比	5.7％	82.9％	5.7％	2.9％	2.9％	—	
	该学历在本项比赛中的占比	14.8％	11.3％	57.1％	33.3％	66.7％	—	

续表

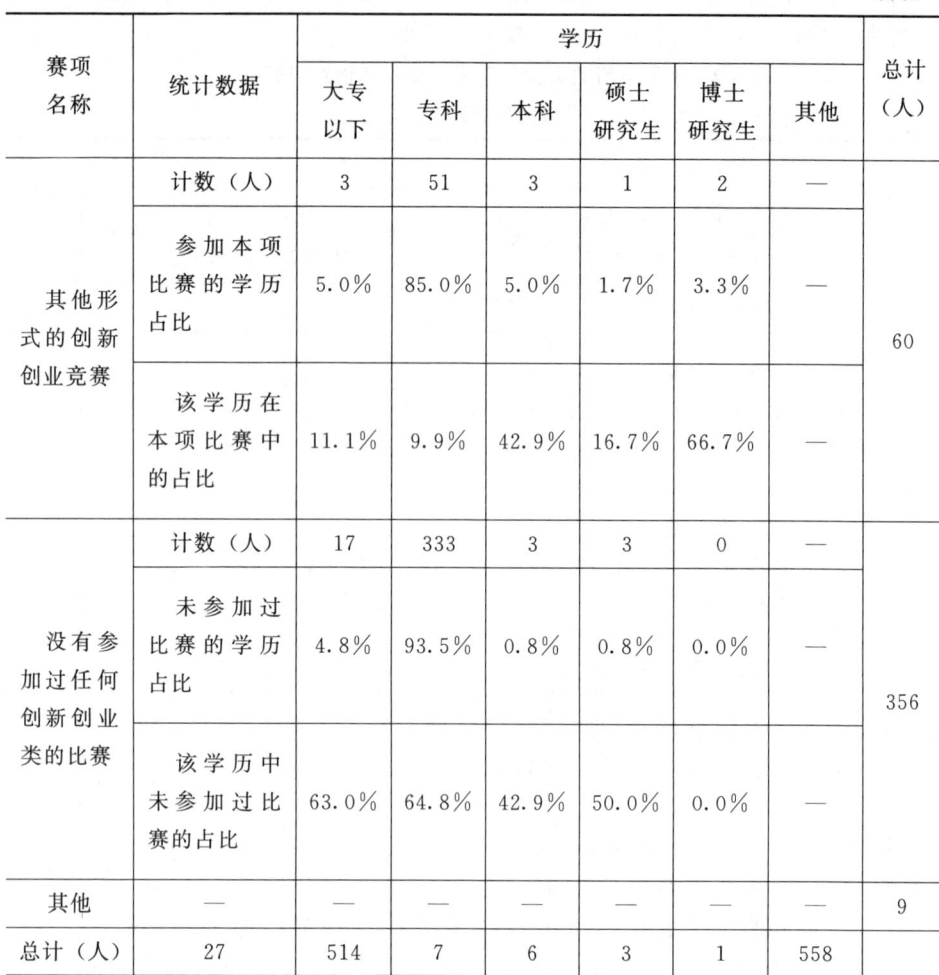

赛项名称	统计数据	学历						总计（人）
		大专以下	专科	本科	硕士研究生	博士研究生	其他	
其他形式的创新创业竞赛	计数（人）	3	51	3	1	2	—	60
	参加本项比赛的学历占比	5.0%	85.0%	5.0%	1.7%	3.3%	—	
	该学历在本项比赛中的占比	11.1%	9.9%	42.9%	16.7%	66.7%	—	
没有参加过任何创新创业类的比赛	计数（人）	17	333	3	3	0	—	356
	未参加过比赛的学历占比	4.8%	93.5%	0.8%	0.8%	0.0%	—	
	该学历中未参加过比赛的占比	63.0%	64.8%	42.9%	50.0%	0.0%	—	
其他		—	—	—	—	—	—	9
总计（人）		27	514	7	6	3	1	558

数据说明：参赛类型采用多选项设计（含同一人参与多项竞赛情况），统计数据为人次，反映不同学历群体的参赛特征；同时以学历（多分类）为自变量，创新创业竞赛参与类型为因变量，全面了解学历与参赛类型的双向关联特征。

关于大学生对创新创业优惠政策的了解，本次调查结果显示，16.3%的学生不了解相关创新创业政策，42.3%的学生表示了解一些。而只有8.2%的学生表示很熟悉，见表8-3。基于此，我们可以推断出创新创业教育的开展范围虽然逐渐扩大，但普及率有待提高。目前，大多数高校均开设了创新创业相关课程和实践活动，但还有一些高校未涉足该领域。在对大学生群体开展的关于政策对创新创业作用的调研中，结果显示，96.2%的大学生认为是有用的，见表8-4。

表 8-3　大学生对优惠政策的了解情况

了解情况	频次	百分比（%）
很熟悉	46	8.2
了解一些	236	42.3
知道但没了解过	185	33.2
不了解	91	16.3

表 8-4　关于优惠政策对创新创业的作用

优惠政策对创新创业的作用	频次	百分比（%）
相当有用	280	50.2
作用有，但不明显	257	46.1
没什么帮助	21	3.8

目前，一些高校正积极构建创新创业教育体系，建立创新创业教育的组织和管理机制，设置创新创业教育的相关部门或机构，制定创新创业教育的规划和政策，并组织实施相关教育项目和活动。同时，这些高校还积极与企业、科研机构等合作，搭建实践基地和孵化平台，为学生提供实践锻炼和创业孵化的机会。许多高校还开设了一系列与创新创业相关的专业课程，鼓励学生参与创新创业实践项目，组建团队，进行市场调研、商业计划书撰写、产品开发等实际操作，培养学生的创新创业意识和实践能力。在对大学生群体进行关于"你所在的高校对创新创业教育是否重视？"的调研结果中，认为比较重视和非常重视的占 68.2%，有 3.8% 的人不清楚，学生的态度具体见表 8-5。在对大学生群体进行关于"你认为高校开展的创新创业教育对学生成功创业是否重要？"的调研结果中，认为比较重要和极其重要的占 80.1%，学生的态度见表 8-6。

表 8-5　高校对创新创业教育的重视程度（创新创业教育维度）

高校对创新创业教育的重视程度	频次	百分比（%）
非常重视	123	22.0
比较重视	258	46.2
一般	143	25.6
不重视	13	2.3
不清楚	21	3.8

表 8-6　高校开展创新创业教育对学生创业成功的重要程度（创新创业教育维度）

高校开展创新创业教育 对创业成功重要程度	频次	百分比（％）
极其重要	174	31.2
比较重要	273	48.9
一般	99	17.7
不重要	12	2.2

对于高校创新创业教育当前存在的问题，不同学生看法各异。在受访人群中，69.9％的人认为高校创新创业教育课程理论性太强，实践指导性不足；54.1％的人认为缺乏专业的创新创业教师或授课教师缺乏实践经验。除了上述问题外，42.1％的人认为学校的创业活动缺乏或流于形式，50.9％的人认为学校对创新创业教育不够重视，投入不足，具体见表8-7。

表 8-7　高校创新创业教育存在的问题与个体创业状态交叉对比分析
（创新创业教育维度）

高校创新 创业教育 存在的问题	数据统计	创业状态						总计 （人）
		没有 创业， 也没 打算 创业	没有 创业， 正在寻 找创业 项目	已经 创业， 但不太 成功	已经 创业， 企业运 营比较 平稳	已经 创业， 相当 成功	其他	
学校对 创新创业 教育不够 重视，投 入不足	计数（人）	177	95	6	3	3	—	284
	不同创业 状态下对该 类问题的认 同度占比	62.3％	33.4％	2.1％	1.1％	1.1％	—	
	该创业状 态下对不同 问题的认同 度占比	50.1％	53.4％	54.5％	50.0％	60.0％	—	

高校创新创业教育存在的问题	数据统计	创业状态						总计（人）
		没有创业，也没打算创业	没有创业，正在寻找创业项目	已经创业，但不太成功	已经创业，企业运营比较平稳	已经创业，相当成功	其他	
创新创业教育课程理论性太强，实践指导性不足	计数（人）	242	132	10	3	3	—	390
	不同创业状态下对该类问题的认同度占比	62.1%	33.8%	2.6%	0.8%	0.8%	—	
	该创业状态下对不同问题的认同度占比	68.6%	74.2%	90.9%	50.0%	60.0%	—	
缺乏专业的创新创业教师或授课教师缺乏实践经验	计数（人）	192	97	8	2	3	—	302
	不同创业状态下对该类问题的认同度占比	63.6%	32.1%	2.6%	0.7%	1.0%	—	
	该创业状态下对不同问题的认同度占比	54.4%	54.5%	72.7%	33.3%	60.0%	—	

续表

高校创新创业教育存在的问题	数据统计	创业状态						总计（人）
		没有创业，也没打算创业	没有创业，正在寻找创业项目	已经创业，但不太成功	已经创业，企业运营比较平稳	已经创业，相当成功	其他	
缺乏专业的创新创业咨询服务	计数（人）	180	81	6	1	1	—	269
	不同创业状态下对该类问题的认同度占比	66.9%	30.1%	2.2%	0.4%	0.4%	—	
	该创业状态下对不同问题的认同度占比	51.0%	45.5%	54.5%	16.7%	20.0%	—	
创新创业活动缺乏或流于形式	计数（人）	152	73	6	3	1	—	235
	不同创业状态下对该类问题的认同度占比	64.7%	31.1%	2.6%	1.3%	0.4%	—	
	该创业状态下对不同问题的认同度占比	43.1%	41.0%	54.5%	50.0%	20.0%	—	
创新创业教育课程教学方法陈旧，不适合创新创业教育	计数（人）	120	65	4	3	1	—	193
	不同创业状态下对该类问题的认同度占比	62.2%	33.7%	2.1%	1.6%	0.5%	—	

续表

高校创新创业教育存在的问题	数据统计	创业状态						总计（人）
		没有创业，也没打算创业	没有创业，正在寻找创业项目	已经创业，但不太成功	已经创业，企业运营比较平稳	已经创业，相当成功	其他	
创新创业教育课程教学方法陈旧，不适合创新创业教育	该创业状态下对不同问题的认同度占比	34.0%	36.5%	36.4%	50.0%	20.0%	—	193
总计（人）		353	178	11	6	5	5	558

3. 对个人的创新精神和创新创业能力的现状分析

创新意识在创业中扮演着重要角色。它不仅能够帮助创业者发现机会、解决问题，还有助于其激发创造力、应对变化和风险，促进企业的可持续发展。在不断变化的市场环境中，创新意识使创业者能够敏锐地感知和适应变化，并及时调整自己的商业模式、战略和产品。因此，在创业过程中，培养和发展创新意识是非常关键的。在本次调研中，20.3%的学生认为自己有创新意识，60.2%的人认为偶尔有，完全没有及没有想过这个问题的人占比为19.6%，具体见表8-8。

表8-8 个人的创新意识（创新精神维度）

自身的创新意识	频次	百分比（%）
有	113	20.3
偶尔有	336	60.2
完全没有	40	7.2
没想过这个问题	69	12.4

"你认为是什么原因让人一直缺乏创新思想"这一问题的调研数据显示，基于不同创新意识的个体，其缺乏创新思想的具体缘由存在显著差异，但82.8%的人认为主要原因是平时缺乏自主思考能力，过于依赖一切资源。其次有60.2%的人认为是因为应试教育缺乏创新教育与培养，具体情况见表8-9。

表 8-9 自身创新意识与缺乏创新思想的原因的交叉对比分析

（创新精神维度）

缺乏创新思想的原因	数据统计	自身的创新意识				总计（人）
		有	偶尔有	完全没有	没想过这个问题	
平时缺乏自主思考能力，过于依赖一切资源	计数（人）	98	279	32	53	462
	不同创新意识状态下该原因的占比	21.2%	60.4%	6.9%	11.5%	
	在此种创新意识状态下不同原因占比	86.7%	83.0%	80.0%	76.8%	
应试教育缺乏创新教育与培养	计数（人）	61	217	17	41	336
	不同创新意识状态下该原因的占比	18.2%	64.6%	5.1%	12.2%	
	在此种创新意识状态下不同原因占比	54.0%	64.6%	42.5%	59.4%	
信息大爆炸，想的都可以获得	计数（人）	55	212	18	39	324
	不同创新意识状态下该原因的占比	17.0%	65.4%	5.6%	12.0%	
	在此种创新意识状态下不同原因占比	48.7%	63.1%	45.0%	56.5%	

续表

缺乏创新 思想的原因	数据统计	自身的创新意识				总计 （人）
		有	偶尔有	完全没有	没想过 这个问题	
缺少创新机遇	计数（人）	45	187	15	46	293
	不同创新意识状态下该原因的占比	15.4%	63.8%	5.1%	15.7%	
	在此种创新意识状态下不同原因占比	39.8%	55.7%	37.5%	66.7%	
总计（人）		113	336	40	69	558

　　良好的创新创业能力有助于提升毕业生的竞争力，帮助他们在创业中取得成功。提升创新创业能力不仅有助于创造个人财富，还可以推动社会进步和经济发展。关于个人的创新创业能力，一部分学生认为创新创业能力对于未来就业和个人发展非常重要。另一部分学生可能对创新创业能力持较为保守的态度，他们可能更倾向于选择传统的就业岗位，认为创新创业与风险紧密相关，可能面临较大的不确定性和压力，不是每个人都适合或能够成功的。对于个人的创新创业知识和能力，42.5%的学生认为自己基本上具备，有10.6%的学生认为自己完全不具备。受访者认为在自主创业中面临的主要困难有两个，有41.0%的学生认为是资金不足，人脉有限，30.8%的学生认为是不知从何做起，找不到系统方向，具体见表8-10和表8-11。

表8-10　个体在自主创业中面临的障碍
（创新创业能力维度）

个体创业面临的障碍	频次	百分比（%）
资金不足，人脉有限	229	41.0
不知从何做起，找不到系统方向	172	30.8
政府的支持和帮助不够	37	6.6
个人能力不够	52	9.3
缺乏专业的创业指导培训	45	8.1
其他	23	4.1

表 8-11　个体创新创业能力认知
（创新创业能力维度）

自身的创业能力	频次	百分比（%）
完全具备独立创业的能力	97	17.4
虽然不足，但基本上具备	237	42.5
十分缺乏，信心不足	165	29.6
完全不具备创业能力	59	10.6

随着社会的发展和教育的进步，越来越多的学生开始认识到创新创业能力的重要性。他们愿意积极主动地学习相关知识和技能，培养自己的创新思维和创业能力。

二、存在的问题分析

1. 实践环节不足

目前，高校中创新创业教育的实践环节相对较少，学生的创业实践经验不够丰富。关于高校哪些做法有利于提高大学生的创新创业能力，71.9%的学生认为应该丰富创新创业实践教学内容，改革实践教学模式。70.6%的学生认为要开设更多创新创业相关的课程。63.8%的学生认为应在专业课程中增加创新创业的内容。高校早期的创新创业教育主要是理论课程和模拟实践，现在也有部分高校逐渐向实际项目孵化培育和创业支持服务供给等方向迈进。53.2%的受访者认为创新创业与所学专业有一定的关联，30.7%的受访者认为二者密切相关。

2. 评价体系不够完善

目前，创新创业教育的评价体系还不够完善，难以对学生的创新创业能力进行全面评估。一些学校仍采用传统的考试和论文评价方式，无法真实地评估学生的创新创业能力和实践能力。

3. 缺乏对创新创业人才的有效引导

目前，创新创业人才的培养存在一定程度的随意性，缺乏对学生的有效引导。一些学校缺乏创新创业导师制度，无法为学生提供个性化的创新创业指导。

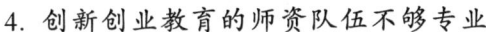

4. 创新创业教育的师资队伍不够专业

目前，创新创业教育的师资队伍主要由学科专业教师和企业家组成，缺乏专业的创新创业教育人才。54.1％的人认为在高校接受创新创业教育时缺乏专业的创新创业教师或授课教师缺乏实践经验。

5. 教师对创新创业教育的看法和经验

通过深度访谈，我们得知教师普遍认为创新创业教育对学生的职业发展和终身学习能力具有重要意义。然而，教师也面临一些挑战，如缺乏相关教学资源和方法论的培训、课程设置不合理、评估体系不完善等。

6. 企业对创新创业教育的需求和期望

通过深度访谈我们了解到，企业负责人对创新创业教育也有需求和期望。他们认为创新创业教育能够提高学生的创新能力和创业精神。他们希望学校能够加强与企业的合作，为学生提供更多的实践机会和实习项目。

三、改进方向和建议

未来创新创业教育应以多元化的教育内容、强调实践和体验、联合创新创业资源、培养创新创业文化和强调跨学科融合为发展方向，全面提升学生的创新创业能力和素养，促进社会创新创业的良性发展。

1. 应培养什么样的创新创业能力

对于应培养什么样的创新创业能力，调查结果显示，大多数学生将机会识别能力排在首位，其次是沟通表达能力、战略规划能力、成果转化能力和市场开拓能力等，具体见表8-12。

表 8-12　个体的创业能力重要程度排序

选项	综合得分	1	2	3	4	5	6	7	8	9	小计
机会识别能力	6.49	234 (46.2%)	70 (13.8%)	59 (11.6%)	26 (5.1%)	26 (5.1%)	25 (4.9%)	34 (6.7%)	19 (3.8%)	14 (2.8%)	507
沟通表达能力	4.78	53 (11.4%)	52 (11.2%)	140 (30.2%)	39 (8.4%)	37 (8.0%)	35 (7.5%)	46 (9.9%)	34 (7.3%)	28 (6.0%)	464

选项	综合得分	1	2	3	4	5	6	7	8	9	小计
战略规划能力	4.74	39 (8.6%)	55 (12.1%)	67 (14.7%)	136 (29.8%)	52 (11.4%)	39 (8.6%)	31 (6.8%)	24 (5.3%)	13 (2.9%)	456
成果转化能力	4.16	37 (8.1%)	126 (27.5%)	32 (7.0%)	24 (5.2%)	25 (5.5%)	39 (8.5%)	53 (11.6%)	49 (10.7%)	74 (16.1%)	459
市场开拓能力	4.08	25 (5.7%)	33 (7.6%)	46 (10.6%)	66 (15.1%)	141 (32.3%)	50 (11.5%)	30 (6.9%)	29 (6.7%)	16 (3.7%)	436
资源整合能力	3.96	27 (6.2%)	43 (9.8%)	43 (9.8%)	50 (11.4%)	63 (14.4%)	134 (30.7%)	31 (7.1%)	33 (7.6%)	13 (3.0%)	437
创新能力	3.45	81 (19.2%)	37 (8.8%)	25 (5.9%)	35 (8.3%)	25 (5.9%)	26 (6.2%)	32 (7.6%)	28 (6.6%)	134 (31.7%)	423
专业技能	3.25	38 (8.9%)	48 (11.2%)	29 (6.8%)	28 (6.5%)	31 (7.2%)	35 (8.2%)	34 (7.9%)	134 (31.3%)	51 (11.9%)	428
财务分析能力	2.99	24 (5.6%)	24 (5.6%)	23 (5.4%)	39 (9.2%)	34 (8.0%)	35 (8.2%)	122 (28.6%)	62 (14.6%)	63 (14.8%)	426

对于如何提升大学生的创新创业能力，调查问卷结果显示，不同创业状态的学生对创新创业教育做法的认同度不同。开设更多创新创业相关的课程，在专业课程中增加创新创业的内容，以及丰富创新创业实践教学内容，改革实践教学模式分别有 70.6%、63.8% 和 71.9% 的人认同，具体见表 8-13。

表 8-13 不同创业状态下对创新创业教育做法的认同度分析

创新创业教育做法	数据统计	创业状态						总计（人）
		没有创业，也没打算创业	没有创业，正在寻找创业项目	已经创业，但不太成功	已经创业，企业运营比较平稳	已经创业，相当成功	其他	
开设更多创新创业相关的课程	计数（人）	248	132	6	5	3	—	394

续表

创新创业教育做法	数据统计	创业状态						总计（人）
		没有创业，也没打算创业	没有创业，正在寻找创业项目	已经创业，但不太成功	已经创业，企业运营比较平稳	已经创业，相当成功	其他	
开设更多创新创业相关的课程	在该种做法下不同创业状态下的占比	62.9%	33.5%	1.5%	1.3%	0.8%	—	394
	在该项创业状态下对该种做法的认同度占比	70.3%	74.2%	54.5%	83.3%	60.0%	—	
在专业课程中增加创新创业的内容	计数（人）	229	114	8	3	2	—	356
	在该种做法下不同创业状态下的占比	64.3%	32.0%	2.2%	0.8%	0.6%	—	
	在该项创业状态下对该种做法的认同度占比	64.9%	64.0%	72.7%	50.0%	40.0%	—	
丰富创新创业实践教学内容，改革实践教学模式	计数（人）	261	126	8	4	2	—	401
	在该种做法下不同创业状态下的占比	65.1%	31.4%	2.0%	1.0%	0.5%	—	
	在该项创业状态下对该种做法的认同度占比	73.9%	70.8%	72.7%	66.7%	40.0%	—	

续表

创新创业教育做法	数据统计	创业状态						总计（人）
		没有创业，也没打算创业	没有创业，正在寻找创业项目	已经创业，但不太成功	已经创业，企业运营比较平稳	已经创业，相当成功	其他	
多收集国家政策、行业前沿相关信息	计数（人）	205	104	5	5	3	—	322
	在该种做法下不同创业状态下的占比	63.7%	32.3%	1.6%	1.6%	0.9%	—	
	在该项创业状态下对该种做法的认同度占比	58.1%	58.4%	45.5%	83.3%	60.0%	—	
多分享创业故事	计数（人）	161	86	6	3	2	—	258
	在该种做法下不同创业状态下的占比	62.4%	33.3%	2.3%	1.2%	0.8%	—	
	在该项创业状态下对该种做法的认同度占比	45.6%	48.3%	54.5%	50.0%	40.0%	—	
多结交有创业想法的朋友，从交流中受益	计数（人）	187	100	5	5	2	—	299
	在该种做法下不同创业状态下的占比	62.5%	33.4%	1.7%	1.7%	0.7%	—	
	在该项创业状态下对该种做法的认同度占比	53.0%	56.2%	45.5%	83.3%	40.0%	—	

续表

创新创业教育做法	数据统计	创业状态						总计（人）
		没有创业，也没打算创业	没有创业，正在寻找创业项目	已经创业，但不太成功	已经创业，企业运营比较平稳	已经创业，相当成功	其他	
多参加创新创业大赛等相关比赛	计数（人）	177	91	7	3	2	—	280
	在该种做法下不同创业状态下的占比	63.2%	32.5%	2.5%	1.1%	0.7%	—	
	在该项创业状态下对该种做法的认同度占比	50.1%	51.1%	63.6%	50.0%	40.0%	—	
加强专业实践技能的训练	计数（人）	170	91	5	3	1	—	270
	在该种做法下不同创业状态下的占比	63.0%	33.7%	1.9%	1.1%	0.4%	—	
	在该项创业状态下对该种做法的认同度占比	48.2%	51.1%	45.5%	50.0%	20.0%	—	
提供更多的社会实践机会	计数（人）	165	90	7	3	1	—	266
	在该种做法下不同创业状态下的占比	62.0%	33.8%	2.6%	1.1%	0.4%	—	
	在该项创业状态下对该种做法的认同度占比	46.7%	50.6%	63.6%	50.0%	20.0%	—	
总计		353	178	11	6	5	5	558

　　将创新创业的相关培训内容融入专业教育对于培养具有创新创业能力的高素质人才具有重要的意义。在就业市场竞争日益激烈的当下，拥有创新创业能力的毕业生更容易脱颖而出。将创新创业教育与专业教育相融合可以培养学生的创新创业思维和实践能力，使他们具备创新产品和服务的开发能力，从而进一步提高自身的就业竞争力，甚至在未来创造更多的就业机会。对于高校是否有必要在专业课程中开展创新创业教育这一问题，62.0%的人认为有必要（见表8-14）。对于如何开设这门课程，30.5%的受访者认为要将创新创业课程融入专业必修课程，22.4%的人认为可以将其作为一门专业选修课程来开设，而28.3%的人认为可以将其融入专业选修课（见表8-15）。

表8-14　是否有必要在专业课程中开展创新创业教育

在专业人才培养方案中 设置创新创业课程的必要性	频次	百分比（%）
有必要	346	62.0
还好，设置与否没有太大关系	193	34.6
完全没必要	19	3.4

表8-15　如何开设创新创业课程

如何开设创新创业课程	频次	百分比（%）
融入专业必修课程	170	30.5
融入专业选修课程	158	28.3
作为一门专业选修课程	125	22.4
作为一门专业必修课程	43	7.7
作为专业通识课程	46	8.2
其他	16	2.9

　　关于学校在创新创业实践教学环节中融入哪些内容这一问题，我们通过交叉对比分析两类数据（即不同创业状态的人数和创新创业与专业相关性认同度数据）发现，65.8%的受访者高度认同创业法规及政策知识的融入；68.3%的受访者对创业机会和环境分析知识的融入表示认可；67.0%的受访者肯定了人际交流与沟通技巧知识融入的必要性；61.8%的受访者认同将社会调查与市场营销知识融入教学。而在已经创业的人中，大部分认为社会调查与市场营销知识相关内容最重要，其次是人际交流与沟通技巧知识，具体情况见表8-16。

表 8-16　不同创业状态下创新创业教学内容交叉对比分析

教学内容	数据统计	创业状态						总计（人）
		没有创业，也没打算创业	没有创业，正在寻找创业项目	已经创业，但不太成功	已经创业，企业运营比较平稳	已经创业，相当成功	其他	
创业法规及政策知识	计数（人）	225	130	7	3	2	—	367
	不同创业状态下该项教学内容认同度占比	61.3%	35.4%	1.9%	0.8%	0.5%	—	
	当前创业状态下对不同教学内容的认同度占比	63.7%	73.0%	63.6%	50.0%	40.0%	—	
创业机会和环境分析知识	计数（人）	244	123	7	3	4	—	381
	不同创业状态下该项教学内容认同度占比	64.0%	32.3%	1.8%	0.8%	1.1%	—	
	当前创业状态下对不同教学内容的认同度占比	69.1%	69.1%	63.6%	50.0%	80.0%	—	

续表

教学内容	数据统计	创业状态						总计（人）
		没有创业，也没打算创业	没有创业，正在寻找创业项目	已经创业，但不太成功	已经创业，企业运营比较平稳	已经创业，相当成功	其他	
人际交流与沟通技巧知识	计数（人）	237	123	8	5	1	—	374
	不同创业状态下该项教学内容认同度占比	63.4%	32.9%	2.1%	1.3%	0.3%	—	
	当前创业状态下对不同教学内容的认同度占比	67.1%	69.1%	72.7%	83.3%	20.0%	—	
社会调查与市场营销知识	计数（人）	216	113	9	5	2	—	345
	不同创业状态下该项教学内容认同度占比	62.6%	32.8%	2.6%	1.4%	0.6%	—	
	当前创业状态下对不同教学内容的认同度占比	61.2%	63.5%	81.8%	83.3%	40.0%	—	

续表

教学内容	数据统计	创业状态						总计（人）
		没有创业，也没打算创业	没有创业，正在寻找创业项目	已经创业，但不太成功	已经创业，企业运营比较平稳	已经创业，相当成功	其他	
财务会计知识	计数（人）	171	87	6	2	2	—	268
	不同创业状态下该项教学内容认同度占比	63.8%	32.5%	2.2%	0.7%	0.7%	—	
	当前创业状态下对不同教学内容的认同度占比	48.4%	48.9%	54.5%	33.3%	40.0%	—	
创业案例分析	计数（人）	164	92	5	3	1	—	265
	不同创业状态下该项教学内容认同度占比	61.9%	34.7%	1.9%	1.1%	0.4%	—	
	当前创业状态下对不同教学内容的认同度占比	46.5%	51.7%	45.5%	50.0%	20.0%	—	

续表

教学内容	数据统计	创业状态						总计（人）
		没有创业，也没打算创业	没有创业，正在寻找创业项目	已经创业，但不太成功	已经创业，企业运营比较平稳	已经创业，相当成功	其他	
工商税务知识	计数（人）	158	83	5	2	1	—	249
	不同创业状态下该项教学内容认同度占比	63.5%	33.3%	2.0%	0.8%	0.4%	—	
	当前创业状态下对不同教学内容的认同度占比	44.8%	46.6%	45.5%	33.3%	20.0%	—	
项目策划及运营知识	计数（人）	161	89	6	4	1	—	261
	不同创业状态下该项教学内容认同度占比	61.7%	34.1%	2.3%	1.5%	0.4%	—	
	当前创业状态下对不同教学内容的认同度占比	45.6%	50.0%	54.5%	66.7%	20.0%	—	

续表

教学内容	数据统计	创业状态						总计（人）
		没有创业，也没打算创业	没有创业，正在寻找创业项目	已经创业，但不太成功	已经创业，企业运营比较平稳	已经创业，相当成功	其他	
团队协作知识	计数（人）	153	90	5	4	1	—	253
	不同创业状态下该项教学内容认同度占比	60.5%	35.6%	2.0%	1.6%	0.4%	—	
	当前创业状态下对不同教学内容的认同度占比	43.3%	50.6%	45.5%	66.7%	20.0%	—	
知识产权保护知识	计数（人）	153	82	6	4	1	—	246
	不同创业状态下该项教学内容认同度占比	62.2%	33.3%	2.4%	1.6%	0.4%	—	
	当前创业状态下对不同教学内容的认同度占比	43.3%	46.1%	54.5%	66.7%	20.0%	—	

续表

教学内容	数据统计	创业状态						总计（人）
		没有创业，也没打算创业	没有创业，正在寻找创业项目	已经创业，但不太成功	已经创业，企业运营比较平稳	已经创业，相当成功	其他	
创业者能力	计数（人）	44	28	2	3	0	—	77
	不同创业状态下该项教学内容认同度占比	57.1%	36.4%	2.6%	3.9%	0.0%	—	
	当前创业状态下对不同教学内容的认同度占比	12.5%	15.7%	18.2%	50.0%	0.0%	—	
企业经营能力	计数（人）	44	32	3	4	0	—	83
	不同创业状态下该项教学内容认同度占比	53.0%	38.6%	3.6%	4.8%	0.0%	—	
	当前创业状态下对不同教学内容的认同度占比	12.5%	18.0%	27.3%	66.7%	0.0%	—	
总计（人）		353	178	11	6	5	5	558

　　我们通过交叉表对创新创业教育内容与专业教育的关系进行对比分析时，得到的各项数据占比与表 8-16 基本相同，位居前四的也是创业法规及政策知识、创业机会和环境分析知识、人际交流与沟通技巧知识、社会调查与市场营销知识，具体见表 8-17。

表 8-17　创新创业教育与专业教育关系对比分析

教学内容	数据统计	创新创业教育与专业教育的关系				总计（人）
		密切相关	有一定关联	基本无关	完全无关	
创业法规及政策知识	计数（人）	125	198	38	6	367
	该项教学内容下有关创新创业教育与专业教育之间关系的认同度占比	34.1％	54.0％	10.4％	1.6％	
	创新创业教育与专业教育在此种关系认同度下对不同教学内容的认同度占比	73.1％	66.7％	54.3％	30.0％	
创业机会和环境分析知识	计数（人）	118	209	45	9	381
	该项教学内容下有关创新创业教育与专业教育之间关系的认同度占比	31.0％	54.9％	11.8％	2.4％	
	创新创业教育与专业教育在此种关系认同度下对不同教学内容的认同度占比	69.0％	70.4％	64.3％	45.0％	

续表

教学内容	数据统计	创新创业教育与专业教育的关系				总计（人）
		密切相关	有一定关联	基本无关	完全无关	
人际交流与沟通技巧知识	计数（人）	114	211	41	8	374
	该项教学内容下有关创新创业教育与专业教育的认同度占比	30.5%	56.4%	11.0%	2.1%	
	创新创业教育与专业教育在此种关系认同度下对不同教学内容的认同度占比	66.7%	71.0%	58.6%	40.0%	
社会调查与市场营销知识	计数（人）	97	204	38	6	345
	该项教学内容下有关创新创业教育与专业教育之间关系的认同度占比	28.1%	59.1%	11.0%	1.7%	
	创新创业教育与专业教育在此种关系认同度下对不同教学内容的认同度占比	56.7%	68.7%	54.3%	30.0%	

续表

教学内容	数据统计	创新创业教育与专业教育的关系				总计（人）
		密切相关	有一定关联	基本无关	完全无关	
财务会计知识	计数（人）	77	156	27	8	268
	该项教学内容下有关创新创业教育与专业教育之间关系的认同度占比	28.7％	58.2％	10.1％	3.0％	
	创新创业教育与专业教育在此种关系认同度下对不同教学内容的认同度占比	45.0％	52.5％	38.6％	40.0％	
创业案例分析	计数（人）	73	158	29	5	265
	该项教学内容下有关创新创业教育与专业教育之间关系的认同度占比	27.5％	59.6％	10.9％	1.9％	
	创新创业教育与专业教育在此种关系认同度下对不同教学内容的认同度占比	42.7％	53.2％	41.4％	25.0％	

续表

教学内容	数据统计	创新创业教育与专业教育的关系				总计（人）
		密切相关	有一定关联	基本无关	完全无关	
工商税务知识	计数（人）	71	140	32	6	249
	该项教学内容下有关创新创业教育与专业教育之间关系的认同度占比	28.5%	56.2%	12.9%	2.4%	
	创新创业教育与专业教育在此种关系认同度下对不同教学内容的认同度占比	41.5%	47.1%	45.7%	30.0%	
项目策划及运营知识	计数（人）	74	152	30	5	261
	该项教学内容下有关创新创业教育与专业教育之间关系的认同度占比	28.4%	58.2%	11.5%	1.9%	
	创新创业教育与专业教育在此种关系认同度下对不同教学内容的认同度占比	43.3%	51.2%	42.9%	25.0%	

续表

教学内容	数据统计	创新创业教育与专业教育的关系				总计（人）
		密切相关	有一定关联	基本无关	完全无关	
团队协作知识	计数（人）	73	149	28	3	253
	该项教学内容下有关创新创业教育与专业教育之间关系的认同度占比	28.9%	58.9%	11.1%	1.2%	
	创新创业教育与专业教育在此种关系认同度下对不同教学内容的认同度占比	42.7%	50.2%	40.0%	15.0%	
知识产权保护知识	计数（人）	68	146	27	5	246
	该项教学内容下有关创新创业教育与专业教育之间关系的认同度占比	27.6%	59.4%	11.0%	2.0%	
	创新创业教育与专业教育在此种关系认同度下对不同教学内容的认同度占比	39.8%	49.2%	38.6%	25.0%	

续表

教学内容	数据统计	创新创业教育与专业教育的关系				总计（人）
		密切相关	有一定关联	基本无关	完全无关	
创业者能力	计数（人）	21	46	8	2	77
	该项教学内容下有关创新创业教育与专业教育间关系的认同度占比	27.3%	59.7%	10.4%	2.6%	
	创新创业与专业在此种关系认同度下对不同教学内容的认同度占比	12.3%	15.5%	11.4%	10.0%	
企业经营能力	计数（人）	25	47	10	1	83
	该项教学内容下有关创新创业教育与专业教育之间关系的认同度占比	30.1%	56.6%	12.0%	1.2%	
	创新创业教育与专业教育在此种关系认同度下对不同教学内容的认同度占比	14.6%	15.8%	14.3%	5.0%	
总计		171	297	70	20	558

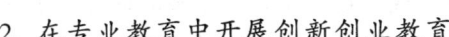

2. 在专业教育中开展创新创业教育

（1）加强实践环节的建设。

在创新创业教育中，实践是培养创新创业人才的重要途径，高校需要加强实践环节，提高学生的创业实践能力。高校可以通过与企业合作，开展创业项目实践、实地考察和企业实习等活动，让学生更好地接触实际创业环境。

（2）建立评价体系。

建立全面的、科学的评价体系，对学生的创新创业能力进行评价和激励，是提高创新创业教育质量的重要保障。高校可以通过综合考核、实践项目成果评估和创业竞赛等方式，对学生的创新创业能力进行全面评价。

（3）加强对学生的创新和创业意识的引导。

高校应加强对学生的引导，营造良好的创新创业氛围，以更好地促进创新创业教育的发展。高校可以通过创新创业导师制度、创业讲座和创新创业俱乐部等方式，为学生提供个性化的创新创业指导和支持。

第二节 高校创新创业教育对就业的影响

当前，大学生创新创业教育已成为高等教育体系的重要组成部分。创新创业教育不仅有助于培养学生的创新思维和创业能力，还对其就业观念、职业选择及就业竞争力产生了深远影响。创新创业教育的价值与成效体现在以下几个方面。

一、创新创业教育增强就业竞争力

创新创业教育通过系统化的课程设计与实践环节，培养学生的创新思维、团队协作能力、项目管理能力以及市场分析能力等。这些能力的提升显著增强了学生在就业市场中的竞争力，使其能够更好地适应现代职场对复合型人才的需求。在创新思维方面，创新创业教育通过启发式教学和实践项目，激发学生的创造力和批判性思维，使其能够从不同角度思考问题并提出创新性解决方案。在团队协作能力方面，创新创业教育通过小组项目和团队竞赛，让学生学会在团队环境中有效沟通、分工协作，并发挥各自的优势，提升团队整体效能。在项目管理能力方面，创新创业教育通过让学生在参与创新创业项目时掌握项目规划、执行、监控与评估的全过程管理能力，提高其系统思维能力和解决问题的能力。在市场分析能力方面，创新创业教育注重培养学生对市场动态的敏感度和分析能力，使其能够准确把握市场需求，为未来的职业发展奠定基础。这些综合能力的培养不仅提升了学生在就业市场中的竞争力，还为其未来的职业发展提供了坚实的基础，使其能够更好地适应现代职场对复合型人才的需求。

创新创业教育强调理论与实践相结合，通过创业实践、模拟项目以及创新创业竞赛等形式，让学生将课堂所学的理论知识应用于实际操作，积累宝贵的实践经验。这种经验的积累具有多方面的重要意义。首先，在实际项目实践过程中，学生会面临各种复杂问题，他们需要运用所学知识和技能进行分析和解决，这一过程能够显著提升学生解决实际问题的能力。其次，丰富的实践经验让学生在求职过程中更具优势。在就业市场中，具备实际项目经验的学生往往更受雇主青睐。最后，实践环节给学生提供了在真实情境中运用理论知识的机会，能够进一步加深学生对知识的理解，促进其知识的内化与转化。综上所述，创新创业教育通过系统化的课程设计和丰富的实践环节，不仅能提升学生的多维度综合能力，还能通过实践经验的积累，为其未来的职业发展提供有力支持。这种教育模式在提升学生就业竞争力和适应现代职场需求方面具有显著成效。

二、创新创业教育推动就业观念转变

创新创业教育对于学生就业观念的转变具有重要作用。它鼓励学生突破传统就业观念的束缚，积极探索自主创业、灵活就业等多元化职业路径。这种观念的转变不仅能够为学生提供更广阔的职业发展空间，还能有效缓解传统就业市场的压力。与此同时，创新创业教育使学生更加清晰地认识到创业的风险与挑战，从而在就业选择中能够更加理性地评估自身条件与市场需求，进而做出更为科学合理的职业规划。通过创新创业教育，学生在面对职业选择时，不再局限于传统的就业模式，而是能够根据自身兴趣、能力和市场环境，灵活选择适合自己的发展道路，实现个人价值与社会需求的有机结合。

三、创新创业教育激发创业意愿、提升创业能力

创新创业教育在提升学生创业意识方面发挥着重要的作用。通过案例教学、企业家讲座等形式，创新创业教育不仅能激发学生的创业兴趣与热情，还能显著增强他们的创业意识。许多学生在接受创新创业教育后，选择自主创业，这不仅为他们自身创造了就业机会，也为社会提供了更多的就业岗位，推动了经济的多元化发展。

与此同时，创新创业教育注重对学生创业能力的系统化培养。通过学习科学合理的课程内容，学生能够系统地掌握市场分析、商业计划书撰写、融资策略等创业核心技能。这些能力的提升不仅能为学生未来的创业实践奠定坚实的基础，还能显著提高他们的创业成功率，使他们在面对复杂多变的市场环境时能够更加从容，实现个人价值与社会价值的有机结合。

四、创新创业教育提升就业市场适应性

创新创业教育显著增强了学生对就业市场的适应性。通过应变能力与创新思维的培养，学生能够快速适应就业市场的变化以及岗位需求的调整。在当今快速变化的就业环境中，这种能力尤为重要，它使学生能够在面对新的挑战和机遇时迅速调整自身技能和知识结构，从而更好地融入职场并实现职业发展。

同时，创新创业教育在促进创新驱动就业方面发挥着重要作用。具备创新能力的学生能够为企业带来新的发展思路与解决方案，从而推动企业的创新与发展。这不仅能提升企业的竞争力，还能为企业创造更多的价值，进而也能为学生自身创造更多的就业机会。通过这种方式，创新创业教育实现了学生能力与市场需求的有效对接，为学生的职业发展和企业的可持续发展提供了有力支持。

五、创新创业教育提升心理素质、增强抗压能力

创新创业教育在提升心理素质、增强抗压能力方面发挥着重要作用。通过模拟创业环境和实践挑战，学生在面对复杂情境和不确定性时，能够逐步形成较强的抗压能力和心理韧性。这使他们在未来的职场中能够更好地应对各种压力与挑战，保持积极的心态，从而在职业生涯中实现可持续发展。

同时，创新创业实践为学生提供了突破自我的平台，显著提升了他们的自信心。在实践过程中，学生通过不断尝试、解决问题并取得成果，逐步建立起自信心。这种自信心不仅使他们在就业市场中更加积极主动，还赋予了他们敢于面对竞争与挑战的勇气，从而使他们在职业发展道路上更具竞争力。

六、创新创业教育进一步强化社会责任感与职业道德

创新创业教育在塑造学生社会责任感与职业道德方面发挥着重要作用。创新创业教育通过强调企业的社会责任与可持续发展，引导学生关注社会问题和公共利益，使其在就业过程中更加注重职业道德与社会贡献。这种教育模式不

仅能增强学生的社会责任意识，还能促使他们在职业实践中积极践行社会责任，为社会的和谐发展贡献力量。

与此同时，创新创业教育注重培养学生的可持续发展意识。创新创业教育通过引导学生关注企业的长期发展与社会价值，使学生在就业中更加倾向于选择具有可持续发展理念的企业。这种倾向不仅有助于学生个人的职业发展，还推动了社会经济的良性发展，实现了个人价值与社会价值的有机统一。

大学生创新创业教育对就业的影响是多层次、多维度的，它不仅能够提升学生的就业竞争力与市场适应性，还能够转变其就业观念，激发其创业意愿。同时，创新创业教育还通过心理素质的强化及社会责任感的塑造，为学生未来的职业发展提供全面支持。高校应进一步加强创新创业教育的体系建设，为学生就业与创业能力的提升提供更加坚实的保障。

第三节　高校创新创业教育改革方向与对策

通过对高校创新创业教育现状的深入分析，我们明确了当前创新创业教育在实践环节、评价体系、师资队伍等方面存在的问题。在此基础上，本节将进一步探讨创新创业教育对高校毕业生就业的具体影响，以期为高校教育改革和政策制定提供更具针对性的建议。本节我们将探讨如何通过创新创业教育实践教学改革，分阶段、分层次地对学生进行创新思维、创业精神、创业能力、创业知识的培养，进而将创新创业教育融入人才培养全过程，提高学生创业和创业成功的比例。

一、高校创新创业教育实践教学改革方向

高校创新创业教育实践教学改革应从更新教育观念和转变教育方式入手，通过专创融合改革提升创新创业教育质量。研究发现，传统的教学模式已无法满足现代教育需求，急需进行升级与改革。"以学生为本"的教育理念不仅注重知识的传授，更注重学生个体的成长与发展。因此，将创新创业教育实践教学理念与方法融入日常教学，为学生提供更具实际意义的学习经验显得尤为重要。高校要将课程设计与项目实践、任务驱动相结合，帮助学生提高实际操作能力、拓展社会知识。这种教育模式能够有效激发学生的创新思维，开阔其视野，进而提升其参与创新创业活动的能力与兴趣。

高校创新创业教育课程体系的建设旨在培养学生的创新创业能力和意识，而推进专创融合改革是实现这一目标的关键路径。将创新创业教育与专业教育

深度融合，打破学科壁垒，构建跨学科、跨领域的课程体系，能够为学生提供更加系统、全面的学习体验。这种融合不仅有助于学生将专业知识与创新创业技能有机结合，还能进一步提升其综合素质和适应能力，使其在未来的职业发展和创新创业实践中更具竞争力。

二、专创融合改革的主要内容

在当前高等教育改革的背景下，专创融合改革已成为推动高校创新创业教育高质量发展的关键举措。这一改革的核心在于将创新创业教育深度融入专业教育体系，通过打破学科壁垒、优化课程设置、创新教学方法，实现专业知识传授与创新创业能力培养的有机统一。专创融合改革不仅有助于提升学生的综合素质和实践能力，还能为社会培养更多具有创新精神和创业潜力的复合型人才。

1. 专创融合的课程改革建议

专创融合的课程改革建议如表 8-18 所示。

表 8-18　专创融合的课程改革建议

序号	课程类别	课程功能	具体课程内容
1	创业基础课程	帮助学生了解创业的基本概念、过程和技能，包括市场调研、商业计划书编写、创业融资等内容	1. 创业导论：介绍创业的基本概念、重要性及创业生态系统 2. 市场调研与商业计划：讲授市场调研方法、竞争分析方法和商业计划书的编写技巧 3. 创新与创业思维：培养学生的创新意识、敏锐的商业眼光以及创造性思维 4. 创业计划书撰写与评估：讲授创业计划书的撰写方法和技巧，包括市场调研、财务预测、风险评估等，使学生能够有效地准备和评估创业计划书
2	创新思维培养课程	培养学生的创新思维方式和能力，包括问题解决、设计思维、创意发掘等内容	1. 创新的原理与方法：讲述创新的理论和实践，培养学生的创造性思维模式 2. 创新项目策划与管理：引导学生学习创新项目的策划和管理流程，培养其团队合作和项目管理能力 3. 创业机会识别与评估：讲授发现和评估创业机会的方法，包括市场分析、竞争分析、商业模式设计等内容，帮助学生提高判断力和决策能力

续表

序号	课程类别	课程功能	具体课程内容
3	创业实践课程	通过实际创业项目或模拟创业案例，让学生亲身经历创业的全过程，包括产品开发、运营管理、团队协作等内容	1. 创业案例研究：引导学生分析和学习真实创业案例，了解成功和失败的因素 2. 创业项目孵化：指导学生进行从构思到实施的完整创业项目过程 3. 创业计划竞赛：组织学生参加创业计划比赛，提供实践平台和评估机会
4	创业管理课程	了解创业公司运营管理的各个方面，包括创业领导力、组织管理、市场营销、财务管理等内容	1. 创业团队管理：教学生如何组建、激励和管理创业团队，培养其领导力和团队合作能力 2. 创业运营管理：介绍创业公司的运营管理知识，包括财务管理、市场推广和供应链管理 3. 创业融资与风险管理：介绍创业融资的渠道，包括天使投资、风险投资等，讲授风险管理和资金运作的基本原理和策略
5	创业法律与政策课程	介绍创业相关的法律法规和政策，帮助学生了解创业过程中的法律风险和合规要求	1. 创新创业法律基础：介绍创业中的法律风险和合规要求 2. 知识产权保护：介绍商标、专利、版权等知识产权的申请和保护方法
6	创业实训课程	通过创业实训项目或企业合作实践，让学生在真实的商业环境中学习并应用创新创业知识和技能	1. 创业模拟实训：通过模拟真实的创业环境和情境进行实践训练，提升学生的创业技巧，增强其决策能力 2. 创业实践与创业生态系统：通过实践活动，让学生切身感受创业的挑战和机遇，并了解创业生态系统的构成和运作

续表

序号	课程 类别	课程 功能	具体课程内容
7	创新创业导师制度	建立创新创业导师制度，为学生提供个性化的创新创业指导和支持，帮助他们解决在创业过程中遇到的问题	为学生配备创新创业导师：提供个性化指导和咨询，帮助学生解决问题和提升创业能力

高校专创融合课程体系的具体设置会因学校、专业、教育目标等不同而有所差异。因此，以上只是一些常见的课程类型，实际情况可能因学校而异。同时，创新创业教育课程的设计和调整需要考虑学生需求、教学方法、实践导向、教师角色转变、反馈机制以及持续更新等因素。

2. 专创融合的教学方法与媒介方式改革建议

专创融合的具体教学方法和媒介方式可以根据不同的学习目标和教学环境进行选择和组合。常见的教学方法和媒介方式有项目驱动式教学法、案例教学法、小组讨论和合作学习、制订创新创业计划、使用多媒体教学手段、利用创新创业平台和社交媒体、创新创业导师指导等。

运用项目驱动式教学法时，学校可以通过组织开展实际项目来培养学生的创新和创业能力。教师可以设计各种类型的项目，如创业计划书编写、产品设计开发等，让学生在项目中扮演创业者的角色，通过实践来学习和应用相关知识和技能。

运用案例教学法时，教师可以通过分析真实的创新创业案例来培养学生分析和解决问题的能力。教师可以选取具有代表性的创新创业案例，引导学生分析案例中的成功因素和挑战，让学生进行讨论和思考。

教师可以通过小组讨论和合作学习来培养学生的团队合作和交流能力。教师可以将学生分组，让他们一起完成创新创业任务，鼓励学生分享观点、协作解决问题，并及时提供反馈和指导。

在制订创新创业计划时，教师可以让学生根据自己的创新创业项目，制订详细的计划，包括市场分析、资源配置、风险评估等。通过这个过程，学生能够学会系统地思考和规划创业项目，并了解实施创业计划的各项要素。

教师可以利用多媒体来提供丰富的教学资源和案例。教师可以使用演示文稿、视频、图表等多媒体形式，展示相关理论知识和实践案例，使学生更加直观地理解和掌握创新创业的概念和方法。

现代技术为创新创业教育带来了许多新的机遇。学校可以搭建在线创新创业平台，提供学习资源，让学生在虚拟环境中进行创新创业实践。此外，教师还可以鼓励学生利用社交媒体平台进行交流和分享，与其他创业者建立联系和合作。

学校可以邀请有丰富创业经验的导师，为学生提供指导和反馈。导师可以与学生一对一交流，也可以分小组进行交流，分享自己的创业经验，提供行业洞察，并为学生的创新创业项目提供指导和建议。

总之，创新创业教育的具体教学方法和媒介方式应多样化和灵活使用，要结合实践、案例和合作等，培养学生的创新思维、创业能力和团队合作精神。同时，借助现代科技手段和新媒体平台，更好地满足学生的学习需求，促进创新创业教育的有效实施。

三、创新创业教育改革评价体系构建建议

为提升创新创业教育的质量与效果，高校与企业应深度合作，共同参与创新创业教育，培养具备实践经验的创新创业人才。研究发现，建立紧密的校企合作关系，邀请企业家参与课程教学、开展校企合作项目以及为学生提供实习机会等举措，能够让学生充分了解产业现状与市场需求。这种教育模式不仅能让学生将理论知识与实际操作紧密结合，还能为学生的创新创业活动提供丰富的实践经验，从而有效提升创新创业教育的质量和效果。

在评估创新创业实践教学改革的效果时，选择合适的评估指标至关重要。这些指标应全面且准确地反映实践教学改革的效果与影响。首先，学生创新创业能力类指标是核心，包括创新思维、创意能力、团队合作能力等。例如，评估学生能否提出独特的创新创业项目方案，以及能否有效组织和协调团队合作。其次，创新创业意识和素养类指标也极为重要，涉及学生对创新创业的认知水平、理解程度以及是否具备创新思维和创业精神等。此外，创新创业实践成果类指标能够客观反映学生的实际水平和能力，如创新产品或服务的开发、商业计划书的撰写、市场推广和销售效果等。最后，企业和社会反馈类指标也不容忽视，学校可以通过与企业合作单位的交流和调研，了解学生实践成果是否得到认可和应用，从而评估实践教学改革对企业和社会的实际影响。

综合运用以上评估指标，我们可以较为全面地评价创新创业实践教学改革的效果与影响。在评估过程中，建议采用定性与定量相结合的方法，综合考虑多个因素的影响，以更准确地评价实践教学改革的效果。这不仅能为创新创业教育改革提供科学依据，也能为进一步改进创新创业实践教学奠定坚实的基础。

1. 指标体系构建及具体分值

创新创业实践教学水平评估的指标体系构建及具体分值如表 8-19 所示。

表 8-19　创新创业实践教学水平评估的指标体系构建及具体分值

序号	一级评价指标	二级评价指标
1	创新创业能力（总分50分）	• 创新思维能力（12分） • 创意能力（12分） • 团队合作能力（12分） • 解决问题能力（14分）
2	创新创业意识和素养（总分25分）	• 创新创业意识（10分） • 创新思维（15分）
3	创新创业实践成果（总分30分）	• 创新产品或服务成果（15分） • 商业计划书撰写质量（10分） • 市场推广和销售效果（5分）
4	企业和社会反馈（总分15分）	• 学生实践成果认可度（8分） • 与企业合作交流效果（7分）

表 8-19 中每个指标的分值都反映了其在评估中的重要性和贡献程度。教师可以按照设定的分值对每个学生进行评分，并对各项指标进行加权平均，得出学生在创新创业能力和素养方面的综合得分，并以此评估他们的整体表现。

2. 指标体系细化

我们可以进一步细化表 8-19 中的指标，即对创新创业能力、创新创业意识和素养、创新创业实践成果以及企业和社会反馈等指标的具体可操作性因素进行细化，具体如表 8-20 所示。

表 8-20　指标体系细化

序号	一级指标 （4 个）	二级指标 （11 个）	三级指标 （25 个）
1	创新创业能力（总分 50 分）	创新思维能力（12 分）	·针对问题提出独特的解决方案（4 分） ·运用多元思维解决问题（4 分） ·对复杂问题进行系统性思考和分析（4 分）
		创意能力（12 分）	·提出创新产品或服务的独特创意（4 分） ·在创新过程中表现出敏锐的洞察力（4 分） ·能够将创意转化为可行的商业模式（4 分）
		团队合作能力（12 分）	·在团队中积极参与并发挥合作精神（4 分） ·能够有效地与团队成员沟通和协作（4 分） ·能够在团队中承担领导者和协调者的角色（4 分）
		解决问题能力（14 分）	·能够识别和分析问题，并提出解决方案（4 分） ·在解决问题时展现出创新和独立思考的能力（4 分） ·能够评估解决方案的有效性并做出调整（6 分）
2	创新创业意识和素养（总分 25 分）	创新创业意识（10 分）	·对创新创业的重要性和意义有清晰的认识（5 分） ·能够主动寻求创新创业机会（5 分）
		创新思维（15 分）	·运用系统性思维和批判性思维进行问题分析和解决（7 分） ·具备跨学科和综合知识的能力（8 分）
3	创新创业实践成果（总分 30 分）	创新产品或服务成果（15 分）	·提出具有市场竞争力的创新产品或服务（8 分） ·具备产品原型开发和测试的能力（7 分）
		商业计划书撰写质量（10 分）	·商业计划书内容完整且逻辑清晰（5 分） ·商业模式和市场分析具有可行性（5 分）

续表

序号	一级指标 （4 个）	二级指标 （11 个）	三级指标 （25 个）
3	创新创业实践成果（总分 30 分）	市场推广和销售效果（5分）	·展示有效的市场推广策略和销售技巧（5分）
4	企业和社会反馈（总分 15 分）	学生实践成果认可度（8分）	·创新创业项目获得投资或者与企业合作机会（5分） ·学生实践项目得到专业人士或市场的积极评价（3分）
		与企业合作交流效果（7分）	·与企业建立良好的合作关系并取得实质性成果（5分） ·能够在与企业的交流中展现出积极的学习态度和沟通能力（2分）
总分			120 分

这些指标有助于评估学生的创新创业能力和素养。

第九章　人工智能对高校毕业生就业的影响

第一节　人工智能技术对就业市场的双重效应：
替代效应与创造效应分析

人工智能技术已成为当前最具影响力的革命性技术之一，它不仅重塑着经济格局，还对就业市场产生了深远的冲击，尤其是对高校毕业生这一关键就业群体。一方面，人工智能技术的广泛应用为高校毕业生开辟了崭新的职业路径，创造了前所未有的就业机会；另一方面，传统就业岗位受到冲击，就业市场竞争愈发激烈。在此背景下，如何加强相关技能培训，在就业市场中为高校毕业生提供更有力的支持与帮助，成为高校亟待深入探讨的重要问题。

一、人工智能技术对就业市场的替代效应

人工智能技术对就业市场的替代效应的最主要表现是岗位消减。人工智能技术通过自动化和智能化的替代作用，对中低技能岗位产生了显著冲击。麦肯锡全球研究院发布了一份有关人工智能与全球就业市场的宏观报告，报告预测，随着科技的进步，到 2030 年，保守估计全球 15％的人（约 4 亿人）会因人工智能工作发生变动。麦肯锡全球研究院在 2024 年发布的《工作的新未来：在欧洲及其他地区部署人工智能和提升技能的竞争》中指出，随着人工智能技术的快速推广，劳动力市场将迎来重大变革。预计到 2030 年，生成式人工智能将帮助美国和欧洲近三分之一的工作时间实现自动化。

　　根据 2024 年末国际机器人联合会发布的《2024 年世界机器人报告》，2023年，全球平均机器人密度（每万名员工安装的机器人数量）达到 162 台，而中国已实现每万名员工 470 台机器人的较高机器人密度，这一密度仅次于韩国、新加坡。

　　根据世界经济论坛发布的《2025 年未来就业报告》，数字化将深刻改变企业的业务运营机制，将有 22％的就业机会面临变革，新创造的工作岗位数量为1.7 亿个，而被替代的工作岗位数量为 9200 万个，到 2030 年就业机会净增7800 万个。机器人技术和自主系统将是工作岗位净减少的主要因素。

　　人工智能技术的深度渗透正在引发企业工作形态的数字化转型与技能结构的动态重构。根据《2025 年未来就业报告》的预测，至 2030 年，企业运营中将呈现显著的技术替代与人机协同特征。具体表现在以下几个方面。一是工作形态的范式转移。到 2030 年，企业预计通过应用人工智能和机器人技术，大幅度提高自动化水平。届时，约三分之一的工作将由人类完成，三分之一将由技术取代，另有三分之一将在人类与技术的协作下完成。二是技能需求的非对称演变。麦肯锡全球研究院对 2024 年技能缺口的分析结果显示，2025—2030年，现有劳动力技能的 39％将面临功能性过时。技能重塑与技能升级的紧迫性进一步凸显。经济合作与发展组织（简称经合组织）发布中期经济展望报告，指出若未能及时开展系统性技能培训，约 11％的劳动力可能因技能适配性不足而面临失业风险。

二、人工智能技术对就业市场的创造效应

　　人工智能技术对就业市场的创造效应是新兴职业的快速增长。人工智能正在重构千行百业，同时催生大量新兴职业以及新兴职业集群，形成就业市场的增长极。根据世界经济论坛发布的《2025 年未来就业报告》，在未来五年内，全球预计将有约 23％的工作岗位发生变革。增长最快的就业机会集中在科技、数据和人工智能等领域，但送货司机、护理岗位、教育从业者和农场工人等核心经济职位预计也会迎来增长。

1. 技术研发领域的指数级增长

　　我国工业和信息化部发布的数据显示，2023 年中国人工智能核心产业规模突破 5000 亿元人民币，企业数量超过 4300 家，创新成果不断涌现。

2. 人机协作界面的职业化演进

　　在人工智能技术发展的过程中，人工智能训练师、数据标注师、智能系统

运维工程师等新兴职业应运而生。猎聘发布的《2025 AI 技术人才供需洞察报告》，对我国 AI 技术人才的供需情况进行了全面分析。当前，我国人工智能人才市场供不应求，2025 年 1 月人工智能技术整体人才紧缺指数达到了 3.24，且这些岗位的薪资水平也在不断提升，劳动者的核心能力逐渐向数据分析、算法理解以及人机交互设计等关键领域转移。亚马逊称 2025 年将在云计算和人工智能领域投入千亿美元[①]，用于实施员工技能重塑计划。该计划旨在帮助仓储工人转型为机器人协调员，以适应自动化和智能化工作环境的需求。

3. 行业的技术渗透与职业创新

人工智能技术的快速发展对就业市场产生了深远影响。一方面，大量传统岗位被智能系统取代，如一些重复性、规律性强的工作，像数据录入、客服、装配等受到较大冲击。另一方面，人工智能技术的发展也催生了诸如人工智能训练师、数据伦理师等新兴职业。

三、双重效应的净影响分析

普华永道在 2021 年中国国际服务贸易交易会上发布了成果报告《新科技对人才结构和能力的颠覆洞察》。该报告明确指出，人工智能等新兴技术的广泛普及将不可避免地对各行业造成冲击，但同时会对整体经济产生巨大的推动作用，并促使就业市场发生结构性调整。报告进一步预测，到 2037 年，人工智能及相关技术将为我国带来大约 9300 万个净增加就业岗位，这一数量相当于 2021 年现有就业岗位总数的 12% 左右。在具体行业方面，服务业预计将新增 29% 的岗位，主要原因是该行业涉及的高水平人际交往技能难以被人工智能取代；建筑业预计新增 23% 的岗位；工业领域将从低价值的劳动密集型生产向高价值型生产转变，预计新增 3% 的岗位；而农业领域则预计有 10% 的岗位被取代，且这些被取代的岗位需要完全不同的新技能。

第二节　人工智能对就业的积极和消极影响

人工智能作为新一轮科技革命和产业变革的核心驱动力，正在深刻重塑着全球劳动力市场的结构与运行机制。根据技术-经济范式理论，人工智能不仅改

---

① 张颖哲. 亚马逊称 2025 年将在云计算和人工智能投入千亿美元［EB/OL］.（2025-02-07）［2025-03-27］. https://content-static.cctvnews.cctv.com/snow-book/index.html? item _ id = 13605784317828512541.

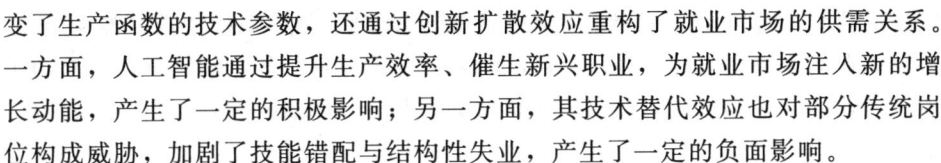

变了生产函数的技术参数，还通过创新扩散效应重构了就业市场的供需关系。一方面，人工智能通过提升生产效率、催生新兴职业，为就业市场注入新的增长动能，产生了一定的积极影响；另一方面，其技术替代效应也对部分传统岗位构成威胁，加剧了技能错配与结构性失业，产生了一定的负面影响。

一、积极影响分析

1. 人工智能催生新兴职业集群

人工智能技术的演进推动了职业结构的转型升级，为劳动力市场注入了新的动能。具体而言，人工智能领域催生了如提示词优化工程师、模型微调专家等新兴职业。其中，提示词工程师的工作是通过系统化设计提示词框架来引导大规模预训练模型的输出优化，实现模型性能的最大化。人工智能技术在智能制造中的应用显著提升了生产流程的智能化水平，推动了新型工业化进程。在金融科技领域，人工智能在风险建模、异常交易检测以及个性化金融产品推荐等方面的应用，极大地提升了金融服务的智能化水平。此外，人工智能还催生了数字内容创作等新型就业形态，如虚拟歌手、数字人主播等，拓展了就业市场的边界。

随着人工智能技术的持续迭代演进，"人工智能系统架构与运维""数据科学与商业分析"等领域已成为具有极大发展潜力的职业方向。在数字化转型背景下，企业对智能化系统的需求与日俱增，使得人工智能架构师成为稀缺人才。这些专业人员负责设计、开发和维护企业级人工智能系统，确保系统的可靠性和可扩展性。数据科学领域同样展现出广阔的发展前景。国际数据公司发布的《数据时代2025》显示，全世界产生的新数据有望从2018年的33 ZB增至2025年的175 ZB（1 ZB约相当于1万亿GB）。在此背景下，运用机器学习算法和数据挖掘技术，从海量数据中提取商业洞见，能够为企业的战略决策提供数据支撑。实证研究表明，职场人士对人工智能的接受度显著提升，超过75％的专业人士已将人工智能工具整合到日常工作流程中，如智能办公系统和商业智能分析平台，这不仅提升了工作效率，还创造了新的职业发展路径。

2. 新型就业形态呈多元化发展趋势

数字经济的蓬勃发展催生了多样化的就业形态。以直播经济为例，中国人事科学研究院2023年发布的《短视频直播生态催生新职业促进高质量充分就业报告》显示，快手平台孕育和催生了174个新职业，创造了3621万个就业岗位，包括"互联网营销师""探店达人""互联网招聘顾问"等。其中，八成以上的传统职业开启了视频化转型，形成了包含主播、助播、选品专家等 30 余种职业的完整生态链。可以看到，短视频直播与各行各业的结合，既推动了传统产业的升级，也带动了新业态的产生，为许许多多的普通人创造了新的就业机会。

二、消极影响分析

1. 岗位替代效应与职业结构转型驱动劳动力市场变革

人工智能技术的快速发展正在引发劳动力市场的深刻变革，这主要表现为岗位替代效应和职业结构转型。根据技术替代理论，人工智能通过自动化和智能化技术，能够高效完成重复性、规则化的任务，从而对中低技能岗位构成显著替代风险。根据投资银行高盛在 2023 年发布的报告，随着人工智能技术的突破，预计全球将有 3 亿个工作岗位被生成式人工智能取代，其中律师、行政人员、建筑制图员、会计师、税务顾问等职业所受影响较大。这一趋势不仅反映了技术对劳动力市场的直接影响，也揭示了职业结构的深层次转型。

从经济学视角来看，岗位替代效应是技术进步的必然结果。人工智能通过机器学习和自然语言处理等技术，能够以更高的效率和更低的成本完成传统由人类承担的工作。例如，在会计领域，人工智能驱动的财务软件可以自动完成账目核对、税务申报等任务，显著减少了对人工会计的需求。这种替代效应并不局限于单一行业，而是呈现出跨行业、跨领域的特征，这进一步推动了劳动力市场的结构性调整。

然而，岗位替代效应并非均匀分布，其影响力的大小因职业类型和技能水平而异。根据技能偏向型技术进步理论，高技能劳动者能够更好地适应技术变革，他们能够利用人工智能工具提升生产效率和创新能力，从而在劳动力市场中占据优势地位。相比之下，低技能劳动者则面临较高的失业风险，尤其是在从事重复性、规则化工作的领域。这种就业极化现象正在逐步瓦解传统的社会阶层结构，并催生"技能鸿沟"与"数字隔离"的恶性循环。

人工智能驱动的岗位替代效应和职业结构转型，既是技术进步的必然结果，也是劳动力市场面临的重大挑战。未来，我们需要进一步加强职业技能培训、完善劳动者权益保护机制，推广技术应用的伦理规范。

2. 技术替代效应与传统职业消失风险驱动下的职业重构

人工智能技术的快速发展正在对传统职业构成前所未有的替代风险。根据技术替代理论，人工智能通过自动化和智能化技术，能够高效完成传统由人类承担的任务，从而对特定职业构成直接威胁。全球自动驾驶领域正在经历快速发展阶段，以萝卜快跑为代表的创新企业正加速推进智能驾驶技术的商业化落地。萝卜快跑自主研发的自动驾驶系统经过严格的道路测试验证，在复杂交通场景中展现出卓越的稳定性和安全性。研究机构预测，未来十年内，自动驾驶技术将在物流、出租车和公共交通等领域实现大规模应用，这可能导致数百万名司机面临失业风险。这种技术替代效应不仅局限于交通运输行业，还广泛渗透到其他领域。例如，人工智能语音识别技术的快速发展对翻译和客服等职业构成了显著威胁。现代语音识别系统通过深度学习和自然语言处理技术，能够实现多语言实时翻译和 24 小时不间断服务，其准确率和效率已接近甚至超越人类水平。这种技术进步不仅大幅度降低了企业的运营成本，还提高了服务的一致性和可扩展性，从而压缩了相关职业的就业空间。

技术替代效应还对社会经济结构产生了深远影响。人工智能会逐步替代那些重复性高、规则化强的任务，而具有创造性、情感交互性的复杂任务则相对难以被替代。低技能劳动者往往从事重复性高、规则化强的工作，因而更容易受到技术替代的冲击。相比之下，高技能劳动者能够通过学习和适应新技术，将人工智能工具整合到工作中，从而提升生产效率和职业竞争力。这种技能分化不仅加剧了劳动力市场的不平等，还可能导致社会阶层固化。例如，在客服领域，人工智能可以高效处理标准化咨询问题，但在处理复杂的客户投诉或提供情感支持方面仍存在局限性。然而，随着技术的不断进步，这种局限性正在逐步缩小，这进一步加剧了传统职业的消失风险。

总之，人工智能驱动的技术替代效应正在重塑劳动力市场格局，传统职业的消失风险不容忽视。只有通过技术创新与制度保障的双重努力，才能实现技术进步与社会经济可持续发展的共赢。

3. 技术鸿沟与社会经济不平等加剧

在智能化时代，低技能劳动者（如制造业的装配工人和服务业的收银员等）面临较高的失业风险。随着人工智能和自动化技术的普及，这些岗位极易被机器替代。相比之下，高技能劳动者能够更好地适应技术变革，并利用人工智能和自动化技术提升工作效率和生产力，从而获得更高的收入。研究表明，不同技能水平的劳动者在使用人工智能技术后，生产力提升程度存在显著差异。高技能劳动者通常具备较强的学习能力和创新能力，能够快速掌握并应用新技术，而低技能劳动者则可能因技术适应性不足而面临职业发展困境。这种技术鸿沟将进一步加剧社会经济不平等，导致高技能劳动者与低技能劳动者之间的收入差距扩大，进而可能引发社会矛盾。

4. 劳动者权益与隐私保护的挑战

人工智能在工作场所的监控和绩效评估中的应用引发了广泛的劳动者权益和隐私保护问题。企业通过人工智能驱动的监控系统（如摄像头、传感器等设备）收集员工的工作数据和行为信息，用于绩效评估和管理。这种做法可能侵犯劳动者的隐私权和个人数据保护权，引发员工的不满和抵触情绪。

在人工智能技术的推动下，零工经济与远程办公的结合催生了新的就业模式。根据 Upwork 平台的数据，AI 项目管理和远程机器人运维等自由职业的需求每年增长率达到 67%。然而，这种就业模式的迅速发展也引发了一些问题，如工作稳定性不足以及监管的缺失。通常情况下，零工经济与远程办公的结合的就业模式未能建立完善的劳动保障机制，这使得劳动者的就业稳定性以及权益保护面临着较大的风险。例如，部分平台可能会单方面调整工作任务和薪酬标准，或在劳动者遇到困难时无法提供有效的支持。这种监管真空可能导致劳动者的合法权益难以得到保障，从而进一步加剧劳动力市场的不稳定性。

第三节　人工智能赋能的就业市场特征与职业结构转型

随着人工智能技术的快速迭代与深度渗透，全球就业市场正经历一场前所未有的结构性变革。这种变革不仅体现在职业数量的增减上，更深刻地反映在职业内涵的重构、技能需求的升级以及就业形态的创新中。根据技术-经济范式理论，人工智能作为通用目的技术，正在重塑劳动力市场的运行逻辑与组织形态。

一、职业结构的系统性转型

1. 技术驱动型职业集群崛起

人工智能技术不仅对传统职业构成替代风险，也催生了大量新兴职业和就业机会，推动了劳动力市场的结构性变革。在新兴职业领域，人工智能催生了大量高技能岗位。例如，提示词工程师、机器学习工程师和数据科学家等，成为劳动力市场的"新宠"。此外，人工智能在医疗、金融、教育等领域的深度融合，也催生了诸如 AI 医疗诊断师、金融科技分析师和智能教育顾问等新兴职业，为高技能劳动者提供了广阔的发展空间。智联招聘数据显示，至 2025 年 2 月，与人工智能相关的职业，如算法工程师、机器学习、深度学习等岗位的招聘同比增速分别为 46.8％、40.1％、5.1％。作为训练 AI 模型的基础工作，数据标注岗位招聘需求同比增长超 50％。

2. 职业在不断转型升级

人工智能技术还推动了传统职业转型升级。在制造业领域，智能制造技术的应用不仅提高了生产效率，还创造了"工业机器人系统运维员""智能制造系统运维员"等新职业。在服务业领域，AI 驱动的个性化推荐系统和智能客服正在重塑服务模式，催生了"用户体验优化师""AI 训练师"等新兴岗位。这种职业结构的转型升级，不仅提升了劳动力市场的活力，也为劳动者提供了更加多元化的职业选择。

二、技能需求的重构与演变

1. 复合型技能要求提升

人工智能技术的广泛应用催生了"技术＋领域"的跨界能力需求。比如，医疗人工智能工程师不仅需要掌握深度学习技能，还要具备临床医学知识。

2. 技术更新速度提升

当前，技术领域正经历前所未有的快速迭代，程序员技能更新的周期显著缩短。随着 AI 辅助编程工具的广泛应用，基础性编程工作正逐步被自动化技术所替代。这一趋势使得专业技术知识的时效性大幅提升，传统技能的适用周期不断压缩。在此背景下，持续性的知识更新和技能升级已成为从业者保持专业竞争力的关键要素。

三、就业形态的颠覆性创新

1. 人机协作界面专业化

随着人工智能技术的深入发展，人机协作界面的专业化程度不断提升。AI 训练师、机器人协调员等新岗位应运而生，填补了人机协同领域的人才缺口。

2. 零工经济的技术赋能

在零工经济领域，数字平台借助 AI 算法实现了任务的精准匹配，显著提升了零工劳动者收入的稳定性。这种技术赋能不仅优化了零工经济的运作模式，也为劳动者提供了多元化的就业选择，形成了灵活的就业新生态。

第四节　人工智能时代的多维应对策略：教育、政策与劳动力市场协同机制

人工智能技术的快速发展正在重塑全球劳动力市场的运行逻辑，其带来的机遇与挑战并存。根据技术-经济协同演化理论，技术变革不仅影响生产效率与产业结构，还通过技能需求的变化深刻改变了劳动力市场的供需关系。在这一背景下，传统的单一政策工具已难以应对人工智能引发的复杂就业问题，急需构建多维协同机制，以实现技术进步与就业市场的均衡发展。

一、强化教育培训体系，人工智能赋能人力资本质量提升

面对人工智能技术对就业市场的冲击，政府与企业需协同构建多层次、多维度的教育培训体系，以提升员工的技能储备和知识结构。具体而言，个人应通过接受职业技能培训和制订终身学习计划，掌握人工智能相关技能。高校应优化课程体系，增设人工智能、数据科学和机器学习等前沿课程，以培养学生的数字素养和技术应用能力。企业应加大对在职培训和继续教育的投入，为员工提供技能升级和职业转型的机会，以适应技术驱动的市场需求变化。

二、推动产业升级与数字化转型，拓展新兴就业领域

政府应通过政策引导和财政支持，推动产业结构优化升级，鼓励企业加大对战略性新兴产业的投资与研发力度，以创造更多高附加值的就业岗位；通过技术改造和数字化转型，提升传统产业的技术含量和竞争力，为劳动者提供多元化的职业选择和发展路径；通过创新驱动发展战略，推动经济高质量发展，为高校毕业生创造更多优质就业机会，缓解就业结构性矛盾。

三、完善社会保障体系，构建失业风险应对机制

为降低人工智能技术可能引发的失业风险，政府要建立健全社会保障体系，为失业人员提供基本生活保障和再就业支持。具体措施包括完善失业保险制度、建立就业援助机制以及提供职业培训补贴等。此外，政府应加强心理疏导和社会支持，帮助失业人员缓解心理压力和经济负担，通过构建全方位的社会保障网络，为失业人员提供可持续的支持，助力其重新融入劳动力市场，从而维护社会稳定和经济可持续发展。

　　总之，人工智能技术对高校毕业生就业产生了双重影响，其既创造了新的职业机会，也带来了结构性失业风险。高校、政府和企业需形成协同机制，通过强化教育培训、推动产业升级与数字化转型、完善社会保障体系等，构建适应人工智能时代的就业生态系统。这不仅有助于缓解就业压力，还能为高校毕业生创造更广阔的职业发展空间，最终实现技术进步与就业市场可持续发展的良性互动。

第十章　高质量充分就业的评价指标

　　在全球经济格局深刻变革与社会结构加速演进的背景下，就业问题是关乎民生福祉、经济稳定与社会和谐的关键议题。高质量充分就业作为新时代就业目标，不仅承载着劳动者对美好生活的向往，更是推动经济高质量发展与社会全面进步的重要力量。然而，对于高质量充分就业的内涵阐释与科学评价指标体系的构建，目前仍处于不断探索与完善之中。

　　构建高质量充分就业的评价体系需要综合考虑多维度指标。根据《关于实施就业优先战略促进高质量充分就业的意见》，评价体系可以从"5＋4"的维度进行构建，即宏观层面的"就业机会充分、就业环境公平、就业结构优化、人岗匹配高效、劳动关系和谐"，以及微观层面的"工作稳定、收入合理、保障可靠、职业安全"。这样构建的评价体系既包括体现"量"方面的指标，如"就业机会充分"等，也有体现"效"方面的指标，如"就业结构优化""人岗匹配高效"等，更多的则是体现"质"方面的评价指标，如"就业环境公平""收入合理""保障可靠""职业安全"。

　　在构建具体评价体系时，可以采用组合赋权法，该方法结合了主观赋权法和客观赋权法的优点，减少主观随意性，同时综合考虑数据信息和专家经验。例如，可以使用层次分析法（AHP）确定主观权重，再结合熵值法确定客观权重，最后通过加法合成法或乘法合成法等方法计算综合权重。本研究旨在深入剖析高质量充分就业的丰富内涵，多维度、多层次剖析其核心要素，并构建一套系统、科学且具有可操作性的评价指标体系，以期为政策制定者、学者以及社会各界提供有益的理论参考与实践指引，助力实现就业领域的高质量发展与社会经济的良性互动。

第一节 高质量充分就业评价体系构建与组合赋权

高质量充分就业不仅是经济社会发展的核心目标之一，也是衡量社会可持续发展能力的重要指标。构建科学合理的高质量充分就业评价体系对于准确评估就业质量、制定有效政策具有重要意义。本研究从就业率、失业率、就业结构、就业质量、就业能力、就业服务、就业稳定性和就业公平性等多维度出发，探讨高质量充分就业评价体系的构建，并结合组合赋权法进行分析和论述。

一、高质量充分就业评价体系的构建

（一）就业率

就业率是衡量劳动力市场活跃程度的基础指标，反映了经济发展的整体态势和就业机会的充裕程度。常用指标包括总体就业率和青年就业率。总体就业率能够反映劳动力市场的整体就业水平，而青年就业率则重点关注青年群体的就业情况，是衡量就业市场活力和未来潜力的重要指标。

（二）失业率

失业率是衡量劳动力市场健康程度的关键指标，反映了就业市场的稳定性和经济周期的影响。常用指标包括总体失业率和长期失业率。总体失业率能够直观地反映失业的普遍程度，而长期失业率则关注失业的持续性和结构性问题，是评估就业市场韧性和政策干预效果的重要依据。

（三）就业结构

就业结构反映了不同行业、地区和人群的就业分布情况，它是评估就业均衡性和适应性的重要维度。常用指标包括行业就业比例和区域就业比例。通过分析就业结构，我们可以了解劳动力资源在不同领域的配置效率，为产业结构调整和区域协调发展提供决策依据。

（四）就业质量

就业质量是高质量充分就业的核心内容，反映了劳动者在工作中的待遇和环境。常用指标包括平均工资水平、劳动合同签订率和社会保障覆盖率等。这些指标分别从收入保障、劳动关系稳定性、社会保障完善性等方面衡量就业质量，是评估劳动者权益保障和就业满意度的关键因素。

（五）就业能力

就业能力反映了劳动者的技能水平和适应市场需求的能力。常用指标包括职业培训参与率和技能匹配度。职业培训参与率反映了劳动者对技能提升的重视程度和机会获取能力，而技能匹配度则用于衡量劳动者技能与市场需求的契合度，是评估就业市场效率的重要指标。

（六）就业服务

就业服务是促进就业的重要手段，其效率和质量直接影响就业市场的运行效果。常用指标包括就业服务覆盖率和就业服务满意度。就业服务覆盖率反映了就业服务的普及程度，而就业满意度则用于衡量劳动者对就业服务的认可度和实际效果，是评估就业服务体系建设的重要依据。

（七）就业稳定性

就业稳定性反映了就业的持续性和稳定性，是劳动者职业安全感的重要来源。常用指标包括就业合同期限和就业流动率。就业合同期限反映了就业的长期性和稳定性，而就业流动率则用于衡量劳动者在不同岗位之间的流动频率，是评估就业市场灵活性和稳定性的关键指标。

（八）就业公平性

就业公平性反映了就业机会的平等性，是社会公平正义的重要体现。常用指标包括性别就业比例和弱势群体就业比例。通过分析就业公平性指标，可以识别就业市场中的歧视和不平等现象，为制定相关政策提供依据。

二、组合赋权法下高质量充分就业评价指标体系构建

构建高质量充分就业评价体系时，需要综合考虑各指标的重要性，合理分配权重。通过组合赋权法，即加权平均或优化模型计算综合权重，将主观权重和客观权重进行综合计算，避免单一赋权法的局限性，提高评价结果的科学性和可靠性。

为了构建一个科学、全面的高质量充分就业评价公式，本研究综合考虑多个维度，并根据其重要性进行赋权。

（一）相关公式

高质量充分就业指数＝W1×就业率［或 W2×（1－失业率）］＋W3×就业结构指数＋W4×就业质量指数＋W5×就业能力指数＋W6×就业服务指数＋W7×就业稳定性指数＋W8×就业公平性指数

其中：W1～W8 分别代表各指标的权重，即 W1（W2）＋W3＋W4＋W5＋W6＋W7＋W8＝1。W1 为就业率的权重，W2 为失业率的权重，W3 为就业结构指数的权重，W4 为就业质量指数的权重，W5 为就业能力指数的权重，W6 为就业服务指数的权重，W7 为就业稳定性指数的权重，W8 为就业公平性指数的权重。

（二）各维度的说明

1. 就业率

就业率反映劳动力参与经济活动的程度。

2. 失业率

失业率反映劳动力市场中未被利用的劳动力资源。

3. 就业结构指数

就业结构指数反映就业人口在不同产业、行业、职业、地区的分布情况，可采用产业结构相似系数、行业集中度等指标进行衡量。

4. 就业质量指数

就业质量指数反映劳动者工作状况的综合水平，包括工资水平、社会保障、工作时间、工作环境等指标。

5. 就业能力指数

就业能力指数反映劳动者获取和保持就业的能力，包括受教育程度、技能水平、培训机会等指标。

6. 就业服务指数

就业服务指数反映政府和社会为劳动者提供的就业服务水平和效率，包括职业介绍、职业培训、就业信息提供等指标。

7. 就业稳定性指数

就业稳定性指数反映劳动者就业的稳定程度，包括劳动合同签订率、平均就业年限、失业风险等指标。

8. 就业公平性指数

就业公平性指数反映劳动者在就业机会、待遇等方面的公平程度，包括性别平等、城乡平等、行业平等、地区平等等指标。

（三）权重赋值建议

权重赋值采用专家打分法、层次分析法、熵值法等方法，根据各指标对高质量充分就业的重要性进行确定。例如：就业率和失业率是衡量就业状况的最基本指标，权重可以相对较高，如 $W1=0.2$，$W2=0.2$；就业质量和就业能力是反映就业质量的核心指标，权重也应较高，如 $W4=0.2$，$W5=0.2$；就业结构、就业服务、就业稳定性和就业公平性是反映就业质量的重要方面，权重可以相对较低，如 $W3=0.1$，$W6=0.1$，$W7=0.1$，$W8=0.1$。

（四）数据来源

指标数据可以从国家统计局、人力资源和社会保障部等政府部门获取，也可以通过社会调查等方式获取。科学合理的指标体系，能够全面、准确地反映就业市场的整体状况和存在的问题。同时，采用组合赋权法能够有效平衡主观与客观因素的影响，提高评价的科学性和客观性。在新时代背景下，构建科学合理的高质量充分就业评价体系，对于推动就业领域的高质量发展、促进社会公平与和谐具有重要意义。该公式可用于评估不同地区、不同时期的高质量充分就业水平，为政府制定就业政策提供参考依据。

第二节 高校专业发展指数

在高等教育领域，专业发展指数是衡量高校专业建设水平和人才培养质量的重要指标，能够从多个维度对高校专业进行描述和评价。近年来，随着经济社会的快速发展和产业结构的不断调整，高校学科专业结构的优化成为教育改革的重要议题。然而，当前学科专业结构调整过程中仍面临诸多问题，其中最重要的问题之一是缺乏科学依据。这不仅影响着高校专业的合理设置，也制约了人才培养与社会需求的有效对接。

一、高校专业发展指数的构建与作用

为解决上述问题，我们需要构建高校专业发展指数，对高校专业综合办学实力进行相对排序。专业发展指数可以进一步细分为校本专业发展指数和专业产业发展指数，它们分别从学校专业和产业两个层面为高校专业结构调整提供科学依据。

1. 校本专业发展指数

校本专业发展指数用来衡量高校某专业的综合办学实力在同类专业中的相对排序。该指数由招生、培养、就业三个环节的关键指标构成，包括生源指数、教师发展指数、教学保障指数和学生发展与就业指数等。使用校本专业发展指数可以客观呈现某专业在不同时空范畴和节点的发展态势，为专业结构调整提供数据支持。

校本专业发展指数是评估高校某一专业在人才培养、科学研究和社会服务等核心职能方面综合水平的重要工具。它通过系统化的指标体系，全面衡量专业在教学资源投入、课程体系建设、师资队伍质量、学生培养成效、科技创新能力以及社会服务贡献等多维度的表现。这一指数不仅能够反映专业在高校内部的办学实力和发展潜力，还能揭示其与学校整体办学定位的契合度，为高校优化专业布局、调整资源配置以及提升专业竞争力提供科学依据。通过校本专业发展指数的动态监测与评估，精准把握专业发展的优势与不足，进而制定有针对性的发展策略，推动专业建设与学校发展战略的深度融合，实现专业高质量发展的目标。

2. 专业产业发展指数

专业产业发展指数则注重衡量高校所办专业的综合实力和结构合理性。该指数由专业设置与学校办学定位的符合度、专业设置的学科支撑度、专业设置与产业结构的适切度，以及专业在高校同类专业的综合水平等维度的赋值构成。通过这一指数，高校可以全面评估自身专业设置的合理性，并结合办学基础和产业发展情况及时调整专业布局。

专业产业发展指数是一种综合性量化评估工具，用于衡量某一产业在经济发展、技术创新、就业贡献等方面的综合水平及其对专业的影响力。这一指数通过整合多维度的关键指标，能够全面反映产业的竞争力、发展潜力以及对社会经济的贡献程度。在经济发展方面，专业产业发展指数通过评估产业的市场规模、增长速度、社会消费品零售总额等指标，反映该产业对经济增长的推动作用。技术创新维度则通过数字化建设、知识产权发展、标准制定等指标，衡量产业的技术进步和创新能力。就业贡献方面，专业产业发展指数通过就业人数、就业占比等指标，衡量产业对社会就业的支持能力。例如，该产业和相关产业带动的就业人数，是评估其就业贡献的重要数据。此外，专业产业发展指数还通过评估产业的专业化程度、竞争力指数、市场辐射范围等指标，衡量该产业对专业的影响力。这种影响力不仅体现在产业自身的竞争力上，还体现在其对相关产业的带动作用以及对人才需求的引导上。

二、专业发展指数构建的原因

由于缺乏系统的专业发展指数作参考，很多高校在裁撤专业时往往无的放矢，仅依据单一指标（如招生率和就业率）来评定专业的存在价值。这种做法难以全面反映专业的综合价值。而在新设专业时，由于缺乏衡量标准，一些高校更倾向于设立"门槛低""成本小"的专业，而非根据学校的学科基础和产业发展需求进行合理布局。这种做法导致高校整体专业结构不合理，难以满足社会对多样化人才的需求。

三、专业发展指数的科学性与应用价值

专业发展指数的提出，为高校专业设置提供了更为科学的参考依据。通过校本专业发展指数和专业产业发展指数，高校和教育行政部门可以更精准地监测和评估专业发展水平。

1. 进行校本专业层面分析

高校可以借助校本专业发展指数，在校内和校外同专业之间进行横向和纵向对比。通过这种多维度的对比分析，高校能够深入地了解各专业的实际发展情况，评估专业设置的合理性，并结合学校办学定位，及时调整专业布局，优化资源配置，提升专业建设水平。这种科学的监测和评估不仅有助于高校内部的自我反思和改进，还能为区域教育行政部门提供决策支持，推动高等教育与社会需求深度融合。

2. 进行产业层面分析

地方教育行政部门可以根据地区产业发展情况，通过科学的宏观调控对高校专业的设置和布局进行优化。具体而言，行政部门可以依据专业产业发展指

数这一量化工具，对区域内高校的专业发展水平进行动态监测和评估，从而基于地方专业结构的科学性、合理性和先进性，提出更具针对性的支持、裁撤或缩减专业的统筹指导意见。这种基于数据的决策方式能够有效避免因主观判断导致的资源浪费和专业设置不合理。与此同时，高校可以借助专业产业发展指数，对自身专业设置的合理性和综合办学水平进行深入反思，结合学校办学定位，及时调整专业布局。例如，高校在新设专业时，应充分考虑学科基础与产业发展需求的契合度，避免盲目跟风，确保人才培养与社会需求的高度契合。此外，高校还可以通过动态监测和预警机制，提前识别并调整那些面临市场淘汰危机或不符合先进生产力发展需求的专业。通过这些措施，高校可以更好地适应区域产业发展需求，实现专业建设与产业发展的同频共振。

通过校本专业发展指数和专业产业发展指数的协同作用，高校和政府能够更精准地把握专业发展态势，有助于实现高校教育资源的高效配置，也为经济社会的高质量发展提供有力的人才支持。

四、专业发展指数的公式与赋值

构建校本专业发展指数和专业产业发展指数的公式需要综合考虑多个维度，并根据其重要性进行权重赋值。

（一）校本专业发展指数的公式与赋值

1. 相关公式

校本专业发展指数＝X1×生源指数＋X2×教师发展指数＋X3×教学保障指数＋X4×学生发展与就业指数＋X5×科学研究指数＋X6×社会服务指数＋X7×专业声誉指数

其中，X1、X2、X3、X4、X5、X6、X7分别代表各维度的权重，且满足X1＋X2＋X3＋X4＋X5＋X6＋X7＝1。X1为生源指数的权重，X2为教师发展指数的权重，X3为教学保障指数的权重，X4为学生发展与就业指数的权重，X5为科学研究指数的权重，X6为社会服务指数的权重，X7为专业声誉指数的权重。

2. 各维度的具体说明

（1）生源指数。

生源指数反映了专业的初始生源质量，是衡量专业吸引力和竞争力的重要指标。生源指数的子指标包括录取分数线（与省控线或校控线的差值）、新生高考成绩平均分、第一志愿报考率、优秀生源比例（如保送生、竞赛获奖学生比例）。

（2）教师发展指数。

教师发展指数反映了专业师资队伍的建设水平，是衡量专业师资力量的核心指标。教师发展指数的子指标包括高级职称教师比例（教授、副教授比例）、博士学位教师比例、具有海外经历的教师比例、教师获得的教学和科研奖励数量、教师主持的科研项目数量和经费。

（3）教学保障指数。

教学保障指数是衡量专业教学资源投入和保障能力的重要指标。教学保障指数的子指标包括教学经费投入（人均）、实验室和实训基地的数量和质量、图书资料和数字化教学资源的丰富程度、课程建设水平（国家级、省级精品课程数量）、教学改革成果（教学成果奖、教改项目数量）。

（4）学生发展与就业指数。

学生发展与就业指数反映了学生在专业学习期间的发展情况和毕业后的就业质量，是衡量专业人才培养质量的核心指标。学生发展与就业指数的子指标包括毕业生就业率（初次就业率、年终就业率）、毕业生就业质量（平均薪资、就业满意度、专业对口率）、毕业生升学率（国内升学、出国留学）、学生竞赛获奖数量（国家级、省级）、学生创新创业成果（创业项目、专利数量）。

（5）科学研究指数。

科学研究指数反映专业的科研能力和科研成果，是衡量专业科研能力和学术水平的重要指标。科学研究指数的子指标包括科研经费总额（人均）、高水平论文发表数量（SCI、SSCI、CSSCI等）、专利授权数量、科研奖励数量（国家级、省部级）、科研平台建设情况（重点实验室、工程研究中心等）。

（6）社会服务指数。

社会服务指数是衡量专业对社会经济发展贡献的重要指标。社会服务指数的子指标包括社会培训人次和收入、横向课题经费和数量、决策咨询报告被采纳情况、科技成果转化金额、社会影响力（媒体报道、公众评价）。

（7）专业声誉指数。

专业声誉指数是衡量专业在学术界和行业内认可度的重要指标。专业声誉指数的子指标包括学科排名（如软科、教育部学科评估）、用人单位评价（毕业生满意度调查）、校友影响力（知名校友数量、成就）、学术影响力（论文被引次数、学术会议主办情况）。

3. 权重赋值建议

权重赋值可以根据高校的办学定位、专业特点和评价目标进行调整。比如：生源指数（X1）10％；教师发展指数（X2）15％；教学保障指数（X3）15％；学生发展与就业指数（X4）25％；科学研究指数（X5）15％；社会服务指数（X6）10％；专业声誉指数（X7）10％。

4. 应用场景

首先，在高校内部评估中，校本专业发展指数可用于精准衡量各专业的发展水平，为优化资源配置和推动专业建设提供科学依据。其次，在学科发展规划方面，校本专业发展指数能够助力高校制定明确的学科发展目标与策略，从而有效提升学科竞争力。最后，在外部评价与排名领域，校本专业发展指数可作为高校参与学科评估、专业认证及排名的重要参考，助力学校在激烈的教育竞争中脱颖而出，提升整体声誉。

（二）专业产业发展指数的公式与赋值

1. 相关公式

专业产业发展指数＝Y1×经济发展指数＋Y2×技术创新指数＋Y3×就业贡献指数＋Y4×产业竞争力指数。

其中，Y1、Y2、Y3、Y4分别代表各维度的权重，且满足 Y1＋Y2＋Y3＋Y4＝1。Y1为经济发展指数的权重，Y2为技术创新指数的权重，Y3为就业贡献指数的权重，Y4为产业竞争力指数的权重。

2. 各维度的具体说明及子指标

（1）经济发展指数。

经济发展指数可用于衡量产业对经济增长的贡献，主要指标包括国内生产总值（GDP）、国民总收入（GNI）、人均GDP、人类发展指数（HDI）、基尼系数、绿色GDP等。

（2）技术创新指数。

技术创新指数可用于衡量产业的技术进步和创新能力，其子指标包括研发投入强度（研发经费占产业增加值的比例）、专利授权数量（产业相关）、技术转化率（科技成果转化金额）、数字化建设水平（数字化覆盖率、智能化水平）、标准制定数量（行业标准、国家标准、国际标准）。

（3）就业贡献指数。

就业贡献指数可用于衡量产业对社会就业的支持能力，其子指标包括就业人数（直接就业和间接就业）、就业占比（产业就业人数占总就业人数的比例）、就业增长率（年均就业增长率）、就业质量（平均薪资、社会保障覆盖率）、人才需求匹配度（产业对专业人才的需求与供给匹配情况）。

（4）产业竞争力指数。

产业竞争力指数可用于衡量产业的市场竞争力，其子指标包括市场占有率（产业在国内外市场所占份额）、品牌影响力（知名品牌数量、品牌价值）、专业化程度（产业链完整度、产业集群化水平）、市场辐射范围（国内国际市场的覆盖范围）、对相关产业的带动作用（上下游产业链的协同发展水平）。

3. 权重赋值建议

权重赋值可以根据具体产业的特点和评价目标进行调整。例如：经济发展指数（Y1）30%；技术创新指数（Y2）25%；就业贡献指数（Y3）25%；产业竞争力指数（Y4）20%。

经济发展指数是产业发展的基础，反映了产业对经济增长的直接贡献，因此赋值权重较高；技术创新指数是产业可持续发展的核心驱动力，反映产业的创新能力，赋值权重次之；就业贡献指数是产业社会价值的重要体现，反映产业对就业的支持能力，赋值权重与技术创新指数相当；产业竞争力指数是产业综合实力的体现，反映了产业的市场地位和对专业的影响力，权重略低但不可忽视。

4. 数据来源

在相关指数的数据来源方面，经济发展指数主要依托国家统计局发布的权威数据、专业的行业报告以及经济普查数据，这些数据能够全面反映宏观经济运行态势和区域经济发展的动态趋势。技术创新指数则整合了来自科技部的科研项目数据、国家知识产权局的专利与创新成果数据，以及行业协会发布的前沿技术动态，从而精准衡量技术创新的活跃度和科技成果转化率。就业贡献指数的数据来源包括人力资源和社会保障部的官方统计以及专业的就业调查报告，这些数据能够清晰呈现各产业对就业市场的实际贡献和吸纳能力。产业竞争力指数则综合了市场调研机构发布的行业报告、企业的年度财务报告以及国际竞争力排名数据，通过多维度的分析，全面评估产业在全球市场中的竞争地位和发展潜力。这些多渠道、高质量的数据来源为相关指数的科学构建提供了坚实基础，确保了指数的准确性和权威性。

5. 应用场景

在实际应用中，专业产业发展指数为政府制定产业政策提供了坚实的数据支持，能够帮助决策者精准把握产业发展态势，从而制定更具针对性和前瞻性的政策措施。该指数能够为企业投资和布局提供重要的参考依据，助力企业在复杂多变的市场环境中做出科学合理的战略决策。对于高校而言，专业产业发展指数为专业设置和人才培养提供了明确的方向指引，使其能够更好地对接市场需求，进行教育资源配置。专业产业发展指数还可用于评估产业在国际市场中的竞争力，为提升我国产业的国际地位提供有力支撑。

（三）高校专业发展指数

校本专业发展指数与专业产业发展指数之间存在紧密且动态的互动关系，这种关系不仅体现了高校专业建设的内在水平，还反映了专业与产业之间的协同发展程度。为了更全面地衡量高校专业的综合发展水平，本研究构建了一个综合公式，将校本专业发展指数、专业产业发展指数以及协同效应指数纳入其中。

1. 公式

高校专业发展指数＝α×校本专业发展指数＋β×专业产业发展指数＋γ×协同效应指数

其中，α、β 和 γ 分别代表校本专业发展指数、专业产业发展指数和协同效应指数的权重，且满足 $\alpha+\beta+\gamma=1$。这一权重分配方式确保了各指标在综合评估中的相对重要性，能够根据实际情况进行灵活调整，从而更精准地反映高校专业的整体发展态势。

2. 协同效应指数

协同效应指数是衡量高校专业与产业之间互动和协同发展水平的关键指标。它通过一系列子指标来体现这种互动关系，具体包括以下几点。

（1）产学研合作项目数。

产学研合作项目数反映了高校与产业界在科研和技术创新方面的合作深度。

（2）校企共建实验室数量。

校企共建实验室数量体现了高校与企业在实验平台建设方面的合作广度。

（3）毕业生在相关产业就业比例。

毕业生在相关产业就业比例可以衡量高校人才培养与产业需求的契合度。

（4）产业对高校科研的资助。

产业对高校科研的资助反映了产业界对高校科研活动的支持力度。

这些子指标共同构成了协同效应指数，能够全面反映高校专业与产业之间的互动关系，揭示高校专业建设对产业发展的支撑作用以及产业对高校发展的反哺效应。将协同效应指数纳入高校专业发展指数的综合公式，不仅能够更全面地评估高校专业的整体发展水平，还能够为高校专业建设提供更具针对性的优化方向，推动高校与产业的深度融合与协同发展。

3. 权重赋值方法

在高校专业发展指数的构建中，权重赋值是确保评价体系科学性和客观性的关键环节。为此，可以采用多种权重赋值方法综合考虑不同维度的重要性。首先，专家打分法。通过邀请相关领域的专家对各维度的重要性进行评分，能够充分吸纳专业意见，为权重分配提供主观依据。其次，层次分析法（AHP）。通过构建判断矩阵，对各指标进行两两比较，进而计算出相对权重。这种方法能够系统地处理复杂决策问题，确保权重分配的逻辑性和一致性。最后，熵值法。根据数据的离散程度来确定权重，适用于处理客观数据，能够有效避免主观因素的干扰，从而为权重分配提供客观支持。结合这些方法，我们可以实现主观与客观的有机结合，确保高校专业发展指数的权重赋值既科学合理，又具有较强的适应性和可靠性。

4. 数据来源

校本专业发展指数的数据来源涵盖高校内部的教务系统、科研管理系统、就业报告以及学科评估报告等。这些数据能够全面反映高校在教学、科研、人才培养等方面的实际表现。专业产业发展指数的数据则主要来源于国家统计局发布的宏观经济数据、行业协会的专业统计以及各类产业研究报告，这些数据能够精准地呈现产业发展的动态趋势和市场需求。此外，协同效应指数的数据则依托于校企合作记录、产学研项目数据库等。这些数据能够清晰地展现高校与产业之间的互动合作情况及其协同发展成效。这些多渠道、多层次的数据来源共同为高校专业发展指数的构建提供了坚实的数据支撑，确保了评价结果的科学性、准确性和可靠性。

5. 应用场景

在高校层面，高校专业发展指数可用于精准评估专业建设水平，为高校优化资源配置提供科学依据，并推动专业设置与产业发展需求的深度对接。在产业层面，该指数能够有效评估产业发展潜力，助力企业制定更具前瞻性的产业政策，同时吸引高校的人才和技术支持，提升产业的创新能力和竞争力。在政府层面，该指数为制定教育政策和产业政策提供了有力的数据支持，有助于促进教育与经济的协同发展，实现区域经济的高质量增长。通过在不同层面的广泛应用，高校专业发展指数成为推动教育与产业深度融合、协同发展的关键工具。

高校专业发展指数的构建，旨在有效量化高校专业与产业之间的协同发展水平，为高校专业建设和调整、产业升级以及政策制定提供坚实的科学依据。然而，需要指出的是，上述维度仅为参考框架。在实际应用高校专业发展指数时，还需根据具体情况进行有针对性的调整和完善。不同高校的办学定位、学科基础以及不同专业的特点存在显著差异，因此在选择评价指标时，应充分考虑自身实际情况，选取最能反映专业特色和办学水平的指标体系。在评价过程中，高校专业发展指数的构建应注重定量与定性分析相结合，既依赖客观数据的精准支撑，也兼顾主观评价的专业洞察。这种综合评价方式能够更全面地反映专业发展的多维度特征，确保评价结果的科学性、合理性和适应性。通过这种科学的评价体系，高校能够更精准地把握专业发展的现状与趋势，进而优化专业布局，提升人才培养质量，推动高校与产业的深度融合发展。

第十一章　高校学生就业创业能力培养体系的理论构建与策略

第一节　就业影响因素的多元理论框架

在数字经济蓬勃兴起与新就业形态不断涌现的时代背景下，高校毕业生就业创业能力的不足，已然成为制约其迈向高质量就业的问题。传统教育模式与瞬息万变的市场需求之间脱节现象突出，这不仅影响了毕业生的职业发展，也对高等教育的改革提出了迫切要求。本研究聚焦于这一现实问题，通过严谨的实证分析，深入剖析了高校毕业生就业创业能力的现状及其背后的复杂影响因素。在此基础上，本研究致力于构建一套系统性的能力提升路径，旨在为实现高校毕业生的高质量充分就业提供坚实的理论支撑与切实可行的实践依据。

在高等教育人才培育迈向现代化的进程中，对毕业生就业创业能力提升的理论探讨，亟待回归人力资本理论与社会认知职业理论的双重观照之中。人力资本理论强调教育投资对个体生产效率与市场竞争力的显著提升作用，而社会认知职业理论则从个体心理与行为的角度，揭示了职业发展过程中自我效能感、结果预期与个人目标的协同作用机制。这两个理论框架不仅为高校毕业生就业创业能力的提升提供了坚实的学理基础，更从不同维度为高校人才培养模式的优化与改进指明了方向，为高等教育改革提供了重要的理论指引与实践思路。

一、人力资本理论视角

从人力资本理论的视角来看，教育投资作为人力资本积累的核心路径，能够显著提升劳动者的生产效率和市场竞争力。对于高校人才培养体系而言，合作单位参与人才培养过程，以及高校凭借自身积累所获得的行业权威性与社会信任度，对毕业生的就业起薪具有显著的正向影响。基于此，高等教育机构应当系统性地优化课程体系，构建一个全方位、多层次的培养框架。在纵向维度，高校应构建"通识教育—专业教育—实践教育"的递进式培养框架，逐步提升学生的综合素质和专业能力；在横向维度，高校则需嵌入模块化的技能训练单元，以增强学生的实践能力和职业技能。在新时代背景下，高等教育要遵循"外在-内在"双向路径，培育新阶人才、新质人才。

二、社会认知职业理论视角

社会认知职业理论的引入为就业创业能力培养提供了动态分析框架。该理论认为职业发展是自我效能感、结果预期与个人目标协同作用的结果。这就要求高校的职业生涯教育突破传统的信息供给模式，构建"认知诊断—环境适应—行为强化"的培育体系。具体而言，可运用职业测评工具进行个性化能力画像，依托工作坊管理制度开展情境模拟训练，并建立成长档案追踪学生的职业发展轨迹。

三、理论耦合与协同机制

人力资本理论与社会认知职业理论的耦合体现在，人力资本积累可以为职业选择提供能力支撑，而社会认知的引导能够确保人力资本投资的方向性与有效性。两种理论的协同要求高校建立"能力培养—职业发展"的闭环机制。在操作层面，可通过设立跨学科就业创业实验室，将专业技能训练与职业决策模拟有机融合；在制度层面，则需要构建课程体系、实践平台、评价标准的三维联动系统，最终形成人力资本增值与社会认知发展的良性互构。

第二节　高校毕业生就业创业能力培养体系的系统构建与优化策略

高校毕业生就业创业能力与就业质量之间存在一种持续强化的共生机制，具体表现为"教育赋能—能力增值—就业提质"的螺旋式演进关系。基于多元回归分析，学校教育资源供给与家庭支持作为关键驱动力，显著推动了就业质量提升。在这种动态互构过程中，高校需着力构建协同机制，把生涯辅导、能力提升和就业服务三者有机结合，实现"教育供给侧改革—人力资本增值—就业质量跃升"的良性循环。

一、构建"认知诊断—环境适应—行为强化"的体系

在微观层面，构建一个纵向递进的体系，聚焦于学生个体能力的发展。该体系以认知诊断为基础，通过精准评估学生的学习认知水平和潜在能力，为其后续发展奠定坚实基础；以环境适应为手段，引导学生逐步融入学习与成长环境，确保其能够在适宜的环境中发挥潜力；以行为强化为结果，通过持续的激励与反馈机制，培养学生的行为习惯，促进其能力提升。这一过程形成了微观层面的"认知诊断—环境适应—行为强化"个体成长闭环，实现了从认知到行为的全方位发展，为学生个体能力的持续提升提供了系统化的支持路径。

二、构建"通识教育—专业教育—实践教育"三阶人才培养路径

在中观层面，构建系统化的人才培养路径，以实现知识与能力的螺旋式上升。这一路径分为三个阶段：首先，通过通识教育为学生奠定坚实的跨学科素养基础，拓宽其知识视野，培养其综合思维能力；其次，在通识教育的基础上进一步深化专业教育，聚焦于特定领域的专业知识和技能，使学生具备专业领域扎实的理论基础和前沿的视野；最后，通过实践教育将理论知识与实际应用紧密结合，以实践项目、实习等环节锤炼学生解决实际问题的能力，提升其职业素养和创新精神。这三个阶段相互衔接、层层递进，形成了一条从基础到专业再到实践的螺旋上升式知识能力建构路径，为学生的职业发展和终身学习提供了有力支撑。

三、构建基于"能力—认知—环境"三维模型的实施框架

在宏观层面搭建了一个全面且协同的基于"能力—认知—环境"三维模型的实施框架，以确保人才培养目标的有效达成。其中，"能力"维度需要明确培养目标，即"做什么"，聚焦于学生应具备的核心能力；"认知"维度需要夯实培养基础，即"凭什么"，强调学生在知识与思维层面的支撑；"环境"维度需要提供培养条件，即"靠什么"，涵盖资源、政策等外部支持。同时，该框架通过"课程建设—实训环节—平台搭建—评价体系—生态构建"五维联动机

制具体落实。课程建设作为教学资源开发的核心，可以为学生提供系统知识；实训环节作为能力训练的载体，有利于强化学生的实践技能；平台搭建旨在促进产教融合，为学生提供实践机会；评价体系作为质量监控手段，能够确保培养过程的科学性与有效性；生态构建则为可持续发展提供保障，促进营造良好的教育环境构建。三维模型与五维联动相互支撑，形成了一个有机的整体，全方位保障人才培养的高质量实施。

第十二章　多元协同视角下的就业生态系统构建

　　随着产业结构的升级、数字经济的崛起以及劳动力市场的多元化，传统的就业模式和思维已难以满足新时代的需求。在此背景下，构建一个高效、包容、可持续的就业生态系统显得尤为迫切。多元协同视角下的就业生态系统构建，强调政府、高校、企业、社会组织等多元主体的深度合作，通过整合各方资源、优化政策环境、推动产业与教育的深度融合，实现高质量充分就业目标。这一过程不仅需要从宏观层面进行顶层设计，还需要从微观层面关注劳动者的实际需求，通过数字化赋能、职业发展支持、社会公平保障等多维度的创新实践，为劳动者提供更加广阔的发展空间和更加公平的就业机会。本研究将从多元协同视角出发，深入探讨就业生态系统构建的关键要素和实现路径，为推动就业领域的高质量发展提供理论支持与实践参考。

　　在构建就业生态系统的逻辑框架中，政策协同处于核心地位，为其他协同模块提供政策支持和顶层设计，确保整个系统的战略方向与政策连贯性。教育与培训协同和产业协同构成了基础层，前者通过优化人力资源供给培养适应市场需求的高素质人才；后者则通过推动产业升级和经济结构调整为就业生态提供坚实的经济支持。企业协同和区域协同处于实践层，前者从微观层面鼓励企业承担社会责任、创造就业岗位，后者从宏观层面通过区域协调政策缩小地区间就业差距，共同推动就业生态的稳定发展。社会协同和技术协同则构成支撑层，前者整合社会资源，通过发挥社会组织的力量和充分调动公众参与的积极性提升就业服务的覆盖面和质量；后者借助数字化转型和技术创新，为就业生态注入新的活力和竞争力。环境协同处于扩展层，聚焦可持续发展，旨在推动绿色就业与环境保护的协同共进，从而提升就业生态系统的整体竞争力。法律与制度协同则作为保障层，通过完善法律法规和制度创新，为整个就业生态系统的长期稳定运行提供坚实的法律和制度保障。

第一节　政策协同视角下的就业生态系统分析

在多元协同视角下构建就业生态系统需要教育、劳动、经济等部门的深度合作，通过政策协同、产业与教育融合、就业服务优化等措施，推动就业市场的高质量发展。政府在其中发挥着关键的引导作用，须通过制定和实施就业促进政策，确保政策的协调一致，为就业生态系统的可持续发展提供坚实保障。

一、制定就业促进政策并确保政策协调一致

政府在就业生态系统构建中扮演着关键角色，须通过制定和实施一系列就业促进政策，推动就业市场的稳定与高质量发展。具体而言，政府应将高质量充分就业作为经济社会发展的优先目标，并将其纳入国民经济和社会发展规划，强化财政、货币、产业等宏观政策与就业政策的协同联动。例如，通过税收优惠、创业扶持等政策措施，鼓励企业吸纳就业，支持劳动者自主创业。此外，政府还要建立就业影响评估机制，在进行重大政策制定、项目和生产力布局时同步开展岗位创造和失业风险评估，从而推动经济发展与就业促进的协调联动。

二、推动实现教育、劳动、经济等跨部门协作

就业生态系统的构建需要教育、劳动、经济等部门深度协作，形成政策合力。教育部门应根据产业发展需求调整专业设置，优化课程体系，培养适应市场需求的高素质人才。劳动部门需要完善就业公共服务体系，提供精准高效的就业服务，保障劳动者权益。经济部门需要通过产业政策支持，促进吸纳就业能力强的产业和企业发展，推动区域经济协调发展。例如，通过跨部门合作，建立产教融合的实习实训基地，推动校企共建专业，实现人才培养与产业需求的无缝对接。

三、政策协同的实践路径

一是强化政策协同机制。政府应建立跨部门的政策协调机制，确保就业政

策与宏观经济政策、产业政策、教育政策的一致性。例如，通过财政支持、税收优惠和金融政策，鼓励企业扩大就业岗位，或支持劳动者创业。同时，政策制定过程中应充分考虑对就业的影响，设置就业影响评估的"红绿灯"，确保政策的实施能够有效促进就业。

二是推动产业与教育的深度融合。通过政策引导，促进教育与产业的深度融合。例如，政府可以通过专项基金、税收减免等政策，鼓励企业参与职业教育和高校人才培养，推动产教融合。同时，教育部门应根据产业需求调整专业设置，优化课程体系，确保人才培养与市场需求相匹配。

三是优化就业服务与支持体系。加强就业公共服务体系建设，提供精准高效的就业服务。例如，通过数字化平台实现就业信息的即时共享和精准对接，为劳动者提供分类帮扶和动态管理服务。此外，政府应加大对就业困难群体的支持力度，通过提供职业培训、就业补贴等，提升其就业能力。

四是促进区域协调发展。政府应通过区域协调发展战略，推动就业机会的均衡分布。例如，引导资金、技术和劳动密集型产业从发达地区向欠发达地区有序转移，促进区域间就业均衡发展。同时，政府还可以通过政策倾斜，支持革命老区、边境地区等特殊区域的就业发展。

第二节　教育与培训协同视角下的就业生态系统分析

在就业生态系统中，教育与培训协同是实现高质量充分就业的基础环节，其核心在于通过教育体系的优化和终身学习机制的建立，提升劳动者的就业能力和适应性，从而更好地满足市场需求。

一、教育体系对接产业需求，培养适配产业发展的人才

教育机构在人才培养过程中，必须紧密对接市场需求，以确保毕业生具备适应产业发展的专业技能和综合素质。

一是保持课程设置的动态调整。教育机构应根据区域经济和产业发展趋势，及时调整课程体系。例如，随着数字经济的崛起，高校和职业院校应增加大数据、人工智能、云计算等前沿技术课程，减少市场需求已饱和的传统专业课程。这种动态调整机制能够确保学生所学知识与技能和未来就业岗位高度匹配。

二是深化校企合作。通过校企合作，高校能够引入企业的实际项目，学习企业的实践经验，丰富教学内容。例如，企业可以参与课程设计、提供实习实

训基地，甚至派遣工程师担任兼职教师。这种深度合作不仅能够提升学生的实践能力，还能为学生创造直接进入企业就业的机会。

三是进行产业导向的学科专业建设。高校应根据地方产业布局和新兴产业需求，优化学科设置。地方政府可以通过政策引导和资金支持，鼓励高校设立与当地主导产业相关的特色专业，如智能制造、生物医药等，从而实现人才培养与产业发展的良性互动。

二、营造终身学习氛围，助力劳动者技能提升

在快速变化的经济环境中，劳动者需要不断提升技能以适应新的工作岗位和技术要求。终身学习机制的建立是实现这一目标的关键。

一是政策支持与激励机制。政府应通过政策支持和激励措施，鼓励劳动者参与终身学习。例如，提供职业培训补贴、税收优惠，以及建立个人学习账户制度，帮助劳动者分担学习成本。

二是打造多元化学习平台。政府应积极打造线上线下相结合的学习平台，为劳动者提供灵活的学习方式。线上平台可以提供丰富的课程资源，支持远程学习；线下平台则通过社区学院、企业内部培训等方式，提供实践操作和面对面指导。

三是鼓励企业与社会协同参与。企业应积极开展内部员工培训计划，通过内部培训、师徒制等方式提升员工技能。同时，社会组织和行业协会可以发挥桥梁作用，整合资源，为劳动者提供多样化的学习机会。

教育与培训协同是构建就业生态系统的重要基础。教育体系的优化和终身学习机制的建立，能够有效提升劳动者的就业能力和适应性，满足市场需求，实现高质量充分就业。教育机构、政府、企业和社会组织应共同努力，形成合力，推动教育与培训协同的深度发展，为就业生态系统的可持续发展提供有力支撑。

第三节　产业协同视角下的就业生态系统分析

产业协同是就业生态系统的重要组成部分，通过优化产业结构和促进产业链协同，能够创造更多高质量就业机会，有效推动经济与就业的良性互动。

一、产业结构优化推动传统产业升级、发展新兴产业并创造更多就业机会

产业结构优化是实现高质量就业的重要环节。传统产业的升级和新兴产业的发展，可以创造更多高质量的就业岗位。

首先，产业结构优化能够推动传统产业的改造与升级。利用新技术和新模式对传统产业进行改造，不仅可以提升生产效率和附加值，还能创造更多高技能就业岗位。例如，制造业通过智能化改造，不仅提高了生产效率，还创造了大量与智能制造相关的新岗位。

其次，产业结构优化能够促进新兴产业的培育与壮大。各地区应因地制宜地发展新质生产力，布局未来产业，加快发展先进产业集群。新兴产业的发展不仅能够吸纳大量劳动力，还能带动上下游产业的协同发展，形成新的就业增长点。例如，数字经济和绿色经济等已成为吸纳劳动力的重要领域。

在这一过程中，政策支持与区域协同不可或缺。政府应通过政策引导，支持传统产业向中高端迈进，鼓励新兴产业的发展。区域间应加强协同，形成优势互补的产业布局，促进资源要素的自由流动。通过这些措施，产业结构的优化将有效推动高质量就业目标的实现。

二、产业链协同促进上下游企业合作，形成稳定的就业生态

产业链协同是提升产业竞争力和就业稳定性的关键因素。政府可以通过促进产业链上下游企业的合作，实现资源的高效整合，增强整个产业链的竞争力，创造稳定的就业生态。

首先，供应链向价值链转变。传统的供应链管理主要侧重于资源和信息的流动，而产业链协同则强调从供应链到价值链的整体升级，通过协同创新和共同创造价值，提升产业链的整体效益。

其次，协同创新与共同价值创造是产业链协同的重要组成部分。产业链协同不仅关注成本效益，更注重创新协同。上下游企业通过共享知识和技术、共同研发新产品和新技术，迅速推出创新产品，抢占市场份额。这种协同创新不仅提升了企业的竞争力，还创造了更多高技能岗位。

最后，区域产业链合作同样至关重要。各区域应加强产业链的合作，形成上下游紧密衔接的产业生态。例如，京津冀、长三角等区域通过产业链协同，实现了资源的优化配置和产业优势互补。这种跨区域的产业链合作不仅提升了区域经济的整体竞争力，也为劳动者提供了更多的就业机会。通过这些措施，产业链协同将有效促进经济的可持续发展和就业的稳定增长。

三、就业生态的优化与政策支持

产业协同对就业生态的优化作用不仅体现在就业岗位数量的增加上，还体现在就业质量的显著提升上。为了充分发挥产业协同的积极作用，政府需要从政策和机制层面提供全方位的支持。

首先，推进政策协同与市场一体化建设。政府应通过政策协同，打破行政壁垒，推动市场一体化建设，促进资源要素的自由流动。例如，京津冀地区通过政策协同，推动区域内产业转移和就业机会扩散，实现了区域经济的协同发展。

其次，注重创新驱动与新质生产力的发展。政府要把握技术革命和产业深度转型升级的趋势，积极发展新质生产力，创造更多高质量就业岗位。同时，通过政策引导，支持吸纳就业能力强的产业和企业，培育新的就业增长点，为就业市场注入新的活力。

最后，强化人才链与产业链的协同。政府要结合国家发展战略，提前规划产业链与人才链，充分发挥技术进步对就业的带动效应。通过教育与产业的深度对接，培养能够满足新兴产业需求的高素质人才，为产业协同提供人才支撑。通过这些措施，产业协同将为就业生态系统的优化和可持续发展提供强大动力。

产业协同是构建就业生态系统的重要路径。优化产业结构、促进产业链协同，能够创造更多高质量就业机会，提升就业生态的稳定性和竞争力。政府、企业和社会应共同努力，通过政策支持、协同创新和区域合作，推动产业与就业的良性互动，实现高质量充分就业。

第四节　企业协同视角下的就业生态系统分析

企业作为就业市场的核心主体，在就业生态系统中扮演着至关重要的角色。通过协同，企业可以有效提升就业质量、增加就业岗位，并促进经济的可持续发展。

一、企业将提供更多就业岗位和保障员工权益当作自身的社会责任

企业作为经济增长的核心动力，是就业机会的主要创造者，在就业协同中扮演着不可或缺的角色。为了优化就业生态，企业应积极履行社会责任，从多

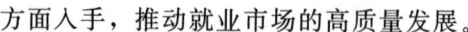

方面入手，推动就业市场的高质量发展。

首先，企业应致力于增加就业岗位供给。企业要通过扩大生产规模、拓展业务领域以及优化运营模式，创造更多高质量的就业岗位。以制造业为例，企业可以通过技术升级和智能化改造，提高生产效率，从而创造更多生产、管理和技术岗位，为就业市场注入新的活力。

其次，保障员工权益是企业社会责任的重要体现。企业应依法保障员工的劳动权益，包括合理的工作时间、公平的薪酬待遇、完善的社会保险以及良好的职业发展机会。例如，通过建立透明的薪酬体系和完善的晋升机制，激励员工提升自身技能，增强员工的归属感和忠诚度。

再次，企业应积极推动员工培训与技能提升。面对技术变革和市场需求的快速变化，企业应积极参与员工的职业培训和技能提升计划。例如，企业可以与高校、职业院校合作，开展定制化的培训课程，帮助学生、员工提升专业技能和综合素质，从而更好地适应市场变化。

最后，营造良好的企业文化对于提升员工满意度和忠诚度至关重要。企业应通过建立积极向上的企业文化，营造公平、透明、包容的工作环境，提升员工的工作积极性和创造力。这种积极的企业文化不仅能够增强员工的归属感，还能促进企业的长期稳定发展。

二、通过政策扶持中小企业增强其就业吸纳能力

中小企业作为就业市场的重要力量，在吸纳劳动力方面发挥着不可替代的作用。然而，中小企业常常面临资金短缺、技术不足、市场竞争力较弱等挑战。因此，政府和社会应通过多方面的政策扶持，切实提高中小企业的就业吸纳能力。

第一，政府应提供财政与税收支持。通过财政补贴和税收优惠政策，降低中小企业的运营成本，激励其扩大生产规模、增加就业岗位。例如，为吸纳就业人数较多的中小企业提供税收减免优惠或专项补贴，缓解其资金压力。

第二，金融支持与融资渠道的拓展至关重要。中小企业普遍面临融资难题，政府可以通过设立中小企业发展基金、提供低息贷款等方式，帮助企业拓宽融资渠道，进行技术创新和业务拓展。例如，通过政策引导，鼓励金融机构加大对中小企业的信贷支持力度。

第三，技术与创新支持是提升中小企业竞争力的关键。政府应搭建技术服务平台，为中小企业提供技术支持和创新指导。例如，建立公共技术实验室、提供技术咨询和培训服务，助力中小企业提升技术水平和市场竞争力。

第四，政府应调整市场准入标准，进行政策引导。通过放宽市场准入限

制、简化行政审批流程，为中小企业创造公平的市场竞争环境。同时，鼓励中小企业参与新兴产业和公共服务领域的发展，拓展其市场发展空间。

第五，人才支持与培训是中小企业发展的基础。政府可以通过人才引进计划和职业培训补贴，帮助中小企业吸引和培养高端人才及技术工人。例如，通过校企合作，为中小企业提供定制化的人才培养方案，提升其人才储备能力。

企业协同是就业生态系统的重要组成部分，企业对社会责任的履行和政府对中小企业的政策扶持，都可以有效增加就业岗位供给，提升就业质量，促进经济的可持续发展。政府、企业和社会应共同努力，通过政策支持、技术创新和文化氛围的营造，推动企业协同深度发展，为就业生态系统的优化提供坚实支撑。

第五节　区域协同视角下的就业生态系统分析

区域协同作为就业生态系统中的关键环节，是实现高质量充分就业的重要路径。区域协同通过优化区域经济平衡和推动城乡一体化，能够有效缩小地区间的就业差距，促进劳动力在城乡间的合理流动，进而实现就业生态的优化与可持续发展。

一、区域经济均衡发展助力缩小地区间就业差距

区域经济均衡发展是区域协同发展的关键目标之一。区域协同的开展，能够有效缩小地区间的就业差距，推动区域均衡发展。具体而言，首先，优化重大生产力布局。在京津冀协同发展、长江经济带发展、粤港澳大湾区建设等重大区域发展战略的推进过程中，我们应充分发挥核心区域与中心城市的带动作用，推动产业向欠发达地区有序转移，提升中西部及东北地区承接产业转移的能力。其次，强化区域间的分工协作，实现优势互补。例如，促进东部发达地区产业向中西部地区转移，同时制定绿色转型政策，推动区域经济可持续发展。最后，通过政策引导，推动区域间就业公共服务一体化建设。例如，加快形成一批服务融通、政策贯通、渠道畅通的就业集聚区和增长极，促进区域间就业均衡发展。

二、城乡协同推动劳动力在城乡间合理流动

城乡一体化是区域协同发展的关键组成部分。城乡融合发展能够有效促进劳动力在城乡之间的合理流动，提升城乡就业的均衡性。具体措施包括以下几

点。一是打破城乡之间的壁垒，实现人才、资本、技术、信息等生产要素在城乡之间的自由流动和优化配置。例如，通过社会保障体系的城乡一体化，促进农业转移人口市民化。二是推进城乡产业协同发展，鼓励城市优质产业和服务向农村地区延伸。例如，通过乡村振兴战略，发展现代农业，提高农业劳动生产率，提升农业就业吸引力。三是加大对农村和欠发达地区的支持力度，提升公共服务的可及性。例如，完善农村基础设施建设，提高教育、医疗卫生、住房等公共服务的供给水平，缩小城乡公共服务差距。四是提升县域综合服务能力，使其成为劳动力在城乡间流动的桥梁和中转枢纽。通过发展县域经济，辐射带动周边农村发展，充分利用农村剩余劳动力。

三、政策与机制保障

为达成区域经济均衡发展与城乡协同发展的目标，必须从政策和机制层面给予有力支持。首先，推进政策协同与市场一体化建设。政府应打破行政壁垒，通过政策协同推动市场一体化，促进资源要素自由流动。其次，注重创新驱动与新质生产力发展。政府要顺应技术革命及产业深度转型升级趋势，因地制宜培育新质生产力，创造更多高质量就业岗位；同时，以政策引导支持吸纳就业能力强的产业和企业，培育新的就业增长点。最后，强化人才链与产业链协同。政府要结合国家发展战略，提前规划产业链与人才链，充分发挥技术进步对就业的带动效应；通过教育与产业深度对接，培养能适应新兴产业需求的高素质人才。

区域协同是优化就业生态的重要路径。区域经济均衡发展和城乡一体化的推进，能够有效缩小地区间就业差距，促进劳动力在城乡间的合理流动，实现就业生态的优化。政府和社会应通过政策支持和机制创新，推动区域协同的深度发展，为高质量充分就业提供坚实保障。

第六节　社会协同视角下的就业生态系统分析

社会协同是就业生态系统的重要组成部分，社会组织的广泛参与和公众的积极关注能够有效提升就业服务的质量和覆盖面，形成全社会共同参与的就业氛围。

一、社会组织参与

在就业生态系统中，社会组织扮演着重要角色，有效弥补了政府和企业在就业服务领域的不足。具体而言，社会组织可以从以下四个方面发力。

首先，社会组织可以利用自身专业资源，开展职业培训与技能提升项目。例如，行业协会可根据行业需求，为劳动者提供专项技能培训，助力其更好地适应市场需求。

其次，社会组织可为求职者提供专业的就业指导和职业规划服务。通过举办职业规划讲座、开展一对一咨询等活动，为求职者提供个性化指导，帮助他们明确职业方向，提升求职技巧。

再次，社会组织可以搭建就业信息平台，整合企业招聘信息与劳动者求职需求，促进供需双方精准对接。例如，社区可与当地企业合作，定期发布招聘信息，为居民提供家门口的就业机会。

最后，社会组织应重点关注就业困难群体，如残疾人、退役军人、长期失业者等，为他们提供定制化的就业支持和服务。例如，通过开展公益项目，为这些特殊群体提供就业培训和心理辅导，帮助他们顺利融入职场。

二、公众参与

公众的广泛参与是就业生态系统实现可持续发展的关键因素。我们要通过提升公众对就业问题的关注度，营造全社会共同参与的就业氛围。具体措施包括以下几点。

首先，提升就业意识。通过开展宣传教育活动，提高公众对就业问题的重视程度，强化全社会的就业意识。例如，利用媒体平台、社区宣传等多种方式，普及就业政策和就业知识，帮助公众树立正确的就业观念。

其次，建立志愿服务体系，加强社区支持。通过组织就业相关的志愿者服务活动，如职业指导、技能培训等，为求职者提供面对面的帮助和支持。例如，社区可以组织志愿者开展就业帮扶活动，为居民提供一对一的就业指导。

再次，引导企业履行社会责任，并加强公众监督。引导企业积极履行社会责任，参与就业促进活动。同时，通过公众监督机制，确保企业在招聘和用工过程中遵守法律法规，保障劳动者权益。例如，设立群众举报热线，让群众监督企业是否存在就业歧视等问题。

最后，整合社会资源。整合社会各界力量，共同支持就业生态系统的建设。例如，通过慈善捐赠、公益项目合作等方式，为就业服务提供资金和资源支持。

社会协同是就业生态系统的重要支撑，社会组织的广泛参与和公众的积极关注能够有效提升就业服务的质量、扩展就业服务的覆盖面，形成全社会共同参与的就业促进氛围。政府、社会组织和公众应共同努力，通过多元化的就业

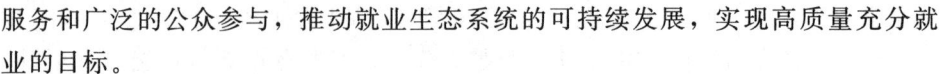

服务和广泛的公众参与，推动就业生态系统的可持续发展，实现高质量充分就业的目标。

第七节　技术协同视角下的就业生态系统分析

在数字化时代，技术协同已成为推动就业生态系统高质量发展的重要驱动力。通过数字化转型和创新驱动，企业不仅可以优化就业服务，还能创造更多就业机会，提升就业生态系统的整体效能。

一、利用大数据、人工智能等技术优化就业服务，实现数字化转型

数字化转型是提升就业服务质量的关键手段。通过引入大数据、人工智能等前沿技术，政府不仅可以实现就业服务的智能化、精准化和高效化，还能为劳动者和企业创造更多价值。

首先，智能化就业服务平台的构建是基础。利用大数据和人工智能技术，平台能够实现求职者与岗位的精准匹配。例如，通过对求职者简历和岗位需求的深度分析，平台可以自动推荐合适的职位，从而显著提高求职效率。

其次，个性化职业指导是提升求职者竞争力的重要环节。借助人工智能算法，平台能够为求职者提供量身定制的职业指导和培训建议。例如，通过分析求职者的技能短板和职业兴趣，平台可以针对性地推荐培训课程，帮助求职者更好地适应市场需求，提升就业竞争力。

再次，通过对就业市场的分析为就业服务提供了有力的数据支持。利用大数据技术，平台能够实时监测就业市场的动态变化，并为政策制定者、企业和求职者提供及时、准确的市场信息。例如，通过对行业趋势和岗位需求变化的分析，平台可以提前预警就业风险，为劳动力市场的调整提供科学依据。

最后，远程就业服务的兴起打破了地域限制，为求职者创造更多机会。通过数字化手段，平台可以提供远程面试、在线培训等服务，拓宽就业渠道。

二、通过技术创新推动新业态发展，创造更多就业机会，促进创新驱动

技术创新不仅是经济增长的核心动力，也是创造就业机会的重要源泉。技术创新能够推动新业态发展，从而为就业市场注入新的活力。

首先，新兴产业的崛起是技术创新带来的显著成果之一。技术创新推动了

数字经济、绿色经济、共享经济等新兴产业的快速发展。这些新兴产业不仅创造了大量新的就业岗位，还带动了上下游产业的协同发展。例如，人工智能和大数据技术催生了数据分析师、算法工程师等新兴职业，为劳动者提供了更加多元化的职业选择。

其次，技术创新促进了灵活就业模式的兴起。自由职业、远程工作、零工经济等灵活就业模式逐渐成为就业市场的重要组成部分。这些模式为劳动者提供了更多选择，尤其是为那些需要兼顾家庭和个人发展的劳动者，提供了更多的就业机会。例如，远程工作模式使劳动者能够突破地域限制，拥有更多就业机会。

再次，技术创新优化了创业生态。技术创新降低了创业门槛，为创业者提供了更多的资源和支持。例如，通过互联网平台，创业者可以更容易地获取资金、技术和市场信息，从而推动更多小微企业和创业项目诞生，创造更多就业机会。创业生态的优化不仅促进了经济的多元化发展，也为就业市场注入了新的活力。

最后，技术创新推动了传统产业的升级转型。传统产业通过智能化、绿色化、高端化转型，提升了附加值和竞争力。例如，制造业通过智能化改造，不仅提高了生产效率，还创造了更多与技术研发、设备维护、数据分析相关的高技能岗位。这种产业升级不仅提升了企业的竞争力，也为劳动者提供了更多高质量的就业机会。

总之，技术创新通过推动新兴产业崛起、促进灵活就业模式发展、优化创业生态以及推动产业升级转型，为就业市场注入了新的活力，创造了更多高质量的就业机会。技术协同是优化就业生态系统的强大动力。数字化转型和创新驱动不仅可以提升就业服务的质量和效率，还能创造更多高质量的就业机会，推动就业市场的可持续发展。政府、企业和社会应共同努力，加快技术创新的步伐，推动就业生态系统的数字化、智能化和创新性发展，为实现高质量充分就业提供坚实的技术支撑。

第八节　环境协同视角下的就业生态系统分析

环境协同作为就业生态系统的关键构成要素，对于经济增长与环境保护的协同发展具有深远意义。在当前绿色转型加速推进的背景下，环境协同不仅能够创造大量绿色就业机会，还能推动经济可持续发展，实现经济、社会和环境效益的有机统一。

一方面，绿色产业的兴起为劳动者提供了新的职业选择和发展空间。随着绿色产业的蓬勃发展，在新能源、节能环保、生态修复等领域，越来越多的就业岗位应运而生。这些岗位不仅涵盖技术研发、项目管理、生产运营等领域，还延伸至基层的安装维护、现场施工等领域，为不同技能水平的劳动者提供了丰富的就业机会。例如，太阳能光伏产业的发展创造了大量光伏板安装与维护岗位，而电动汽车的普及则催生了电池技术研发、充电桩建设与维护等相关岗位。这些绿色岗位不仅有助于缓解就业压力，还能提升劳动者的技能水平和职业素养，推动劳动力市场实现多元化发展。

另一方面，可持续发展理念的深入贯彻为经济增长注入了新的动力。通过将就业政策与环境保护紧密结合，政府和企业能够在实现经济增长的同时，有效减少对环境的负面影响。例如，政府可以通过制定绿色产业扶持政策，引导社会资源向清洁能源、循环经济等领域倾斜，促进产业结构的优化升级。企业可以在生产过程中积极采用环保技术和绿色管理措施，提高资源利用效率，降低生产成本，增强市场竞争力。这种经济与环境的良性互动不仅有助于实现长期的经济增长，还能为劳动者创造更加稳定和健康的工作环境，提升社会的整体福祉水平。

此外，环境协同还能够促进社会公平与包容性发展。绿色产业岗位的增加为弱势群体提供了更多的就业机会，有助于缩小收入差距，减少贫困现象。同时，绿色产业的发展也带动了相关地区经济的繁荣，促进了区域间的协调发展，为实现社会的全面进步奠定了坚实基础。

环境协同是实现经济增长与环境保护双赢的重要途径。通过推动绿色产业和可持续发展，人们不仅能够创造更多高质量的就业机会，还能促进经济的可持续发展，提升社会的整体福祉水平。在未来的就业生态系统构建中，应进一步加强环境协同的力度，推动绿色产业的发展，培养绿色人才，提升公众环保意识，为实现经济、社会和环境的协调发展提供有力支撑。

第九节 法律与制度协同视角下的就业生态系统分析

法律与制度协同是就业生态系统的重要支撑，劳动法律法规的完善和制度的创新，能够有效保障劳动者权益，提升就业市场的灵活性与稳定性，从而实现高质量充分就业的目标。

一、完善劳动法律法规以保障劳动者权益

法律保障是就业生态系统稳定运行的基石，完善的劳动法律法规体系能够为劳动者提供权益保障，确保就业市场的公平与正义。

首先，完善劳动法律法规，以适应新就业形态的快速发展趋势。传统的劳动法律法规已难以全面覆盖新兴的就业模式，因此有必要进行调整完善。例如，应明确新就业形态下劳动者的劳动关系与合法身份，将其纳入劳动法和劳动合同法的保护范围，确保他们享有公平就业权、生命安全权、休息休假权等基本权益，从而织密新就业形态劳动者权益保障的安全网。

其次，加强执法与司法保护力度，相关执法和司法部门应加大对侵害劳动者权益行为的打击力度，畅通维权渠道。例如，通过劳动法律监督提示函和意见书，推动用人单位规范用工行为，切实保障劳动者合法权益。同时，应为新就业形态下的劳动者提供更加精准便捷的法律支持。当前，多地已将外卖骑手等群体列为法律援助的重点对象，这一举措值得推广与深化。

最后，强化市场监管与劳动保障监察，加强市场监管和劳动保障监察执法力度，有效治理欠薪欠保、违法裁员、求职陷阱等乱象，维护劳动者的合法权益。通过完善劳动关系协商协调机制，依法保障劳动者获得劳动报酬、休息休假、劳动安全卫生保护等基本权益，构建和谐稳定的劳动关系，为就业生态系统的可持续发展提供坚实的法律保障。

二、通过制度创新提升就业市场的灵活性与稳定性

制度创新是提升就业市场灵活性与稳定性的关键，能够使各项制度更好地适应经济发展的新趋势，促进就业市场的动态平衡。

首先，政府应优化就业政策与制度设计。通过财政支持、税收优惠、金融支持等政策工具，引导社会资源向吸纳就业能力强的产业和企业倾斜。例如，支持灵活就业和新就业形态发展，建设区域性零工市场和功能化零工驿站，扩大职业伤害保障试点范围。

其次，针对新就业形态劳动者进行制度创新。探索建立科学、高效、协同的政府监管方式，如通过多部门协同执法，形成监管合力，避免多头执法和监管空白。同时，加快相关制度建设，如职业伤害保障制度，确保劳动者的权益得到全面保护。

再次，通过制度创新提升就业市场的灵活性和适应性。完善劳动关系协商协调机制，推动企业与劳动者通过平等协商确定合理的劳动报酬。同时，优化创业促进就业的保障制度，提升创业质量，创造更多就业机会。

最后，构建和谐劳动关系。完善劳动关系协商协调机制，推动企业依法保障劳动者的基本权益。通过加强劳动保障监察和劳动人事争议调解仲裁队伍建设，持续整治人力资源市场秩序，有效治理欠薪欠保等问题。

制度创新是提升就业市场灵活性与稳定性的关键，政府应通过优化就业政策、推动新就业形态的制度创新、提升就业市场的灵活性以及构建和谐的劳动关系，为就业生态系统的可持续发展提供有力支持。

法律与制度协同是就业生态系统的重要组成部分。政府、企业和社会应共同努力，加强法律保障和制度创新，推动就业生态系统的可持续发展。

构建多元协同的就业生态系统是一项系统性工程，需要多个领域深度协同合作，这样才能实现就业市场的高质量发展和可持续发展，为社会经济的稳定与繁荣提供坚实支撑。

第十三章　研究结论、局限与未来展望

第一节　研　究　结　论

实现高质量充分就业，既是保障个体职业发展权益的核心诉求，更是驱动社会经济可持续发展的重要基石。然而，在高等教育普及与产业数字化转型叠加的背景下，高校毕业生就业面临多重结构性矛盾：在宏观层面，就业市场面临"供给扩容与岗位增速失衡"的矛盾，同时产业结构的调整带来了岗位需求的变化；在微观层面，毕业生就业预期偏差、专岗匹配程度不足、个人能力与市场需求错位等问题凸显。这种供需双侧的动态失衡，不仅加剧了"慢就业""缓就业"等现象的影响，更制约着人才资源与产业升级的协同效能。破解这一困境，急需系统探究就业质量的影响机制与提升路径。

基于此，本研究以"新时代高校毕业生高质量充分就业"为核心命题，运用理论建构与实证分析相结合的研究范式，重点研究三大关键问题：其一，厘清就业质量的多维影响因素及其作用机理，涵盖个体能力、教育供给、家庭资本、技术变革等多方面的作用；其二，构建多维度的就业质量评价体系，确立科学量化的监测基准；其三，设计政企校协同的生态化解决方案，推动就业促进政策从短期干预向长效机制转型。通过跨学科、多视角的系统研究，为优化就业市场资源配置、提高人力资本转化效率提供理论与实践支撑。

一、高质量充分就业的研究意义

高质量充分就业的本质，不仅在于就业规模的扩张，更在于就业结构优化与就业质量跃升目标的同时实现。这一目标具有双重维度：在宏观层面，它映射出就业市场的成熟度与社会经济发展水平的协同关系——成熟的就业市场需同时满足岗位供给充足性与人力资本适配性的双重标准，动态平衡劳动力供需结构，减少资源错配引发的结构性失业；在微观层面，它体现为劳动者职业价值的最大化。这种"宏观—微观"的双重视角，共同构成了高质量充分就业的系统性内涵。

（一）从宏观层面来看

高质量充分就业是就业市场与社会经济协同发展的必然结果。成熟的就业市场需要同时满足岗位供给充足性与人力资本适配性的双重标准。

岗位供给充足性是就业市场成熟度的重要体现，它意味着市场经济规模能够支撑足够多的就业岗位，以满足不同层次、不同专业背景劳动者的就业需求。这不仅取决于经济增长的速度和规模，还与产业结构的优化升级密切相关。当经济处于快速发展阶段时，新兴产业不断涌现，传统产业加速转型升级，新的就业岗位就会大量产生。例如，随着数字经济的蓬勃发展，互联网、人工智能、大数据等领域出现了海量的就业岗位，涵盖从技术研发到运营管理、从数据分析到用户体验设计等众多专业领域，为不同技能水平的劳动者提供了广阔的就业空间。

人力资本适配性是实现高质量充分就业的另一关键要素。人力资本是指劳动者所具备的知识、技能、经验和健康等综合素养，是决定劳动者就业质量和就业竞争力的核心因素。在成熟的就业市场中，人力资本的供给与岗位需求之间需要高度适配。这就要求教育体系、职业培训体系与劳动力市场紧密结合，根据市场需求及时调整人才培养的方向和内容。例如，当某一地区因制造业转型升级，对高端技术工人和工程师的需求大幅增加时，当地的教育和培训机构应迅速响应，开设相关专业课程，培养符合企业需求的高技能人才，从而实现人力资本与岗位需求的有效对接。

（二）从微观层面来看

高质量充分就业体现为劳动者职业价值的最大化。劳动者职业价值的最大化包括专业能力与岗位需求的精准匹配、职业发展的可持续性、薪酬福利的公平性以及工作环境与社会保障的完善性等多个方面。

专业能力与岗位需求的精准匹配是劳动者职业价值实现的基础。当劳动者所具备的专业知识、技能和经验与岗位要求高度契合时，他们就能够更高效地完成工作任务，为企业创造价值，同时能够获得更多的成就感和职业满足感。

这种精准匹配不仅需要劳动者不断提升自身专业能力，还需要企业在招聘和岗位配置过程中，采用科学合理的人才选拔机制，确保将合适的人放在合适的岗位上。例如，一些大型企业在招聘过程中，会通过多轮面试、专业测试和背景调查等方式，全面了解应聘者的专业能力、综合素质和职业发展潜力，从而实现人才与岗位的最佳匹配。

职业发展的可持续性是劳动者职业价值提升的重要保障。一个良好的职业发展通道能够让劳动者看到自己未来的职业发展方向，不断提升自身能力，为企业创造更大的价值。企业应建立完善的员工晋升体系，为员工提供多样化的晋升路径，包括技术晋升、管理晋升和跨部门晋升等。同时，企业还应注重员工的职业发展规划，通过定期的绩效评估、培训和发展计划制订，帮助员工不断提升职业素养，实现个人与企业的共同发展。例如，华为公司为员工提供了"之"字形职业发展路径，员工可以根据自己的兴趣和特长，在技术、管理、营销等多个领域选择不同的发展方向，并通过内部培训、导师辅导和项目实践等方式，不断提升自己的能力，实现职业的可持续发展。

薪酬福利的公平性也是影响劳动者职业价值的重要因素。公平合理的薪酬福利体系能够激发劳动者的积极性和创造力，提高他们的工作满意度和忠诚度。企业应根据市场行情、岗位价值和个人绩效，制定科学合理的薪酬体系，确保员工的付出能够得到相应的回报。同时，企业还应提供完善的福利保障，包括社会保险、住房补贴、带薪休假、健康体检等，以增强员工的归属感和幸福感。例如，一些互联网企业在薪酬方面采取了股权激励的方式，让员工分享企业的发展成果，同时采取了弹性工作制、免费午餐、健身房等福利措施，极大地提升了员工的工作满意度和忠诚度。

工作环境与社会保障的完善性对劳动者的职业价值也具有重要影响。良好的工作环境能够提高劳动者的身心健康水平和工作效率，而完善的社会保障制度则能够为劳动者提供基本的生活保障和风险抵御能力。企业应注重工作环境的建设和改善，为员工提供安全、舒适、和谐的工作场所，同时加强企业文化建设，营造积极向上、团结协作的工作氛围。政府则应完善社会保障体系，扩大社会保障覆盖范围，提高社会保障水平，为劳动者提供基本的养老、医疗、失业等保障，解除劳动者的后顾之忧。

总的来说，高校毕业生的就业质量受到经济环境、产业结构、高等教育质量、个人能力与职业规划、就业观念和家庭因素等多方面因素的综合影响。为了提升高校毕业生的就业质量，政府、高校、企业和个人需要共同努力，通过优化经济环境、调整产业结构、深化高等教育改革、加强校企合作、引导就业观念转变和关注家庭因素等，为毕业生创造更加公平、高效、可持续的就业环境。

二、创新创业教育对就业的重要作用

创新创业教育在提升高校毕业生就业竞争力、拓宽就业渠道、增强就业适应性等方面发挥了不可替代的积极作用。通过创新创业教育，学生不仅能够具备创新思维和创业能力，还能在实践中提升解决复杂问题的能力，从而更好地适应快速变化的就业市场。创新创业教育为学生提供了多元化的就业选择，帮助他们突破传统就业模式的限制，探索自主创业、灵活就业等新型职业路径。此外，创新创业教育还能通过项目实践、竞赛活动等形式，让学生积累宝贵的实践经验，进一步提升就业竞争力。因此，创新创业教育不仅是高校教育的重要组成部分，更是推动高校毕业生实现高质量充分就业的重要推动力。

三、政策支持与社会协同的必要性

政府政策支持、企业社会责任履行以及社会资源的整合是促进高校毕业生高质量充分就业的重要保障。政府在制定就业政策时，应注重引导产业结构调整，优化就业环境，提供更多的就业机会和创业支持。企业作为就业市场的主体，应积极履行社会责任，通过提供实习岗位、开展校企合作等方式，助力高校毕业生顺利就业。同时，社会资源的整合也不可或缺，包括社会组织、行业协会等在内的多方力量应共同参与，为高校毕业生提供多元化的就业服务和支持。只有政府、企业和社会的协同努力，才能为高校毕业生创造一个更加公平、高效、可持续的就业生态，从而推动高质量充分就业目标的实现。

第二节　促进高质量充分就业的对策研究

要破解就业质量提升的困局，必须突破多层级因素的复杂作用网络。在个体层面，就业预期偏差（如过度追求体制内的"铁饭碗"）和技能结构滞后（如 AI 技术应用能力不足）直接降低了岗位适配性；在教育层面，高校专业设置与产业需求脱节、创新创业教育实效性不足，导致人力资本供给出现结构性失衡；在家庭层面，家庭经济资本（如求职资源支持）和文化资本（如职业观念传导）通过代际传递影响着毕业生的就业选择；在技术层面，人工智能的"替代-创造"双重效应重构了职业图谱，要求劳动者具备人机协作、终身学习等新型能力；在政策层面，产业政策导向、社会保障制度设计与就业服务效能共同塑造了就业市场的制度环境。

因此，破解就业质量提升的困局需要构建"四维协同"机制：一是教育与产业协同，建立专业设置动态调整机制，推动高校与龙头企业共建"订单式"人才培养项目；二是政策与市场协同，完善新兴产业岗位创造激励政策，优化失业风险补偿与再就业培训联动机制；三是技术与人力协同，实施"AI＋职业技能"融合培训计划，培育数字工匠、智能运维等新兴职业群体；四是个体与社会协同，通过职业规划咨询网络与终身学习平台建设，赋能劳动者自主应对职业变迁。这种多层次、多主体的协同框架，不仅能有效缓解当前就业市场的结构性矛盾，更能为经济高质量发展提供持续的人力资本动能。

首先，高校应优化高等教育结构，提升人才培养质量。具体而言，高校要紧密结合产业发展需求，优化专业设置与课程体系，强化实践教学与创新创业教育，从而培养适应新时代需求的复合型人才。在此基础上，高校还应加强校企合作，推动产学研深度融合，为学生提供更多实习实践机会，进而提升其职业能力与就业竞争力。与此同时，高校要完善就业服务体系，强化就业指导。建立健全高校毕业生就业信息平台，提供精准化、个性化的就业服务，是高校提升毕业生就业质量的重要举措。此外，加强职业生涯规划教育，帮助学生明确职业目标，提升其求职技能与心理素质，也是高校在就业指导方面应重点关注的内容。

其次，从政府层面来看，推动产业结构升级是创造高质量就业岗位的关键。政府应加快推动新兴产业与传统产业的融合发展，创造更多高质量就业岗位。此外，政府还需加大政策支持力度，优化就业环境。具体措施包括：完善就业创业扶持政策，为高校毕业生提供创业补贴、税收优惠等支持，健全社会保障体系，消除就业歧视，营造公平、公正的就业环境。

再次，企业作为就业市场的主体，应积极履行社会责任，为高校毕业生提供更多职业发展机会与培训资源。通过与高校的深度合作，企业不仅能够为高校毕业生提供实践平台，还能在人才培养过程中发挥重要作用。

最后，在个人层面，高校毕业生也应积极主动地提升自身综合素质和就业能力。一方面，高校毕业生应充分利用高校提供的教育资源，积极参与创新创业实践和各类技能培训，增强自身的专业能力和实践能力；另一方面，高校毕业生需要树立正确的就业观念，主动适应市场需求的变化，灵活调整职业规划。此外，高校毕业生应注重提升自身的心理素质和抗压能力，以更好地应对就业过程中的各种挑战。通过个人的努力以及外部环境的支持，高校毕业生能够更好地实现自身的职业发展目标。

总之，促进高校毕业生高质量充分就业需要政府、企业、高校和个人的共同努力。当前，高校毕业生面临着复杂多变的就业环境：一方面，新兴产业的崛起带来了新的机遇和挑战，这要求高校毕业生具备更加多元化的技能和创新能力；另一方面，传统行业的转型升级也对人才提出了更高的要求。在这种背景下，优化教育结构、加强校企合作、完善就业服务体系、推动产业升级、强化政策支持以及健全社会保障体系等多项措施的协同推进，可以为高校毕业生创造更加广阔的发展空间，助力其实现高质量充分就业的目标。同时，高校毕业生也应积极提升自身综合素质，主动适应就业市场的需求，从而更好地实现个人职业发展与社会需求的有机结合。

第三节　研究的局限与未来展望

一、研究的局限

本研究围绕高校毕业生就业问题，从宏观和微观两个层面进行了系统分析，揭示了影响就业质量的关键因素，并提出了相应的对策建议。然而，研究过程中仍存在一些问题，它们可能对研究结论的普遍适用性和深度产生一定影响。

首先，本研究在分析高校毕业生就业问题时，虽然从宏观和微观两个层面进行了探讨，但对于个体差异和区域差异的关注仍显不足。不同地区在经济发展水平、产业结构、教育资源分配等方面存在显著差异，这些差异会对高校毕业生的就业质量产生深远影响。同时，个体在专业背景、能力素质、家庭背景等方面的差异也会导致就业结果具有多样性。由于未能充分考虑这些差异，研究结论的普遍适用性可能受到一定限制。

其次，本研究的数据来源主要依赖公开统计数据和问卷调查。公开统计数据虽然具有一定的权威性和广泛性，但可能存在数据更新不及时、统计口径不一致等问题。问卷调查则可能受到样本选择偏差、调查对象主观性等因素的影响，导致研究结果存在一定的偏差和局限。此外，研究未能充分结合实地访谈、案例分析等定性研究方法，这在一定程度上限制了研究结论的深度和全面性。

再次，本研究对高质量充分就业的长期跟踪研究不足。高校毕业生的就业质量是一个动态变化的过程，受到个人职业发展、行业变化、经济周期等多方面的因素的影响。由于缺乏长期跟踪数据，研究难以全面反映高校毕业生就业质量的动态变化趋势，也无法深入分析不同阶段影响就业质量的关键因素及其演变规律。这种局限性可能使研究在政策建议的针对性和时效性方面存在不足。

最后，研究未能充分考虑外部环境变化对高校毕业生就业的影响。近年来，全球经济格局、技术进步、政策调整等外部因素对就业市场产生了深远影响。例如，人工智能和自动化技术的快速发展正在重塑劳动力市场的需求结构，而国际贸易摩擦和经济政策调整也可能对高校毕业生的就业机会和职业选择产生重要影响。由于研究未能充分考虑这些外部因素的动态变化，所以得出的结论在应对复杂多变的现实问题时可能显得不够全面。

总而言之，本研究在分析高校毕业生就业问题时取得了一定成果，但也存在对个体差异与区域差异关注不足、数据来源具有局限性、缺乏长期跟踪研究以及对外部环境变化考虑不足等局限。这些问题可能导致研究结论的普遍适性受到一定限制。

二、未来展望

为推动高校毕业生实现高质量充分就业，本研究提出了一系列对策和建议，并对未来研究方向进行了展望。未来的研究应进一步深化理论探讨、加强实证分析、关注区域与个体差异，并积极探索数字化转型对就业的影响，从而为政策制定提供更具科学性和前瞻性的支持。

（一）深化理论探讨

未来研究应进一步探讨高质量充分就业的理论框架与评价体系。当前，高质量充分就业已成为就业领域的核心目标，但其理论内涵和评价标准仍需进一步明确和细化。通过构建更加完善的理论框架，我们可以更好地揭示高质量充分就业的内在机制和关键要素，为政策制定提供更加科学的依据。同时，建立科学合理的评价体系，更准确地衡量就业质量的提升程度，为政策调整和实施提供有效的反馈。

（二）加强实证研究

实证研究是验证理论和优化政策的关键环节。未来研究可通过长期跟踪调查与案例分析，深入探讨高校毕业生就业质量的动态变化及其影响因素。长期跟踪调查能够揭示毕业生就业质量在不同阶段的变化趋势，帮助识别关键影响因素及其作用机制。案例分析则可以深入剖析特定群体或区域的就业问题，提供更具针对性的解决方案。运用定量与定性研究方法，能够更全面地理解高校毕业生就业的复杂性和多样性，为政策制定提供坚实的实证基础。

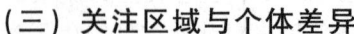

（三）关注区域与个体差异

区域经济发展水平和个体特征对高校毕业生就业质量的影响不容忽视。未来研究应结合区域经济发展的不平衡性，分析不同地区在产业结构、就业机会、教育资源等方面的差异，提出更具针对性的区域就业政策。同时，关注个体在专业背景、能力素质、家庭背景等方面的差异，从而更好地满足不同群体的就业需求，促进就业公平与社会和谐。未来研究可以通过综合考虑区域与个体差异，为实现高质量充分就业提供更加精细化的对策建议。

（四）积极探索数字化转型对就业的影响

随着数字经济的快速发展，数字化转型已成为影响就业市场的重要因素。未来研究应重点关注数字化转型对高校毕业生就业的影响，探索新业态、新模式下的就业机遇与挑战。数字经济的发展不仅创造了新的就业岗位和职业形态，也对传统就业模式提出了新的要求。高校毕业生需要具备一定的数字技能和创新能力，以适应快速变化的市场需求。未来研究应深入分析数字化转型对就业结构、就业质量、职业发展路径的影响，为高校教育改革和政策调整提供前瞻性指导。

总之，新时代高校毕业生高质量充分就业是一项复杂的系统工程，需要政府、高校、企业及社会各界共同努力。未来研究应从深化理论探讨、加强实证分析、关注区域与个体差异以及积极探索数字化转型对就业的影响等多方面入手，进一步拓展高校毕业生高质量充分就业的研究领域，通过多学科交叉、多方法结合的研究路径，为实现高校毕业生高质量充分就业提供更加科学、全面的理论支持和政策建议，推动就业领域的可持续发展。

参考文献

[1] 崔秀艳，张佳伟，石彦芳. 新质生产力视域下高职学生高质量就业的现实困境与应对策略 [J]. 职业技术，2025（02）：1-6，18.

[2] 鲁昆洪. 政策工具视角下高校毕业生就业政策分析与发展策略研究——以近十年教育部工作要点为例 [J]. 红河学院学报，2025（01）：93-97.

[3] 刘春华. 打破"数据孤岛"政校企合力促就业 [N]. 四川日报，2025-01-20（06）.

[4] 李永萍. 交出高质量充分就业的"甘肃答卷" [N]. 甘肃日报，2025-01-20（05）.

[5] 曹斌，任奕. 高校毕业生生涯适应力对"慢就业"问题的影响研究 [J]. 公关世界，2025（02）：57-59.

[6] 王笑非. 我国青年就业新特征、新挑战与应对策略——基于中国家庭追踪调查（CFPS）数据的考察 [J]. 青年探索，2025（01）：51-62.

[7] 刘嘉文. 广西高校毕业生就业问题研究 [J]. 公关世界，2025（02）：66-68.

[8] 赵倩. 高校毕业生就业档案管理与服务体系构建 [J]. 山西档案，2025（01）：180-182.

[9] 傅林静，赵敬创，张军，等. 师范类毕业生本地就业的现状探究 [J]. 四川劳动保障，2025（01）：24-25.

[10] 方劲. 促进离校未就业高校毕业生就业创业的探索 [J]. 四川劳动保障，2025（01）：10-11.

[11] 郝媛媛. 新形势下高校就业质量评价体系构建研究 [J]. 中国就业，2025（01）：60-61.

[12] 陈华. 打好"组合拳"，促进高质量充分就业 [N]. 河北日报，2025-01-12（07）.

[13] 杨文稼. 高校生就业环节中存在的自身问题、环境问题及解决对策 [J]. 法制博览，2025（01）：136-138.

[14] 张敬波，胡媛媛. 让毕业生"流量"变人才"留量" [N]. 安徽日报，2025-01-09（05）.

[15] 陈怡静. 高校应届毕业生就业之困与就职能力提升探究 [J]. 肇庆学院学报，2025（01）：114-121.

[16] 王佩云. 大学生慢就业现状调查 [J]. 合作经济与科技，2025（03）：89-91.

[17] 于新，朱明星，刘东起. 辽宁省高校毕业生就业政策执行问题研究 [J]. 经济师，2025（01）：134-135.

[18] 刘琴. 促进高校毕业生就业创业，广西出招 [N]. 广西日报，2025-01-03（06）.

[19] 蔡佳文. 协同发力促高校毕业生高质量充分就业 [N]. 中国商报，2025-01-02（03）.

[20] 李媛媛. 开辟"新空间"让高校毕业生就业路更宽 [N]. 河南经济报，2024-12-31（02）.

[21] 葛双双，张宁，宋帅，等. 新质生产力赋能高校毕业生高质量充分就业：内在逻辑、现实挑战与实践路径 [J]. 现代职业教育，2025（01）：1-4.

[22] 毛安竹. 地方高校毕业生就业创业能力的提升措施 [J]. 四川劳动保障，2024（12）：78-79.

[23] 宋丹. 高校毕业生高质量就业的对策与建议 [J]. 四川劳动保障，2024（12）：112-113.

[24] 颜海云. 专业赋能高校毕业生求职的实践探索 [J]. 四川劳动保障，2024（12）：40-41.

[25] 靳晓琪. 创新创业教育如何助力学生构建多元化的职业规划 [J]. 四川劳动保障，2024（12）：32-33.

[26] 李燕，朱君. 多方协同促进高校毕业生高质量就业 [J]. 四川劳动保障，202（12）：10-11.

[27] 任娜. 促进和帮助大学生高质量就业 [N]. 西安日报，2024-12-29（002）.

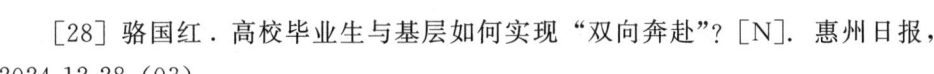

[28] 骆国红.高校毕业生与基层如何实现"双向奔赴"? [N]. 惠州日报，2024-12-28 (03).

[29] 伍灿明，姚尧."慢就业"趋势下高校公益创业教育现实问题与前瞻性策略 [J]. 湖北开放职业学院学报，2024 (24)：22-25.

[30] 别敦荣.内外用力实现高校毕业生高质量充分就业 [J]. 中国大学生就业，2024 (11)：3-10.

[31] 贺祖斌，李宇杰，郑来德.高校毕业生灵活就业动机、发展困境与对策研究 [J]. 中国大学生就业，2024 (11)：30-39.

[32] 邓艳桃.逆周期高校毕业生高质量就业策略探索 [N]. 安徽科技报，2024-12-25 (016).

[33] 邱莉莉，王洁莹，俞承艳.高校"慢就业"现象调查及应用对策——以杭州医学院为例 [J]. 就业与保障，2024 (12)：163-165.

[34] 钮继奎，张志豪.高校学生创新创业与就业指导服务实现路径研究 [J]. 才智，2024 (36)：96-99.

[35] 彭立平.引导高校毕业生面向基层就业刍论 [J]. 学校党建与思想教育，2024 (24)：83-85.

[36] 宋一枫，孙一博，刘华鹏.做好服务保障促进高校毕业生高质量就业 [N]. 绥化日报，2024-12-20 (02).

[37] 刘晓亚，马静.多点发力促进高校毕业生充分就业 [N]. 天水日报，2024-12-19 (01).

[38] 任佳燕.促进高校毕业生高质量充分就业 [N]. 江门日报，2024-12-17 (A08).

[39] 石玉峰.大学生职业发展与就业指导课程模块化设计与实施——高质量就业引领下 [J]. 现代商贸工业，2025 (01)：97-99.

[40] 赵杰艺.透视大学生就业创业图景 [J]. 中国出版，2024 (24)：67.

[41] 余晓萌.就业创业指导对高校毕业生就业质量的影响——基于南通市调研的思考 [J]. 中国就业，2024 (12)：42-43.

[42] 顾鑫.人工智能时代高校毕业生就业观的引导路径研究 [J]. 中国就业，2024 (12)：84-85.

[43] 韩军华.家校社协同育人的高校毕业生就业服务体系探究 [J]. 中国就业，2024 (12)：88-89.

[44] 王硕.二级学院服务学生就业的途径探析 [J]. 中国就业，2024 (12)：70-71.

［45］周琳．影响高校毕业生就业的人格特质及优化路径［J］．中国就业，2024（12）：61-63．

［46］张璞，祝军．自我效能感对高职毕业生就业能力发展的影响研究——基于对全国高职院校毕业生就业状况调查的数据分析［J］．教育与职业，2024（24）：31-39．

［47］李青维，孙振杰，许艳．高校毕业生就业信息采纳行为及其影响因素研究［J］．情报探索，2024（12）：34-43．

［48］潘涛，刘宗平，刘鹏刚．国内高校毕业生就业焦虑心理研究进展——基于 CiteSpace v6.3.R1 软件的可视化计量分析［J］．黑龙江科学，2024（23）：9-13，17．

［49］穆彦兴．基于人工智能视角下高校艺术设计毕业生高质量就业路径探究［J］．鞋类工艺与设计，2024（23）：108-110．

［50］杨国科．甘肃省大学生就业创业现状分析：挑战与机遇并存［J］．兰州石化职业技术大学学报，2024（04）：52-55．

［51］张垚，康爱红，陈家骏，等．就业导向下高校人才培养路径优化研究［J］．社会与公益，2024（12）：251-253．

［52］邓昌俊．高校毕业生就业思考及对策研究——以福建农林大学风景园林与艺术学院为例［J］．社会与公益，2024（12）：46-48．

［53］杨岩，董莹，王瑞玲．就业育人视角下高职职业生涯教育路径研究［J］．林区教学，2024（12）：76-79．

［54］戴先任．莫再让就业歧视成公平就业"拦路虎"［J］．宁波通讯，2024（23）：65．

［55］马志凤，李简益．文科就业难？——来自全国 32 所高校文科毕业生就业质量的分析［J］．宏观质量研究，2024（06）：116-128．

［56］李俊霞，田勇．基于创新创业素养培养的高校学生数字化课程设计与实践［J］．创新创业理论研究与实践，2024（23）：33-35．

［57］许步亮．基于供需对接就业育人项目的价值导向与内涵聚焦［J］．现代职业教育，2024（35）：5-8．

［58］唐振新，马静．劳动教育视阈下新时代大学生就业能力提升研究［J］．产业与科技论坛，2024（23）：251-253．

［59］崔霞，王勇．如何缓解高职院校毕业生的就业焦虑——基于心理弹性、就业认知视角的实证研究［J］．肇庆学院学报，2024（06）：54-60．

［60］葛林艳，田雨欣．新质生产力视域下民办高校就业服务质量路径研究［J］．公关世界，2024（23）：49-51．

[61] 夏寰，顾沈靖. 双高校建设视阈下高职毕业生就业质量评价体系构建研究 [J]. 佳木斯职业学院学报，2024（11）：213-215.

[62] 黄殷殷，欧阳超群. 高校课堂嵌入就业导向教育的多维路径与实践探索 [J]. 内江科技，2024（11）：145-146.

[63] 王燕凝，张小瑞. 大数据背景下高校毕业生就业指导实践路径 [J]. 科教导刊，2024（33）：137-139.

[64] 赵丽娟，焦梓欣，潘志，等. 新质生产力视域下高校毕业生高质量就业研究 [N]. 新乡日报，2024-11-23（04）.

[65] 李娜，郑锷. 我国财经类高校本科毕业生就业状况研究——基于6所财经类高校2018—2022届毕业生就业质量报告的分析 [J]. 未来与发展，2024（11）：36-41.

[66] 孙怡青，赵新伟，冯妍. 高校学生职业技能培训新质体系建设研究 [J]. 科教导刊，2024（32）：120-122.

[67] 张楠楠，张伟. 校企合作下高校毕业生就业能力提升策略研究——以河北省某高校为例 [J]. 科教导刊，2024（32）：132-134.

[68] 夏欢庆，周斌. 人工智能时代高校毕业生就业观的变革 [J]. 中国就业，2024（11）：54-55.

[69] 周密，陶剑飞，吴田波，等. 高校毕业生"慢就业"分析与解决路径 [J]. 中国就业，2024（11）：56-57.

[70] 郑镱慧子，阳思. 我市高校毕业生就业工作得"高分" [N]. 湘潭日报，2024-11-11（01）.

[71] 杨燕. 宏观经济政策对劳动力市场结构调整的作用 [J]. 大众投资指南，2024（32）：15-17.

[72] 赖德胜. 高校毕业生结构性就业矛盾及其政策应对 [J]. 新视野，2024（06）：13-23.

[73] 刘梅，陆红飞，王雅宣. 数字农业背景下涉农高校毕业生就业机遇、挑战与应对策略 [J]. 农村科学实验，2024（21）：171-174.

[74] 颜英. 经济高质量发展背景下高校毕业生就业问题及对策研究 [N]. 河北经济日报，2024-11-06（09）.

[75] 陈颖，杨越. "职引"高校毕业生"筑梦闽北" [N]. 闽北日报，2024-11-06（04）.

[76] 郭治鹏，李成吾. 高校就业质量评价理论逻辑探析与模型构建 [J]. 教育教学论坛，2024（45）：9-16.

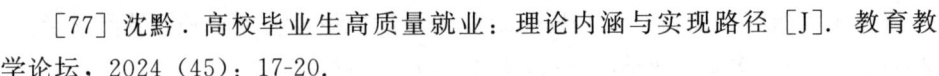

[77] 沈黔 . 高校毕业生高质量就业：理论内涵与实现路径 [J]. 教育教学论坛，2024（45）：17-20.

[78] 刘晶，段婷婷，王明阳，等 . 通过现状调查、成因剖析及引导策略研究大学生慢就业现象 [J]. 商讯，2024（21）：187-190.

[79] 谭政，朱仙颖 . 高校毕业生灵活就业现状及对策研究——以 F 市为例 [J]. 商讯，2024（21）：5-8.

[80] 刘建峰 . 学生就业焦虑干预路径研究 [J]. 大学教育，2024（21）：125-131.

[81] 韩新节，丁兆罡，王素苗 . 大学生就业质量影响因素与提升策略研究 [J]. 中国大学生就业，2024（10）：74-86.

[82] 姜燕杰 . 零工市场中的人力资源供需匹配与优化策略探究 [J]. 中国产经，2024（08）：92-94.

[83] 王玉辉 . 基于就业竞争力的高职学生就业能力提升 [J]. 人才资源开发，2023（15）：29-31.

[84] 周文霞，李硕钰，冯悦 . 大学生就业的研究现状及大学生就业困境 [J]. 中国大学生就业，2022（04）：3-8.

[85] 胡鑫，沈红雷 . 影响职业院校毕业生就业质量的因素研究 [J]. 现代职业教育，2022（14）：129-131.

[86] 陈勇 . 大学生就业能力及其开发路径研究 [D]. 杭州：浙江大学，2012.

[87] 何仕 . 当代中国大学生就业的经济学研究 [D]. 福建：福建师范大学，2014.

[88] 沈国兵 . 新冠肺炎疫情全球蔓延下我国就业困境及纾解措施 [J]. 国际商务研究，2020（04）：5-14.

[89] 刘春雷 . 当代大学生就业心理问题及其影响因素研究 [D]. 长春：吉林大学，2010.

[90] 李春玲 . 疫情冲击下的大学生就业：就业压力、心理压力与就业选择变化 [J]. 教育研究，2020（07）：4-16.

[91] 刘志 . 大学生职业价值观成因调查报告 [J]. 芜湖职业技术学院学报，2011（03）：58-60.

[92] 岳昌君，文东茅，丁小浩 . 求职与起薪：高校毕业生就业竞争力的实证分析 [J]. 管理世界，2004（11）：53-61.

[93] 闵维方，丁小浩，文东茅，等 . 2005 年高校毕业生就业状况的调查分析 [J]. 高等教育研究，2006（01）：31-38.

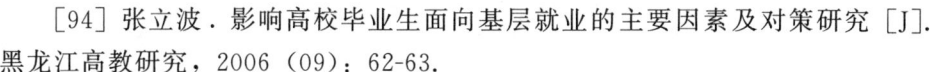

［94］张立波．影响高校毕业生面向基层就业的主要因素及对策研究［J］. 黑龙江高教研究，2006（09）：62-63.

［95］杜桂英，岳昌君．高校毕业生就业机会的影响因素研究［J］. 中国高教研究，2010（11）：67-70.

［96］钟云华．人力资本、社会资本与大学毕业生求职［J］. 高教探索，2011（03）：140-146.

［97］王友航，文东茅．高校毕业生基层就业的特征与影响因素［J］. 教育发展研究，2012（21）：37-44.

［98］宋国恺，武天，李冬．家庭地位、人力资本与政策对大学生基层就业意愿的影响［J］. 西安交通大学学报（社会科学版），2017（05）：71-78.

［99］蒋承，张思思．大学生基层就业的趋势分析：2003—2017［J］. 华东师范大学学报（教育科学版），2018（05）：60-70，167.

［100］周密，王威华，李月．新发展格局下以城市循环能力增强国内大循环内生动力的模式和机制研究［J］. 南开经济研究，2024（04）：148-167.

［101］曾湘泉．变革中的就业环境与中国大学生就业［J］. 经济研究. 2004（6）：87-95.

［102］贺平．从主观因素的角度探析大学生就业难的原因及相应对策［J］. 河南广播电视大学学报. 2011（1）：108-109.

附录

高校毕业生高质量充分就业问卷调查表

第 1 题　您的性别：［单选题］

选项	小计	比例
男	143	34.21%
女	275	65.79%
本题有效填写人次	418	

第 2 题　您的年龄段：［单选题］

选项	小计	比例
18～25	318	76.08%
26～30	35	8.37%
31～35	37	8.85%
36～45	25	5.98%
46～55	3	0.72%
本题有效填写人次	418	

第 3 题　您的学历层次：[单选题]

选项	小计	比例
博士研究生	5	1.2%
硕士研究生	25	5.98%
本科	89	21.29%
专科	299	71.53%
本题有效填写人次	418	

第 4 题　您目前的就业状态：[单选题]

选项	小计	比例
已就业	107	25.6%
国内升学或国外留学	6	1.44%
自主创业	2	0.48%
在校生	260	62.2%
自由职业	3	0.72%
灵活就业	5	1.2%
待就业	6	1.44%
暂不就业	29	6.94%
本题有效填写人次	418	

第 5 题　您当前就业的单位性质：[单选题]

选项	小计	比例
国有企业	32	7.66%
私营企业	68	16.27%
外资企业	13	3.11%
事业单位	3	0.72%
非营利组织	1	0.24%
自主创业	5	1.2%
政府机关	2	0.48%
没有就业	294	70.33%
本题有效填写人次	418	

第 6 题　您目前就业的行业为：[单选题]

选项	小计	比例
信息技术（IT）和互联网	33	7.89%
金融和保险	9	2.15%
制造业和工程	43	10.29%
医疗和健康	4	0.96%
教育和培训	2	0.48%
商业和管理	18	4.31%
艺术和传媒	1	0.24%
法律和公共事务	0	0%
科学研究和技术	3	0.72%
服务业（餐饮业、住宿业、零售业、批发业、仓储物流业、娱乐业与广告业、会计与审计业、旅游、电信业）	10	2.39%
建筑和房地产	4	0.96%
行政部门公务人员	3	0.72%
交通运输业	4	0.96%
其他行业	8	1.91%
没有就业	276	66.03%
本题有效填写人次	418	

第 7 题　您目前的岗位级别：[单选题]

选项	小计	比例
高级岗位（或高层管理岗位）	12	2.87%
中级技术岗位（中层管理岗位）	59	14.11%
初级岗位	41	9.81%
无级别	12	2.87%
没有就业	294	70.33%
本题有效填写人次	418	

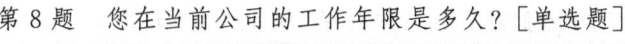

第8题 您在当前公司的工作年限是多久？[单选题]

选项	小计	比例
超过10年	19	4.55%
5—10年	42	10.05%
3—5年	33	7.89%
1—3年	16	3.83%
少于1年	14	3.35%
没有工作年限	294	70.33%
本题有效填写人次	418	

第9题 在选择就业岗位时您最看重哪些因素？[多选题]

选项	小计	比例
薪资待遇和福利	328	78.47%
工作稳定性	252	60.29%
职业发展空间	163	39%
工作地点和工作环境	117	27.99%
公司文化和价值观	45	10.77%
行业前景	115	27.51%
工作内容和兴趣匹配	49	11.72%
工作能否与生活平衡	97	23.21%
本题有效填写人次	418	

第10题 在选择工作时，您会将工作稳定性作为一个重要考量因素吗？[单选题]

选项	小计	比例
极其重要	83	19.86%
重要	265	63.4%
一般	58	13.88%
不重要	3	0.72%
完全不重要	9	2.15%
本题有效填写人次	418	

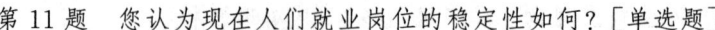

第 11 题　您认为现在人们就业岗位的稳定性如何？[单选题]

选项	小计	比例
非常稳定	25	5.98%
较稳定	68	16.27%
一般	185	44.26%
不太稳定	105	25.12%
非常不稳定	35	8.37%
本题有效填写人次	418	

第 12 题　您认为提高社会保障福利水平是否能有效吸引更多人才加入某一行业或公司？[单选题]

选项	小计	比例
非常同意	131	31.34%
同意	207	49.52%
一般	71	16.99%
不同意	3	0.72%
完全不同意	6	1.44%
本题有效填写人次	418	

第 13 题　您对企业社会保障福利项目（如养老保险、医疗保险、失业保险等）的满意度如何？[单选题]

选项	小计	比例
非常满意	53	12.68%
满意	170	40.67%
一般	165	39.47%
不满意	17	4.07%
非常不满意	13	3.11%
本题有效填写人次	418	

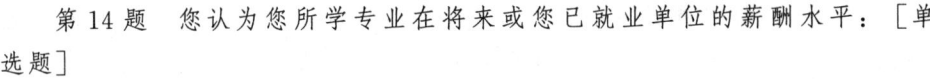

第14题 您认为您所学专业在将来或您已就业单位的薪酬水平：[单选题]

选项	小计	比例
15000 元以上	46	11%
8000～15000 元以上	107	25.6%
5000～8000 元	168	40.19%
3000～5000 元	82	19.62%
3000 元以下	15	3.59%
本题有效填写人次	418	

第15题 您一般会因为哪些原因跳槽？[多选题]

选项	小计	比例
薪资待遇：寻求更高的薪资或更好的薪酬福利	319	76.32%
职业发展：为了更好的职业晋升机会或职业发展路径	226	54.07%
工作满意度：对当前工作内容或工作环境不满意	170	40.67%
工作与生活平衡：更好地平衡工作与生活	121	28.95%
公司文化：个人价值观与公司的价值观或文化不匹配	38	9.09%
地理位置：因为搬家或希望搬到新的地区工作	55	13.16%
工作安全：担心当前工作的稳定性或未来的不确定性	52	12.44%
学习新技能：为了学习新技能或在新的领域工作	22	5.26%
公司状况：公司财务状况不佳或面临重组、裁员等	50	11.96%
人际关系：与同事或上级的关系紧张	25	5.98%
工作挑战：寻求更多的工作挑战和刺激	7	1.67%
退休计划：为了提前退休或为退休做准备	10	2.39%
健康原因：由于健康问题需要更轻松的工作	21	5.02%
家庭责任：需要更多时间照顾家庭	20	4.78%
创业：想要自己创业或加入创业公司	17	4.07%
本题有效填写人次	418	

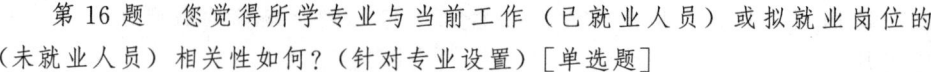

第16题　您觉得所学专业与当前工作（已就业人员）或拟就业岗位的（未就业人员）相关性如何？（针对专业设置）［单选题］

选项	小计	比例
非常相关	63	15.07%
较为相关	189	45.22%
相关性一般	143	34.21%
不相关	13	3.11%
完全不相关	10	2.39%
本题有效填写人次	418	

第17题　您认为您当前岗位工作内容（已就业人员）或拟就业岗位职责（未就业人员）与您在校期间所学专业内容匹配度如何？（针对课程设置）［单选题］

选项	小计	比例
非常匹配	58	13.88%
比较匹配	175	41.87%
一般	167	39.95%
不匹配	10	2.39%
完全不匹配	8	1.91%
本题有效填写人次	418	

第18题　您对当前所在行业（已就业人员）或拟就业行业（未就业人员）的发展潜力感觉如何？［单选题］

选项	小计	比例
非常有发展潜力	51	12.2%
有发展潜力	183	43.78%
一般	162	38.76%
缺乏发展潜力	16	3.83%
完全没有发展潜力	6	1.44%
本题有效填写人次	418	

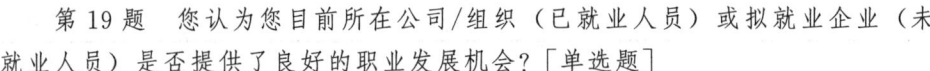

第19题　您认为您目前所在公司/组织（已就业人员）或拟就业企业（未就业人员）是否提供了良好的职业发展机会？［单选题］

选项	小计	比例
非常同意：我认为公司/组织提供了非常优秀的职业发展机会，对个人职业生涯的发展非常有帮助	61	14.59%
同意：我认为公司/组织提供了较好的职业发展机会，有助于个人的职业成长和进步	204	48.8%
中立：我觉得公司/组织提供的职业发展机会一般，没有特别的好或不好	140	33.49%
不同意：我认为公司/组织提供的职业发展机会非常有限，无法满足个人职业发展的需求	9	2.15%
非常不同意：我认为公司/组织没有提供任何职业发展机会	4	0.96%
本题有效填写人次	418	

第20题　您是通过哪种渠道就业？［单选题］

选项	小计	比例
参加学校的招聘会	56	13.4%
网络公开招聘	72	17.22%
人才交流市场	32	7.66%
亲友关系	19	4.55%
老师推荐	8	1.91%
校友推荐	3	0.72%
未就业	228	54.55%
本题有效填写人次	418	

第21题　您对目前岗位（已就业人员）或拟就业行业岗位（未就业人员）的满意度如何？［单选题］

选项	小计	比例
非常满意	46	11%
满意	140	33.49%
一般	217	51.91%

续表

选项	小计	比例
不满意	12	2.87%
非常不满意	3	0.72%
本题有效填写人次	418	

第22题 家庭经济状况对您选择职业的影响很大。[单选题]

选项	小计	比例
非常同意	86	20.57%
同意	144	34.45%
中立	170	40.67%
不同意	14	3.35%
非常不同意	4	0.96%
本题有效填写人次	418	

第23题 家庭经济状况使您更倾向于选择稳定的职业而不是追求个人兴趣。[单选题]

选项	小计	比例
非常同意	67	16.03%
同意	150	35.89%
中立	182	43.54%
不同意	17	4.07%
非常不同意	2	0.48%
本题有效填写人次	418	

第24题 家庭成员的职业背景对您职业选择的影响很大。[单选题]

选项	小计	比例
非常同意	52	12.44%
同意	122	29.19%
中立	208	49.76%
不同意	33	7.89%

续表

选项	小计	比例
非常不同意	3	0.72%
本题有效填写人次	418	

第25题　家庭对您职业发展的期望影响了您选择的职业路径。[单选题]

选项	小计	比例
非常同意	45	10.77%
同意	119	28.47%
中立	212	50.72%
不同意	40	9.57%
非常不同意	2	0.48%
本题有效填写人次	418	

第26题　家庭的社会关系网会为您提供重要的就业机会和资源。[单选题]

选项	小计	比例
非常同意	56	13.4%
同意	112	26.79%
中立	213	50.96%
不同意	31	7.42%
非常不同意	6	1.44%
本题有效填写人次	418	

第27题　家庭的心理支持会提高您在求职过程中的自信心。[单选题]

选项	小计	比例
非常同意	80	19.14%
同意	159	38.04%
中立	172	41.15%
不同意	4	0.96%
非常不同意	3	0.72%
本题有效填写人次	418	

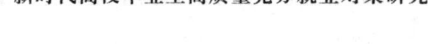

第28题　家庭对您迁移到其他城市或地区工作的态度影响了您的就业选择。［单选题］

选项	小计	比例
非常同意	64	15.31%
同意	116	27.75%
中立	210	50.24%
不同意	25	5.98%
非常不同意	3	0.72%
本题有效填写人次	418	

第29题　以下哪些因素会影响您的就业观和择业观？［多选题］

选项	小计	比例
经济环境：经济增长或衰退对就业市场的影响，包括行业的招聘需求和薪资水平	315	75.36%
社会文化：社会对不同职业的看法和价值观，包括某些职业被视为"高尚"或"低端"	142	33.97%
教育水平：教育程度和专业背景对就业机会的影响，受过高等教育的人通常有更多的就业选择	170	40.67%
技术进步：新技术的发展对工作技能的需求变化，某些职业可能因为自动化而受到影响	121	28.95%
家庭背景：家庭的经济状况、父母的职业和教育水平等会影响个人的职业选择和发展方向	103	24.64%
性别与年龄：性别角色和年龄偏见可能影响某些职位的招聘和职业晋升机会	41	9.81%
行业趋势：不同产业的兴衰对就业机会的影响，比如某些行业在特定时期的热门程度	159	38.04%
地理位置：工作地点的差异，如城市与乡村的就业机会和生活成本的差异	41	9.81%
社会网络：个人的社交关系和网络对获取工作机会和职业信息的影响	21	5.02%

续表

选项	小计	比例
政策法规：政府的就业政策、劳动法和职业认证制度等	35	8.37％
本题有效填写人次	418	

第30题　您对大学毕业后的就业市场持何种态度？［单选题］

选项	小计	比例
相当乐观	24	5.74％
乐观	107	25.6％
中立	219	52.39％
悲观	56	13.4％
相当悲观	12	2.87％
本题有效填写人次	418	

第31题　您认为在学校期间，以下哪些活动对未来就业最为重要？［多选题］

选项	小计	比例
实习经历	289	69.14％
学科成绩	131	31.34％
校内的社团活动	55	13.16％
技能培训	268	64.11％
职业规划与咨询	131	31.34％
社会服务和志愿者经历	43	10.29％
参加学校技能竞赛和创新创业大赛	125	29.9％
各类有关就业和创业的讲座	41	9.81％
假期兼职	42	10.05％
本题有效填写人次	418	

第32题　您认为在学校期间，您主要的就业准备不足是：[多选题]

选项	小计	比例
缺乏实际工作经验	317	75.84%
缺乏行业相关技能	230	55.02%
缺乏职业规划指导	213	50.96%
职业网络不够广泛	81	19.38%
求职技能不足（如简历写作、面试技巧等）	166	39.71%
本题有效填写人次	418	

第33题　您对自己未来的职业发展有哪些主要担忧：[多选题]

选项	小计	比例
找到合适的工作难度大	226	54.07%
工作与所学专业不匹配	173	41.39%
薪资水平不符合预期	263	62.92%
职业发展前景不明朗	182	43.54%
工作与个人兴趣不符	75	17.94%
职场竞争激烈	137	32.78%
本题有效填写人次	418	

第34题　您对个人职业发展的规划程度：[单选题]

选项	小计	比例
有详细规划	48	11.48%
有初步规划	180	43.06%
部分规划	134	32.06%
没有规划	56	13.4%
本题有效填写人次	418	

第35题　您对未来职业发展的期望是什么？[单选题]

选项	小计	比例
晋升更高职位	159	38.04%
改行进入新领域	47	11.24%

续表

选项	小计	比例
自主创业	51	12.2%
进修深造	44	10.53%
只要有工作就可以	45	10.77%
不明确	72	17.22%
本题有效填写人次	418	

第36题 您希望未来的职业发展方向是：[单选题]

选项	小计	比例
技术专家	60	14.35%
行业领军人才	43	10.29%
企业管理者	105	25.12%
公务员	23	5.5%
自主创业者	59	14.11%
不明确	128	30.62%
本题有效填写人次	418	

第37题 你认为个人能力的提升对你职业发展的有较大影响。[单选题]

选项	小计	比例
完全同意	111	26.56%
同意	184	44.02%
中立	107	25.6%
不同意	3	0.72%
完全不同意	13	3.11%
本题有效填写人次	418	

第38题 您认为个人就业需要具备哪些能力？[多选题]

选项	小计	比例
沟通能力	242	57.89%
团队合作能力	216	51.67%

续表

选项	小计	比例
领导能力	141	33.73%
创新能力	150	35.89%
分析解决问题能力	144	34.45%
时间管理能力	39	9.33%
抗压能力	94	22.49%
快速学习能力	42	10.05%
决策能力	27	6.46%
自我管理能力	38	9.09%
跨行业就业能力	11	2.63%
数字技术能力	7	1.67%
就业内在动力	8	1.91%
就业观念和态度	10	2.39%
职业生涯规划能力	7	1.67%
本题有效填写人次	418	

第39题　你认为到在工作中提升自己的个人能力需要有足够的支持和资源。[多选题]

选项	小计	比例
完全同意	73	17.46%
同意	196	46.89%
中立	203	48.56%
不同意	33	7.89%
完全不同意	6	1.44%
本题有效填写人次	418	

第40题　您对学校教育与企业的工作要求之间的差距有何看法：[单选题]

选项	小计	比例
差距很小，大学教育已经很好地准备了我进入职场	31	7.42%
有一定差距，但通过自学可以弥补	233	55.74%

续表

选项	小计	比例
差距较大	99	23.68%
不确定/无意见	55	13.16%
本题有效填写人次	418	

第41题　学校的就业创业指导课程有效提升了您的求职能力。[单选题]

选项	小计	比例
完全同意	37	8.85%
同意	140	33.49%
中立	209	50%
不同意	21	5.02%
完全不同意	11	2.63%
本题有效填写人次	418	

第42题　您一般愿意通过何种方式持续提升自身个人能力？[多选题]

选项	小计	比例
在职教育培训	260	62.2%
参与行业协会活动	231	55.26%
进修学位课程	208	49.76%
自主学习	221	52.87%
本题有效填写人次	418	

第43题　学校的就业创业指导课程对您的职业规划提供了有价值的帮助。[单选题]

选项	小计	比例
完全同意	47	11.24%
同意	154	36.84%
中立	191	45.69%
不同意	17	4.07%
完全不同意	9	2.15%
本题有效填写人次	418	

第44题　学校提供的就业创业资源（如讲座、工作坊等）对您找到合适的就业机会有帮助。[单选题]

选项	小计	比例
完全同意	50	11.96%
同意	140	33.49%
中立	207	49.52%
不同意	15	3.59%
完全不同意	6	1.44%
本题有效填写人次	418	

第45题　学校对学生的就业要求（如实习经历、学分要求等）对您的求职准备有正面影响。[单选题]

选项	小计	比例
完全同意	56	13.4%
同意	135	32.3%
中立	212	50.72%
不同意	9	2.15%
完全不同意	6	1.44%
本题有效填写人次	418	

第46题　学校在就业指导方面的要求和规范清晰明确，有助于您更好地进行职业规划。[单选题]

选项	小计	比例
完全同意	48	11.48%
同意	136	32.54%
中立	209	50%
不同意	20	4.78%
完全不同意	5	1.2%
本题有效填写人次	418	

第47题　周围同学的就业情况对您选择职业方向和就业目标产生了影响。
［单选题］

选项	小计	比例
完全同意	43	10.29％
同意	134	32.06％
中立	220	52.63％
不同意	16	3.83％
完全不同意	5	1.2％
本题有效填写人次	418	

第48题　您希望学校或相关机构为您提供哪些方面的职业发展支持？［多选题］

选项	小计	比例
职业规划与咨询（提供个人职业发展规划服务、组织职业咨询、指导活动开展职业兴趣和能力测试）	222	53.11％
就业信息咨询（提供更多的实习机会和实践项目、举办校园招聘会和企业宣讲会、帮助对接企业和实习岗位）	230	55.02％
职业技能培训（开设职业技能培训课程；提供软技能，如沟通、团队合作培训；组织专业认证和资格证书的培训）	277	66.27％
简历和面试辅导（提供简历修改和优化服务、开展模拟面试和面试技巧培训、帮助撰写求职信和自荐信）	138	33.01％
职业发展信息与资源（提供最新的行业信息和就业趋势、建立职业资源库，包括行业报告和职业指南、提供职业发展书籍和在线资源的推荐）	132	31.58％
职业发展活动与网络（邀请校友参加讲座和职业发展论坛、提供职业网络建设的机会，如行业交流会、举办行业专家分享会和职业发展沙龙）	46	11％
心理支持与辅导（提供心理咨询和压力管理服务、组织职业生涯的心理辅导和支持小组、开展就业焦虑和职业倦怠的应对策略培训）	29	6.94％

续表

选项	小计	比例
创业支持（提供创业培训和辅导、帮助对接创业资源和投资人、组织创业计划大赛和项目孵化活动）	47	11.24%
本题有效填写人次	418	

第49题　在您选择职业时，社会对该职业的认可度对您的决策有多大影响？［单选题］

选项	小计	比例
没有影响	20	4.78%
影响很小	69	16.51%
一般	236	56.46%
影响较大	87	20.81%
影响非常大	6	1.44%
本题有效填写人次	418	

第50题　您认为社会对某些职业的高认可度会导致这些职业的就业机会增加。［单选题］

选项	小计	比例
完全同意	44	10.53%
同意	153	36.6%
中立	199	47.61%
不同意	18	4.31%
完全不同意	4	0.96%
本题有效填写人次	418	

第51题　您认为社会对某些职业的低认可度会导致从事这些职业的人员面临更多的就业困难。［单选题］

选项	小计	比例
完全同意	52	12.44%
同意	150	35.89%
中立	202	48.33%

续表

选项	小计	比例
不同意	9	2.15%
完全不同意	5	1.20%
本题有效填写人次	418	

关于高校创新创业教育方面的调查问卷

第 1 题 你的性别是：[单选题]

选项	小计	比例
男	200	35.8%
女	358	64.2%
本题有效填写人次	558	

第 2 题 你的年龄是：[单选题]

选项	小计	比例
18 岁—25 岁	515	92.3%
26 岁—30 岁	12	2.2%
31 岁—35 岁	16	2.9%
36 岁及以上	15	2.7%
本题有效填写人次	558	

第 3 题 你目前的学习状态是：[单选题]

选项	小计	比例
在校学生（包含在校专科、本科和研究生）	544	97.5%
毕业 2 年以内	8	1.4%
毕业 3—5 年	1	0.2%
毕业 6—10 年	2	0.4%
毕业 10 年及以上	3	0.5%
本题有效填写人次	558	

第4题 你的学历是：[单选题]

选项	小计	比例
大专以下	27	4.8%
专科	514	92.1%
本科	7	1.3%
硕士研究生	6	1.1%
博士研究生	3	0.5%
其他	1	0.2%
本题有效填写人次	558	

第5题 你曾经或现在就读的专业领域是：[单选题]

选项	小计	比例
理科大类	98	17.6%
工科大类	52	9.3%
农学大类	10	1.8%
医学大类	0	——
文科大类（哲学、经济学、法学、教育学、文学、历史学、管理学）	391	70.07%
军事大类	1	0.2%
其他	6	1.1%
本题有效填写人次	558	

第6题 你曾经或现在就读的高校所在地区（省、市）是：[填空题]

第7题 你当前所在或者毕业的高校名称：[填空题]

第8题 你当前的创业状态是：[单选题]

选项	小计	比例
没有创业，也没打算创业	353	63.3%
没有创业，正在寻找创业项目	178	31.9%

续表

选项	小计	比例
已经创业，但不太成功	11	2.0%
已经创业，企业运营比较平稳	6	1.1%
已经创业，相当成功	5	0.9%
其他	5	0.9%
本题有效填写人次	558	

第9题　你认为高校在校学生什么时间创业比较合适？[单选题]

选项	小计	比例
大学期间就可创业	254	45.5%
大学毕业就创业	58	10.4%
毕业1年以后再创业	31	5.6%
毕业3年以后再创业	23	4.1%
毕业5年以后再创业	7	1.3%
不管是否毕业，只要有项目和资源，就可创业	185	33.2%
本题有效填写人次	558	

第10题　你参加过以下哪些创新创业比赛？（在校或工作后）[多选题]

选项	小计	比例
"创青春"全国大学生创业大赛	71	12.7%
"互联网＋"大学生创新创业大赛	116	20.8%
"挑战杯"中国大学生创业计划竞赛	70	12.6%
其他形式的创新创业大赛	60	10.8%
没有参加过任何创新创业类的比赛	356	63.8%
其他	9	1.6%
本题有效填写人次	558	

第 11 题　你认为创业需要具备以下哪些品质？［多选题］

选项	小计	比例
团队精神与宽容谦虚	496	88.9%
创新冒险与竞争精神	479	85.8%
勇敢坚强与恒心毅力	451	80.8%
乐观开朗与博爱	404	72.4%
责任感与诚实守信	446	79.9%
自尊自信自理自立	388	69.5%
果断与雷厉风行	367	65.8%
本题有效填写人次	558	

第 12 题　你认为会有以下哪些原因使你选择创业？［多选题］

选项	小计	比例
增加收入	473	84.8%
挑战自我，实现自我价值	434	77.8%
创业比就业轻松，获得更多个体发展空间	307	55.0%
可以提升社会地位	236	42.3%
无奈之举，就业难	129	23.1%
有好的项目和资源	295	52.9%
本题有效填写人次	558	

第 13 题　如果创业或已创业，你选择创业的形式是：［单选题］

选项	小计	比例
自主创业	204	36.6%
合伙创业	354	63.4%
本题有效填写人次	558	

第14题 不管是否创业，你一般会选择以下哪种形式启动创业？［多选题］

选项	小计	比例
家庭出资创业	272	48.8%
自己积累资金后再创业	436	78.1%
直接向银行贷款创业	187	33.5%
用政府提供的创业担保贷款、创业补贴等创业	337	60.4%
本题有效填写人次	558	

第15题 如果创业或已创业，在选择创业领域时，将以下选项按重要程度进行排序。［排序题］

选项	综合得分	第1位	第2位	第3位	第4位	小计
与自己专业相关的领域	2.9	308 (62.6%)	67 (13.6%)	66 (13.4%)	51 (10.4%)	492
自己感兴趣的领域	2.65	136 (27.8%)	264 (53.9%)	55 (11.2%)	35 (7.1%)	490
容易开业，且资金风险较小的行业	1.58	84 (20.8%)	71 (17.6%)	83 (20.5%)	166 (41.1%)	404
社会热门行业	1.53	30 (7.4%)	80 (19.8%)	199 (49.3%)	95 (23.5%)	404

第16题 你认为以下哪些形式适合大学生创业？［多选题］

选项	小计	比例
连锁加盟	371	66.5%
联合经营	320	57.4%
代理经销	253	45.3%
微商电商	360	64.5%
短视频类新媒体创业	393	70.4%
承包经营	132	23.7%
收购现有企业	85	15.2%
购买技术或专利技术创业	102	18.3%

续表

选项	小计	比例
只投资项目，不做实体	80	14.3%
本题有效填写人次	558	

第17题　你认为以下哪些行业适合大学生创业？［多选题］

选项	小计	比例
农副产品生产、销售	268	48.0%
餐饮	333	59.7%
服装	313	56.1%
商品零售批发	294	52.7%
房地产	82	14.7%
金融	140	25.1%
高新科技	145	26.0%
计算机、互联网、信息咨询	282	50.5%
自媒体	347	62.2%
交通运输（物流等）	100	17.9%
生物医疗	67	12.0%
教育或技能培训	58	10.4%
社会服务	75	13.4%
本题有效填写人次	558	

第18题　你对国家有关大学生创新创业方面的优惠政策了解吗？［单选题］

选项	小计	比例
很熟悉	46	8.2%
了解一些	236	42.3%
知道但没了解过	185	33.2%
不了解	91	16.3%
本题有效填写人次	558	

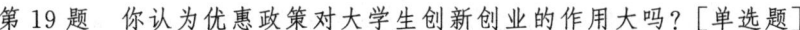

第19题　你认为优惠政策对大学生创新创业的作用大吗？［单选题］

选项	小计	比例
相当有用	280	50.2%
作用有，但不明显	257	46.1%
没什么帮助	21	3.8%
本题有效填写人次	558	

第20题　你认为自己是否有创新意识？［单选题］

选项	小计	比例
有	113	20.3%
偶尔有	336	60.2%
完全没有	40	7.2%
没想过这个问题	69	12.4%
本题有效填写人次	558	

第21题　你对创新的理解是：［多选题］

选项	小计	比例
原创性的发明发现	407	72.9%
改进现有工艺条件	363	65.1%
在前人的成果基础上，做少许改进和完善	319	57.2%
都不是	46	8.2%
本题有效填写人次	558	

第22题　你认为是什么原因让人一直缺乏创新思想？［多选题］

选项	小计	比例
平时缺乏自主思考能力，过于依赖一切资源	462	82.8%
应试教育缺乏创新教育与培养	336	60.2%
信息大爆炸，想的都可以获得	324	58.1%
缺少创新机遇	293	52.5%
本题有效填写人次	558	

第23题　你认为怎样才能在创业中更好地发挥创新？[多选题]

选项	小计	比例
具备更广博的知识、理论与技能	450	80.7%
时时想创新、处处要创新，要敢想敢做	421	75.5%
努力提升自身素质与能力	394	70.6%
强化创新意识，将创新落实于实践	371	66.5%
本题有效填写人次	558	

第24题　你认为创业与创新的关系是怎样的？[单选题]

选项	小计	比例
创新是创业的立足点与支柱，没有创新，创业注定垮台	366	65.6%
没有创新，创业也能实行下去	65	11.7%
有了创新的创业更好，但缺乏也能勉强下去	127	22.8%
本题有效填写人次	558	

第25题　你对创新创业的理解是：[单选题]

选项	小计	比例
开办一个公司或开发一项科技项目所需的技能培训	136	24.4%
创新创业是少数精英的使命，创新创业教育仅仅是观念上的引导，难于真正实践	172	30.8%
创新创业可以成为每人工作的一部分	92	16.5%
创新一定是现有基础上的突破性成绩，而创业一定是要创办企业	99	17.7%
都不是	59	10.6%
本题有效填写人次	558	

第26题　作为大学生，你认为自己的创新创业知识和能力：[单选题]

选项	小计	比例
完全具备独立创业的能力	97	17.4%
虽然不足，但基本上具备	237	42.5%

续表

选项	小计	比例
十分缺乏，信心不足	165	29.6%
完全不具备创业能力	59	10.6%
本题有效填写人次	558	

第27题　如果要自主创业，你认为面临的最大障碍是：［单选题］

选项	小计	比例
资金不足，人脉有限	229	41.0%
不知从何做起，找不到系统方向	172	30.8%
政府的支持和帮助不够	37	6.6%
个人能力不够	52	9.3%
缺乏专业的创业指导培训	45	8.1%
其他	23	4.1%
本题有效填写人次	558	

第28题　在以下创新创业能力中按照你认为的重要程度进行排序。［排序题］

选项	综合得分	第1位	第2位	第3位	第4位	第5位	第6位	第7位	第8位	第9位	小计
机会识别能力	6.49	234 (46.2%)	70 (13.8%)	59 (11.6%)	26 (5.1%)	26 (5.1%)	25 (4.9%)	34 (6.7%)	19 (3.8%)	14 (2.8%)	507
沟通表达能力	4.78	53 (11.4%)	52 (11.2%)	140 (30.2%)	39 (8.4%)	37 (8.0%)	35 (7.5%)	46 (9.9%)	34 (7.3%)	28 (6.0%)	464
战略规划能力	4.74	39 (8.6%)	55 (12.1%)	67 (14.7%)	136 (29.8%)	52 (11.4%)	39 (8.6%)	31 (6.8%)	24 (5.3%)	13 (2.9%)	456
成果转化能力	4.16	37 (8.1%)	126 (27.5%)	32 (7.0%)	24 (5.2%)	25 (5.5%)	39 (8.5%)	53 (11.6%)	49 (10.7%)	74 (16.1%)	459

续表

选项	综合得分	第1位	第2位	第3位	第4位	第5位	第6位	第7位	第8位	第9位	小计
市场开拓能力	4.08	25 (5.7%)	33 (7.6%)	46 (10.6%)	66 (15.1%)	141 (32.3%)	50 (11.5%)	30 (6.9%)	29 (6.7%)	16 (3.7%)	436
资源整合能力	3.96	27 (6.2%)	43 (9.8%)	43 (9.8%)	50 (11.4%)	63 (14.4%)	134 (30.7%)	31 (7.1%)	33 (7.6%)	13 (3.0%)	437
创新能力	3.45	81 (19.2%)	37 (8.8%)	25 (5.9%)	35 (8.3%)	25 (5.9%)	26 (6.2%)	32 (7.6%)	28 (6.6%)	134 (31.7%)	423
专业技能	3.25	38 (8.9%)	48 (11.2%)	29 (6.8%)	28 (6.5%)	31 (7.2%)	35 (8.2%)	34 (7.9%)	134 (31.3%)	51 (11.9%)	428
财务分析能力	2.99	24 (5.6%)	24 (5.6%)	23 (5.4%)	39 (9.2%)	34 (8.0%)	35 (8.2%)	122 (28.6%)	62 (14.5%)	63 (14.8%)	426

第29题 你认为以下哪些做法有利于提高大学生的创新创业能力？ [多选题]

选项	小计	比例
开设更多创新创业相关的课程	394	70.6%
在专业课程中增加创新创业的内容	356	63.8%
丰富创新创业实践教学内容，改革实践教学模式	401	71.9%
多收集国家政策、行业前沿相关信息	322	57.7%
多分享创业故事	258	46.2%
多结交有创业想法的朋友，从交流中受益	299	53.6%
多参加创新创业大赛等相关比赛	280	50.2%
加强专业实践技能的训练	270	48.4%
提供更多的社会实践机会	266	47.7%
本题有效填写人次	558	

第30题　你所在的高校对创新创业教育是否重视？[单选题]

选项	小计	比例
非常重视	123	22.0%
比较重视	258	46.2%
一般	143	25.6%
不重视	13	2.3%
不清楚	21	3.8%
本题有效填写人次	558	

第31题　你认为高校开展的创新创业教育对学生成功创业是否重要？[单选题]

选项	小计	比例
极其重要	174	31.2%
比较重要	273	48.9%
一般	99	17.7%
不重要	12	2.2%
本题有效填写人次	558	

第32题　你认为高校创业创业教育存在的问题有：[多选题]

选项	小计	比例
学校对创新创业教育不够重视，投入不足	284	50.9%
创新创业教育课程理论性太强，实践指导性不足	390	69.9%
缺乏专业的创新创业教师或授课教师缺乏实践经验	302	54.1%
缺乏专业的创新创业咨询服务	269	48.2%
创新创业活动缺乏或流于形式	235	42.1%
创新创业教育课程教学方法陈旧，不适合创新创业教育	193	34.59%
本题有效填写人次	558	

第33题　你认为创新创业与所学专业的关系是怎样的？[单选题]

选项	小计	比例
密切相关	171	30.7%

续表

选项	小计	比例
有一定关联	297	53.2%
基本无关	70	12.5%
完全无关	20	3.6%
本题有效填写人次	558	

第34题　你认为高校开展的创新创业教育内容，在人才培养方案中应：[单选题]

选项	小计	比例
融入专业必修课程	170	30.5%
融入专业选修课程	158	28.3%
作为一门专业选修课程	125	22.4%
作为一门专业必修课程	43	7.7%
作为专业通识课程	46	8.2%
其他	16	2.9%
本题有效填写人次	558	

第35题　你认为高校是否有必要在专业课程中开展创新创业教育？[单选题]

选项	小计	比例
有必要	346	62.0%
还好，开与不开没有太大关系	193	34.6%
完全没必要	19	3.4%
本题有效填写人次	558	

第36题　你希望学校在创新创业实践教学环节中融入哪些内容？[多选题]

选项	小计	比例
创业法规及政策知识	367	65.8%
创业机会和环境分析知识	381	68.3%
人际交流与沟通技巧知识	374	67.0%

续表

选项	小计	比例
社会调查与市场营销知识	345	61.8%
财务会计知识	268	48.0%
创业案例分析	265	47.5%
工商税务知识	249	44.6%
项目策划及运营知识	261	46.8%
团队协作知识	253	45.3%
知识产权保护知识	246	44.1%
创业者能力	77	13.8%
企业经营能力	83	14.9%
本题有效填写人次	558	